Repères pratiques

La civilisation britannique

Daniel Bonnet-Piron

Nathan

Sommaire

Géographie

Histoire

Institutions

Société

Arts et techniques

Littérature

MODE D'EMPLOI

Divisé en six parties, l'ouvrage s'organise par doubles pages.
Chaque double page fait le point sur une notion.

À gauche

Une page synthèse apporte toutes les informations pour comprendre la notion abordée dans la double page.

À droite

Une page explication développe un point particulier qui illustre et complète la page de gauche.

Le menu aide à repérer les six parties du livre.

L'introduction cerne le sujet.

Le titre de la page de droite met en lumière un point particulier.

Le titre annonce le thème de la double page.

GÉOGRAPHIE
HISTOIRE
INSTITUTIONS
SOCIÉTÉ
ARTS ET TECHNIQUES
LITTÉRATURE

L'Angleterre des Tudors et des Stuarts (XVIe-XVIIe siècles)

Sous Henri VIII et Élisabeth Ire, la puissance royale est restaurée et l'anglicanisme s'impose définitivement. Le XVIIe siècle est une période de crises politiques et religieuses qui s'achève par la Glorieuse Révolution de 1688 et la suprématie du Parlement.

Entre réforme et contre-réforme : Henri VIII et Marie Stuart

Henri VII renforce l'autorité du pouvoir royal. Le *Privy Council*, cabinet restreint de conseillers, légifère et lève l'impôt sans l'aval du Parlement, mis en sommeil.

En 1534, Henri VIII prend prétexte de son divorce d'avec Catherine d'Aragon et de son mariage avec Anne Boleyn, sa maîtresse, pour rompre avec la papauté. Il fait voter l'*Act of Supremacy* qui le proclame chef de l'Église d'Angleterre. C'est le début de la Réforme. Les monastères sont fermés et leurs terres confisquées.

La mort prématurée du fils d'Henri VIII, Édouard VI, permet à Marie Tudor, née du premier mariage d'Henri VIII, d'accéder au trône en 1553. Elle épouse Philippe II d'Espagne, rétablit le catholicisme et persécute les anti-papistes, d'où son surnom de Marie la sanglante (*Bloody Mary*). Elle meurt en 1558.

L'éclat d'Élisabeth Ire, la Reine vierge (1558-1603)

Élisabeth Ire, fille d'Anne Boleyn, établit l'anglicanisme, *via media* entre catholicisme et protestantisme. Seule l'Écosse reste en dehors du compromis anglican. John Knox fondant l'Église presbytérienne (élection des prêtres, prédestination). Ses membres sont hostiles à l'Église anglicane et au pouvoir royal. En 1569, Élisabeth fait écraser la révolte des fidèles de Marie Stuart, sa cousine catholique, reine d'Écosse, exécutée en 1587.

Élisabeth Ire fait de l'Angleterre une puissance maritime. C'est le début de l'expansion coloniale. En 1584, Walter Raleigh remet la Virginie à la Reine vierge (*the Virgin Queen*). La Compagnie des Indes orientales (*East India Company*) est créée en 1600. La reine meurt sans héritier en 1603, après un règne marqué aussi par le développement culturel (musique, poésie, théâtre).

Les Stuarts, Oliver Cromwell et la Glorieuse Révolution

Après la mort d'Élisabeth Ire en 1603, Jacques VI d'Écosse, fils de Marie Stuart, lui succède sous le nom de Jacques Ier (*James I*), réunissant les couronnes d'Écosse et d'Angleterre (1625). Jusqu'en 1688, l'Angleterre sera agitée par des crises politiques et religieuses.

Sous Charles Ier, le Parlement, dominé par les puritains, s'oppose au roi accusé de despotisme et à la hiérarchie anglicane. Charles Ier est finalement exécuté (1649). Le chef de l'opposition puritaine, Oliver Cromwell, gouverne en autocrate pendant le Commonwealth (1649-1660). Les règnes de Charles II (la Restauration) et de Jacques II, qui tente de rétablir le catholicisme, sont de nouveau une période de conflit avec le Parlement jusqu'à la Glorieuse Révolution de 1688. À l'issue de cette révolution, Guillaume III et Marie II Stuart règnent conjointement de 1688 à 1701 : c'est le début de la monarchie constitutionnelle.

32

VERS LA SUPRÉMATIE DU PARLEMENT ET DE LA RELIGION ANGLICANE

Élisabeth Ire, reine d'Angleterre et d'Irlande, surnommée la Reine vierge (National Portrait Gallery).

L'Angleterre sous Jacques Ier

Successeur d'Elisabeth Ire, Jacques Ier (*James the First*), déjà roi d'Écosse, unit en sa personne les deux royaumes. Bien qu'il soit un Stuart et non un Tudor, il poursuit l'œuvre d'Élisabeth. Il tente de consolider la position anglicane et fait publier la traduction officielle de la Bible en anglais moderne, *The Authorised Version* (1611). Les catholiques tentent de l'éliminer : c'est la Conspiration des poudres de 1605 (*the Gunpowder Plot*), attentat manqué. Guy Fawkes, l'un des conspirateurs contre le roi, est exécuté. On célèbre toujours cet évènement (*Guy Fawkes' Day*, le 5 novembre). Les puritains sont nombreux à choisir l'émigration vers les colonies d'Amérique. Ce sont les Pères pèlerins (*the Pilgrim Fathers*) qui arrivent en Amérique sur le Mayflower en 1620.

Charles Ier, par Van Dyck (1635).

L'échec de Charles Ier et l'intermède puritain

Charles Ier succède à Jacques Ier. Il tente de régner sans le Parlement, avec trois dissolutions, mais la classe moyenne parlementaire gère les finances et demande des garanties politiques. En 1628, le roi doit signer la Pétition de droit (*the Petition of Rights*), version moderne de la Grande Charte (*Magna Carta*) de 1215. Pendant 13 ans, le Long Parlement (*the Long Parliament*) im-pose son autorité, finissant par priver le roi de tous ses pouvoirs. La guerre civile éclate, opposant les cavaliers (*the Cavaliers*), partisans du roi, aux puritains (*the Roundheads*) d'Oliver Cromwell, soutenu par les Écossais. Charles Ier est vaincu à Naseby en 1645 et exécuté en 1649. La monarchie est abolie. Cromwell, *Lord Protector* d'Angleterre, d'Écosse et d'Irlande, dirige le Commonwealth (une république) de 1653 à 1658, d'une main de fer. Il incarne le pouvoir absolu souhaité par Hobbes dans son *Leviathan* (1651).

La mort de Cromwell, remplacé pendant deux ans par son fils, met un terme à la dérive tyrannique. Le général Monk rétablit les Stuarts en 1660. Charles II monte sur le trône. C'est la période de la Restauration, brillante sur le plan intellectuel et artistique, mais marquée par le conflit entre le roi et les partisans de l'anglicanisme et de la limitation du pouvoir royal.

Par la volonté du Parlement

En 1688, le Parlement offre les couronnes d'Écosse et d'Angleterre respectivement à Marie II Stuart, fille de Jacques II, et à son époux, le stadhouder de Hollande, Guillaume d'Orange, sollicité par le Parlement « *pro religio protestante, pro libero parlamento* » (« pour le bien de la religion protestante, pour la liberté du Parlement »). Guillaume III et Marie II Stuart règnent conjointement (1688-1701) après avoir garanti la Déclaration des droits (*the Bill of Rights*, 1689). C'est le début de la monarchie constitutionnelle.

33

Les sous-titres permettent de saisir l'essentiel en un coup d'œil.

Les photos illustrent le texte.

Les encadrés colorés font ressortir l'information.

L'Angleterre, cœur du Royaume-Uni

Le Royaume-Uni est composé de quatre nations : l'Angleterre, le Pays de Galles, l'Écosse et l'Irlande du Nord. Cœur du Royaume-Uni, l'Angleterre a subi une évolution radicale liée aux mutations économiques qui ont bouleversé les équilibres régionaux. La métropole londonienne polarise la vie économique, politique et culturelle du pays.

Territoire, population et politique

- L'Angleterre a un relief peu élevé hormis au nord et dans la péninsule de Cornouailles. Avec une superficie de 132 000 km^2 (sur 244 000 km^2), une population d'environ 49 millions d'habitants (Royaume-Uni : 60 millions), une densité de 373 hab./km^2, l'Angleterre marginalise les nations de sa périphérie, géographiquement et politiquement.
- Les limites naturelles, montagnes ou mers, vers l'ouest (Pays de Galles, Irlande) et au nord (Écosse) suggèrent des frontières et des différences que l'hégémonie politique a brouillées mais que le sentiment d'appartenance identitaire rappelle sans cesse.
- Au sein de l'Angleterre, la division du pays en régions industrielles spécialisées a fait place à une opposition nord-sud, écho de la division entre riches et pauvres du XIXe siècle victorien.

Les clivages nord-sud et ouest-est

- L'analyse de l'espace révèle plusieurs types de clivages. Il y a d'une part une division classique nord-sud. Après l'industrialisation et la prospérité des régions du nord, un renversement s'est opéré : la *Golden Belt*, ou *Sunbelt*, prospère du sud, contraste avec la *Rustbelt* (*rust* : rouille) des ex-pays noirs à la reconversion souvent fragile.
- D'autre part, la fin de l'Empire, l'exploitation des hydrocarbures en mer du Nord et l'essor du *Northern Range* (ports de la façade littorale de l'Europe occidentale) ont modifié la hiérarchie des façades maritimes. Le renversement nord-sud s'est donc accompagné d'un basculement ouest-est.
- Si le Royaume-Uni a ses marges (Pays de Galles, Écosse, Irlande du Nord), il est aussi géographiquement à la marge de l'Europe. Le basculement de son centre de gravité vers l'est et le sud-est accroît l'importance de son « centre excentré » : Londres et sa région.

L'influence de la métropole londonienne : la *Sunbelt* anglaise

- Démographie et efficacité économique font de la région londonienne, élargie au sud-est de l'Angleterre, la région la plus riche, la plus peuplée et la plus attractive.
- Vers le nord, on glisse graduellement vers les centres intermédiaires des Midlands, puis vers les centres plus éloignés et déprimés au nord-est (Tyne and Wear, Northumberland).
- La région exerce un « effet sud » sur le reste de l'Angleterre.
- La région urbaine de Londres fournit le premier PIB des régions du pays. Avec près de 600 établissements étrangers, c'est la première concentration mondiale de banques, le premier marché des changes de la planète, la capitale mondiale de l'assurance et de la réassurance et la troisième place boursière.

RELIEF ET ORGANISATION DU TERRITOIRE BRITANNIQUE

Carte 1 : le relief, un archipel océanique

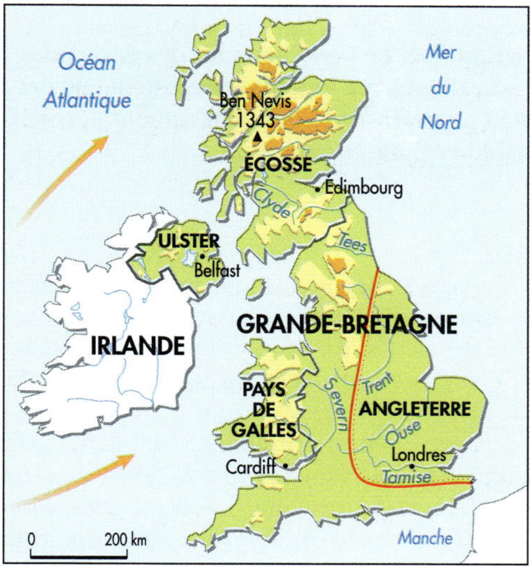

Légende de la carte 1

Altitude :
- 500 m
- 200
- 0

Limite entre le climat océanique à l'ouest et le climat océanique à nuance semi-continentale à l'est

Dérive Nord-Atlantique (courant océanique chaud)

Carte 2 : l'organisation du territoire, la domination du Sud-Est

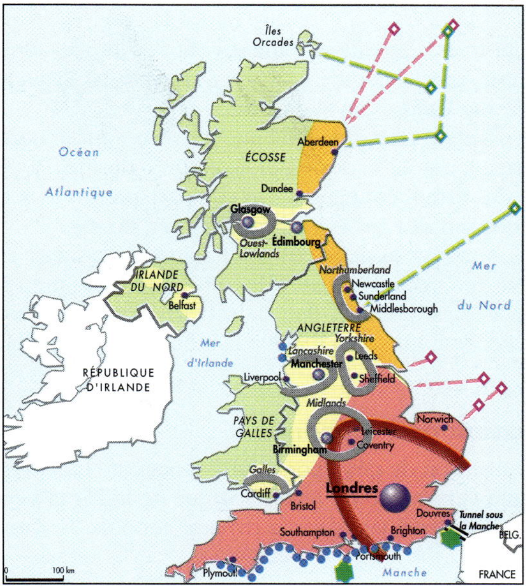

Légende de la carte 2

Le cœur du Royaume-Uni : le Sud-Est
- Métropole mondiale
- Métropole européenne
- Autre ville
- Londres Capitale politique du Royaume-Uni
- Limite nord de la mégalopole européenne
- Sud-Est dynamique
- Littoral touristique
- Échanges importants avec l'Europe

Le Royaume-Uni qui change : les marges
- Gisement de pétrole et oléoduc
- Gisement de gaz et gazoduc
- Ancien « Pays Noir »
- Espace en développement
- Espace en reconversion après la crise industrielle

Le Royaume-Uni à l'écart : les périphéries
- Faible peuplement et faible dynamisme

Le Pays de Galles

Défavorisé par sa géographie et en crise pendant des décennies, le Pays de Galles doit son renouveau aux investissements favorisés par l'aide de l'État et aux efforts de désenclavement. Cardiff est devenue une véritable capitale économique.

Milieu naturel et population

- La majorité du pays est occupée par les Cambrian Mountains (Mount Snowdon, 1 086 m) prolongées par des collines ne laissant qu'une étroite plaine littorale. Ce relief rend les communications nord-sud difficiles à l'intérieur du Pays de Galles. Le pays est coupé en deux, avec un Sud industriel (deux tiers de la population) et un Centre-Nord, beaucoup plus étendu, à dominante rurale.
- Le Pays de Galles, *Cymru* en gallois, compte environ 3 millions d'habitants pour 21 000 km^2 (140 hab./km^2). Il a sa propre langue, le gallois, langue officielle avec l'anglais.
- Le Pays de Galles représente 8,6 % de la superficie du royaume, 5 % de sa population, 4,2 % de ses actifs et 4,1 % de son PIB. Le revenu par tête, deux fois plus faible que celui du Grand Londres, est le plus bas du royaume après l'Irlande du Nord.
- Le chômage, en baisse de 50 % ces dix dernières années, reste supérieur à la moyenne britannique.

Déclin économique et reprise

- Le déclin de la pétrochimie et de l'industrie automobile s'est ajouté à la fermeture, en 1984, des dernières mines et de la sidérurgie littorale, qui ne subsiste qu'à Port Talbot et Llanwern.
- Classées «*Distressed Areas*» (zones sinistrées), les vallées minières ont vu l'implantation d'industries nouvelles ou d'activités de loisir sous l'égide de la *Welsh Development Agency,* créée en 1976, et grâce au *Programme for the Valleys*, lancé en 1993.
- Aujourd'hui, le Pays de Galles reste pourtant plus industriel que tertiaire, surtout dans le Nord et le Sud. L'industrie y représente encore 22 % des emplois et 28 % du PIB. 30 % des salariés de l'industrie travaillent dans des firmes étrangères. On compare parfois le Sud gallois «japonisé» (Sony s'est installé à Bridgend dès 1973) à Silicon Glen en Écosse.
- Si la réindustrialisation est un succès, les services n'ont pas suivi. Banques, assurances et services aux entreprises ne contribuent que pour 17 % au PIB (moyenne britannique: 26 %). Le tertiaire public, aux salaires modestes, domine. Peu de sociétés sont galloises. Cependant, Cardiff est une vraie capitale économique bien reliée à Londres (autoroute M4) et à Birmingham (autoroute M5).

Désenclavement et dynamisation de l'économie

Le désenclavement du Sud, grâce à la construction de deux ponts sur l'estuaire de la Severn et aux autoroutes qui assurent la continuité vers le couloir technologique de la M4 et vers les Midlands (Birmingham), a été un facteur déterminant dans la dynamisation de l'économie de cette région, centrée sur Cardiff.

IDENTITÉ CULTURELLE ET DÉVOLUTION

Le drapeau du Pays de Galles

La genèse d'une identité forte

Ne pouvant conquérir le Pays de Galles, protégé par un relief accidenté, au VIIIe siècle, les Saxons nommèrent les Gallois « *wealas* » (étrangers), d'où le nom Wales. À l'inverse, les Gallois se nommèrent « *y cymru* » (ceux de l'autre pays). Si le pays a subi les invasions romaines, il n'a donc pas été envahi par les Saxons : les Gallois ont ainsi conservé leurs traditions domestiques et familiales jusqu'en 1066, et ont eu le temps de se constituer en une nation celte distincte et homogène. Le druidisme des origines fut supplanté par le christianisme aux Ve et VIe siècles. Le non-conformisme religieux – opposé à l'anglicanisme – et le radicalisme politique sont solidement ancrés dans les esprits.

La langue

La langue galloise, langue celtique proche du breton, a été décrite comme le centre de gravité du pays. Encore parlée par 20 % de ses habitants, elle joue au Pays de Galles le rôle du catholicisme en Irlande ou des systèmes juridique et éducatif en Écosse face à l'anglicisation. Son étude facultative à l'école est autorisée depuis 1944. Le gallois est langue officielle avec l'anglais et des programmes en gallois sont diffusés sur *Sianel 4 Cymru* (*Channel 4 Wales*).

La culture galloise

La civilisation galloise s'exprime avant tout à travers le chant, la musique, la poésie, les légendes. Le goût pour la musique vient des anciens bardes. Le *Mabinogion* est un recueil de légendes du XIVe siècle qui a inspiré nombre de poètes gallois jusqu'à Dylan Thomas. Les vallées minières ont été immortalisées par l'écrivain Richard Llewellyn, dans *How Green was my Valley*. Les chœurs masculins se produisent dans le Sud industriel et se mesurent lors des festivals de la culture galloise, les *eisteddfods*. La culture galloise, c'est aussi le rugby, qui donne aux Gallois l'occasion de manifester leur ferveur lors des rencontres internationales au *Millennium Stadium* de Cardiff. Les chants qui s'élèvent lors des hymnes (« *Land of My Fathers* ») illustrent les mots d'un personnage de Dylan Thomas : « *We are a musical nation* ».

La dévolution : pour et contre

La dévolution est l'acte par lequel l'État attribue ou rétablit des pouvoirs et des compétences aussi bien au Pays de Galles, en Écosse qu'en Irlande du Nord. Ces trois nations disposent d'une certaine autonomie, sauf en ce qui concerne la diplomatie, la défense, la politique économique et la Sécurité sociale. La demande politique d'autonomie est plus faible au Pays de Galles qu'en Écosse et qu'en Irlande du Nord. Contrairement aux Écossais, les nationalistes gallois expriment des revendications plus culturelles que politiques. L'assemblée galloise a d'ailleurs moins de prérogatives que celle d'Édimbourg. La vie politique est dominée par le Labour. On distingue des sous-ensembles régionaux : aux régions gallisantes et industrielles nettement favorables à la dévolution s'opposent les régions anglicisées du Nord-Est qui l'ont majoritairement refusée.

À noter que les dirigeants gallois du parti travailliste ont joué un grand rôle dans l'histoire des syndicats et du socialisme britannique. David Lloyd George fut le premier chef du gouvernement issu d'une famille galloise et Aneurin Bevan, fils de mineur, devenu ministre travailliste, participa à la fondation du *National Health Service*.

L'Écosse

L'Écosse, à la marge géographiquement, nation rebelle du Royaume-Uni, a vu son renouveau économique s'accompagner d'un fort mouvement nationaliste. Ce mouvement s'est du reste imposé en mai 2007 avec la victoire du *Scottish National Party* aux élections locales.

Milieu naturel et population

On distingue trois régions : au sud, les *Southern Uplands*, collines couvertes de landes ; au centre, les *Central Lowlands*, étroite plaine entre mer du Nord et Atlantique ; au nord, les *Highlands*. Les sols cultivables sont sur le littoral et au fond des *glens* (vallées).

Au nord-ouest, sur 790 îles, 130 sont habitées, d'où le nom de cette région, *Highlands and Islands*. Les plus importantes sont les Orcades (*Orkneys*), les Shetlands (au nord) et les Hébrides (à l'ouest). Le climat est rigoureux, nettement plus froid qu'en Angleterre. L'Écosse compte 5 millions d'habitants pour 77 000 km^2, soit 66 hab./km^2 (contre une densité de 373 hab./km^2 en Angleterre et 140 au Pays de Galles).

Économie traditionnelle et déclin économique

La distillation du whisky et le tissage de la laine sont les activités traditionnelles des Highlands et des Îles. Ce sont des activités prospères : le tweed des Hébrides et le whisky s'exportent dans le monde entier.

La pêche, côtière (*inshore fishing*) et hauturière (*deep sea fishing*), représente 75 % de la production britannique. L'aquaculture (*fishfarming*) s'est développée, surtout sur la côte ouest (saumons, truites, crustacés).

L'industrie lourde (sidérurgie, chantiers navals de la conurbation de Clydeside qui avaient construit le *Queen Mary*) a périclité après 1945. La désindustrialisation a entraîné la déstructuration sociale. La réhabilitation des quartiers a été conduite par la *Scottish Development Agency* (agence publique) pour régénérer les grands ensembles et améliorer l'environnement urbain.

Le renouveau

La Silicon Glen, vallée technologique, s'étend entre les deux grands pôles économiques, Édimbourg et Glasgow. Elle a vu s'implanter plus de 200 usines d'électronique, principalement étrangères (IBM, Mitsubishi, etc.), attirées par la productivité de la main-d'œuvre, le bon réseau de communications, les crédits publics et les avantages fiscaux liés au statut de *Special Development Area*.

L'Écosse a bénéficié du boom pétrolier avec l'exploitation des gisements des Forties, de Brent et de Ninian. Les villes qui ont prospéré sont Aberdeen, Inverness, Dundee, Peterhead, Lerwick. Mais si les prix mondiaux baissent, le problème de la rentabilité de l'exploitation, dont le coût est très élevé, se pose, ainsi que celui de la nature non renouvelable de cette manne.

Les autorités écossaises envisagent une meilleure exploitation des ressources naturelles : hydroélectricité, forêt (Highlands), tourisme (*Forest Parks, National Scenic Areas*).

LA DÉVOLUTION ET LE PARLEMENT ÉCOSSAIS

Une farouche volonté d'indépendance

Si l'Écosse fait officiellement partie du Royaume-Uni depuis l'Acte d'Union de 1707, son histoire est celle d'une longue opposition à l'Angleterre, animée par une farouche volonté d'indépendance. La campagne menée en 1979 par le SNP (*Scottish National Party*) à l'occasion du référendum de 1979 sur la décentralisation des pouvoirs l'a bien montré.

L'Écosse a déjà ses propres systèmes juridiques et scolaires, sa propre Église officielle, et même sa propre langue puisque le gaélique est encore parlé par 80 000 personnes. Mais la prospérité et le nouveau statut économique liés à l'exploitation du pétrole de la mer du Nord ont avivé les ambitions nationalistes dans une région naguère marginale à forte émigration vers l'Angleterre.

Les avancées politiques

Si le premier référendum n'avait pas été assez concluant pour que la dévolution soit mise en œuvre, un nouveau référendum, en septembre 1997, voulu par Tony Blair, a dégagé une large majorité en faveur de la création d'un Parlement. Un Parlement écossais a donc été instauré par le *Scotland Act*, voté par le Parlement britannique en 1998. C'est le premier Parlement écossais depuis 1707. Il est composé de 129 députés.

Le drapeau de l'Écosse

L'Écosse rebelle

Les élections locales de mai 2007 en Grande-Bretagne avaient deux enjeux. Le premier, national, était le score du Parti travailliste alors que le Premier ministre, Tony Blair, s'apprêtait à passer la main après dix années au pouvoir. Si ce n'est pas la débâcle redoutée, le Labour, en recul général, obtient un résultat qui, s'il se confirmait aux élections générales dans deux ou trois ans, menacerait son maintien au gouvernement. Le second enjeu était régional : les indépendantistes écossais du SNP [...] allaient-ils mettre fin à la suprématie travailliste ? Ils y sont en effet parvenus, mais de justesse, à un siège près, au Parlement d'Édimbourg.

Il n'en reste pas moins que pour la première fois depuis les lois de 1999 sur la dévolution – la décentralisation à la britannique – une formation réclamant la séparation entre la nation écossaise et le reste du pays remporte les élections. Ce succès ne signifie pas que l'Écosse sera demain indépendante. Le SNP devra composer avec les libéraux-démocrates, farouchement unionistes, pour former un gouvernement. Toutefois, il montre la volonté des Écossais de s'occuper de leurs propres affaires et de bénéficier directement de leurs performances économiques ainsi que des revenus de leur pétrole. Les Écossais regardent vers des « petits » pays de l'Union européenne comme la Slovénie et l'Estonie, qui profitent d'une croissance élevée. Et surtout vers l'Irlande, qui est devenue la référence. Le référendum – s'il a lieu – ne devrait pas poser la question oui ou non à l'indépendance mais proposer plusieurs options allant de la séparation à un simple renforcement de l'autonomie.

Le Monde en ligne, 12 mai 2007.

L'Irlande du Nord

À la marge du Royaume-Uni, manquant de richesses naturelles, longtemps affaiblie par ses divisions, l'Irlande du Nord a vu son économie demeurer dépendante des aides publiques. La formation, en mai 2007, d'un gouvernement associant catholiques et protestants offre des perspectives de progrès.

Milieu naturel, population et politique

- Le pays est excentré, à la marge de l'Europe, pénalisé par ses ressources naturelles limitées et son climat tempéré mais très humide, qui en fait presque exclusivement une terre de pâturages.
- Avec environ 1,7 million d'habitants, l'Irlande du Nord connaît une croissance démographique forte plus favorable aux catholiques (nationalistes et séparatistes), bien que les protestants (loyalistes unionistes) soient encore majoritaires.

Une économie assistée

- L'économie est pénalisée par une crise ancienne et chronique qui fait de cette périphérie la région la plus pauvre du Royaume-Uni. Le pays, encore largement agricole, est cependant miné par la désindustrialisation.
- L'État mène une politique de reconversion active. La moitié de l'emploi industriel correspond à des projets gouvernementaux (haute technologie, confection, plasturgie) appuyés sur des subventions massives britanniques, allouées à une région assistée (*Special Development Area*), et européennes (Fonds européen de développement).
- Des avantages fiscaux sont consentis aux industries légères (*footloose industries*) ne dépendant pas de la présence sur place de matières premières (électronique, mécanique légère). Des investissements étrangers (Michelin, Philips, etc.) ont limité le déclin.
- L'Agence pour le développement de l'Irlande du Nord (*Northern Ireland Development Agency*) est chargée de favoriser le développement industriel autour des pôles de croissance (*key-centres*). On a aussi construit des villes nouvelles autour de Belfast (Ballymena, Antrim) et pris des mesures, comme au Pays de Galles, pour ralentir le déclin des zones rurales.

Crise économique et tensions communautaires

- L'État s'efforce de respecter la parité protestants-catholiques dans les créations d'emplois et d'embauche. Une UDC (*Urban Development Corporation*) assure la réhabilitation de Belfast (0,8 million d'habitants), qui connaît de graves problèmes de logement et de dégradation du centre-ville. Mais dans les cités de banlieue, des logements ont été attribués en fonction des appartenances religieuses traditionnelles, reproduisant les schémas de ségrégation du centre.
- Le niveau de vie en Irlande du Nord est l'un des plus bas d'Europe et, tandis que les industries anciennes continuent à décliner, les nouvelles ne sont guère attirées vers l'Ulster. Néanmoins, les espoirs de stabilité politique durable apparus en mai 2007 pourraient ouvrir de nouvelles perspectives sur les plans économique et social.

UNE SOLUTION POLITIQUE ET DES PERSPECTIVES DE RENOUVEAU

Le rendez-vous de l'Irlande du Nord avec l'Histoire

L'Irlande du Nord n'a pas manqué, mardi 8 mai 2007, son rendez-vous avec l'Histoire. Il a eu lieu dans le décor solennel du Palais de Stormont, siège, à Belfast, de l'Assemblée régionale, réinstallée la veille après une suspension de quatre ans et demi. Dans une ambiance plus joyeuse que grave, la province s'est dotée, comme prévu, d'un gouvernement partagé entre catholiques et protestants. Le rideau est tombé sur quarante ans de guerre civile, et plusieurs siècles d'affrontements et de haine entre les deux communautés.
Les principaux acteurs de cette journée historique ont été à la hauteur de l'événement. Ian Paisley, le protestant, Premier ministre de la province, son adjoint, le catholique Martin McGuinness, les Premiers ministres britannique, Tony Blair, et irlandais, Bertie Ahern, ont su trouver les mots justes.
Après avoir prêté serment de « servir tout le peuple d'Irlande du Nord de façon égale », les deux premiers, naguère ennemis mortels, ont dit leur espérance. Le pasteur Paisley a cité la Bible, en l'occurrence les mots célèbres du chapitre III de l'*Ecclésiaste* : « Un temps pour aimer, et un temps pour haïr », avant d'affirmer : « L'Irlande du Nord est entrée dans une ère de paix. » [...] Le Premier ministre britannique s'est félicité que les Nord-Irlandais aient désormais « la chance d'échapper aux lourdes chaînes de l'Histoire ». [...] Dans la foule des personnalités, un homme écoutait les discours avec une attention soutenue : Gerry Adams, chef du Sinn Féin. C'est lui qui, au fil des ans, a joué le rôle clé, côté républicain, en persuadant les combattants de l'IRA d'abandonner la violence au profit de l'action politique. Monsieur Blair pouvait-il espérer plus bel épilogue avant d'annoncer, jeudi, sa démission ?

Le Monde, jeudi 10 mai 2007.

Les prémices d'une réconciliation durable ?

Selon l'hebdomadaire *The Economist* (12-18 mai 2007), la première tâche qui attend le nouveau gouvernement sera la reconstruction d'une économie jusqu'alors pénalisée par la violence et dépendante des subventions de Londres. Le secteur public fournit un emploi sur trois et est à l'origine des deux tiers de la production économique. Un Irlandais du Nord coûte 2 000 livres (2 946 €) de plus par an à l'État qu'un autre Britannique.

La relance de l'économie

Mais depuis que l'IRA a déposé les armes en 2005, l'économie a redémarré. L'emploi est reparti à la hausse et les prix de l'immobilier augmentent plus vite que dans le reste de la Grande-Bretagne. Néanmoins, avec la politique économique actuelle, le gouvernement central prévoit que le revenu moyen sera encore inférieur de 19 % à la moyenne britannique d'ici 2014.
Pour renoncer aux subventions de Westminster et donner un coup de fouet à l'économie en attirant des investisseurs de la République d'Irlande, les dirigeants d'Irlande du Nord souhaitent voir diminuer l'impôt sur les sociétés (28 %) pour s'approcher des 12,5 % en vigueur en Irlande du Sud.
Il sera surtout important de réduire la part du secteur public et d'encourager la création de start-ups.

L'évolution des antagonismes

Parmi les autres problèmes, les « *peace walls* », murs érigés pour séparer les logements des protestants et des catholiques, sont des symboles d'une ségrégation profondément enracinée que peu de gens souhaitent voir supprimés.
Mais en dehors des villes, certains signes montrent que les antagonismes s'atténuent.

La République d'Irlande

On peut difficilement parler des îles Britanniques sans évoquer la République d'Irlande, ou Eire. Depuis son entrée dans l'Union européenne en 1973, la République d'Irlande, État libre qui ne fait plus partie du Royaume-Uni depuis 1921, est devenue l'un des pays les plus prospères de l'Union grâce à un véritable miracle économique.

Milieu naturel et population

- Terre au climat doux et humide, l'Eire (l'Irlande du Sud) est formée d'une vaste plaine tourbeuse au centre, que draine difficilement le Shannon, entourée de moyennes montagnes et de collines.
- En 2006, la population de la République d'Irlande s'élevait à 4,2 millions d'habitants (1,6 million pour le Grand Dublin). L'Irlande est un pays jeune où les moins de 15 ans représentent 23,8 % de la population. Son taux de natalité est l'un des plus élevés d'Europe. Depuis quelques années, la prospérité de l'Eire attire de nombreux immigrés.

Politique, société et économie

- D'abord Dominion en 1921 (l'*Irish Free State*), puis État indépendant en 1937, l'Eire devient la République d'Irlande en 1948. L'Eire exerce sa juridiction sur 26 des 32 comtés de l'île. Au nord, 6 des 9 comtés de l'Ulster forment l'Irlande du Nord. La capitale est Dublin. Les deux principaux partis sont le Fianna Fáil et le Fine Gael.
- L'assouplissement de la législation sur l'avortement (1992) et la légalisation du divorce (1995) traduisent une perte d'influence de l'Église catholique. L'homosexualité et la contraception sont généralement acceptées.
- Sous les présidences de Mary Robinson (1990-1997) puis de Mary Mc Aleese (depuis 1997), le pays comble son retard économique. La République d'Irlande est devenue l'un des pays les plus prospères d'Europe depuis le début des années 1990 et l'on a coutume de l'appeler le « Tigre celtique ». L'Irlande a abandonné sa monnaie nationale, la livre irlandaise, pour adopter l'euro le 1er janvier 1999.

La culture irlandaise

- L'Irlande a produit quelques-uns des plus grands écrivains de langue anglaise, dont Jonathan Swift, George Bernard Shaw, W.B. Yeats, James Joyce, Samuel Beckett, etc. C'est aussi un pays de musique populaire avec des groupes célèbres : U2, The Cranberries, The Pogues, Van Morrison.
- La passion des Irlandais est le cheval. Beaucoup de familles possèdent au moins « une part » sur un cheval et les courses sont une occasion de fête populaire.
- Les pubs jouent un rôle important avec la bière brune « stout » (la Guinness), le whisky et la musique irlandaise. L'interdiction de fumer dans tous les lieux publics n'en a pas altéré la fréquentation (la consommation d'alcool n'a pas baissé pour autant).
- Les Irlandais sont très attachés à la fête nationale irlandaise, la Saint-Patrick (17 mars). Le trèfle à trois feuilles (le *shamrock*, utilisé par Saint-Patrick pour expliquer la Sainte Trinité aux peuples celtes), l'agneau et la harpe celtique sont de puissants symboles nationaux irlandais.

LE « TIGRE CELTIQUE » OU L'HISTOIRE D'UN MIRACLE ÉCONOMIQUE

Le boom des années 1990 et 2003-2004

L'expression « Tigre celtique » (« *Celtic Tiger* ») désigne la République d'Irlande pendant la période de forte croissance économique entre 1990 et 2001, puis, après un coup d'arrêt lié à la conjoncture internationale, lors du nouveau départ en 2003-2004, qualifié de *Celtic Tiger 2*. L'Irlande, qui était autrefois l'un des pays les plus pauvres d'Europe, est devenue l'un des plus riches, passant du 12e au 3e rang entre 1992 et 2006.

Les causes du miracle

Ce miracle économique tient à la convergence de facteurs favorables qui ont incité des sociétés de haute technologie, essentiellement américaines, à venir s'installer en Irlande du Sud, parmi lesquelles : Dell, Intel, Microsoft et Gateway durant les années 1990 ; Google, Abbott Laboratories, Bell Labs après 2001.
Ces sociétés ont été attirées par l'appartenance de l'Irlande à l'Union européenne (avec un énorme marché potentiel), les salaires (initialement parmi les plus bas d'Europe occidentale), les subventions gouvernementales et européennes (jusqu'à 7 % du PNB), le faible taux d'imposition des sociétés (entre 10 et 12,5 % à la fin des années 1990). De plus, l'Irlande avait une force de travail jeune, bien éduquée, et surtout anglophone, atout majeur par rapport aux autres pays de l'Union européenne où les salaires étaient également bas (Portugal, Espagne).

L'augmentation de la productivité

Un autre facteur majeur rendant les employés irlandais plus attractifs, du point de vue des multinationales, a été l'augmentation massive de la productivité entre 1994 et 2003. Alors que les salaires augmentaient vers la fin des années 1990, le coût global d'un employé irlandais restait bas grâce aux très faibles taxes en vigueur. La faible ingérence gouvernementale dans les affaires économiques par rapport aux autres membres de l'Union européenne, et particulièrement aux pays d'Europe de l'Est, a été un atout supplémentaire pour l'Eire.

Conséquences économiques, sociales et culturelles

Le taux de chômage est passé de 18 % dans les années 1980 à 4,2 % en 2005 et le revenu net a beaucoup augmenté, entraînant une hausse spectaculaire de la consommation des ménages.
La tendance traditionnelle à l'émigration a été enrayée et l'Irlande est même devenue une destination pour de nombreux immigrants, conduisant au développement du multiculturalisme, particulièrement dans la région de Dublin. L'urbanisation s'est accrue, de nombreux jeunes quittant la campagne pour les centres urbains. Le succès de l'économie irlandaise a aussi fait évoluer l'image parfois négative que les Irlandais avaient d'eux-mêmes.
La période du Tigre celtique a été marquée par d'énormes changements sociaux en Irlande : le divorce et l'homosexualité ont été légalisés, les référendums « pro-vie » (*pro-life*) ont vu les Irlandais du Sud se prononcer en faveur de l'avortement par deux fois, et deux femmes ont été élues présidentes de la République. La République d'Irlande est devenue une société européenne moderne aux yeux de tous.
Mais certains considèrent que la culture irlandaise a été affectée durant les années fastes par la montée du consumérisme et l'adoption d'idéaux capitalistes américains. Par ailleurs, une forte inflation a rendu la vie très chère et créé une relative pauvreté.

Les ressources naturelles et l'énergie

Le déclin de la production de charbon a été largement compensé par l'exploitation des réserves de pétrole et de gaz naturel découvertes en mer du Nord en 1969. Par ailleurs, les énergies renouvelables ne sont pas négligées par les autorités du Royaume-Uni.

Le charbon

Malgré la baisse de la production (50 millions de tonnes par an en 1994, un peu plus de 25 en 2004 et seulement 20 en 2005), le charbon fournit encore un tiers de l'électricité de la Grande-Bretagne. Il est produit dans 7 mines principales dans le Nord de l'Angleterre et dans le Sud du Pays de Galles, avec 5 mines de moindre importance et 35 sites d'exploitation à ciel ouvert.

Nationalisées en 1947, les mines ont toutes été privatisées en 1994, les licences d'exploitation accordées à 5 sociétés privées étant du ressort de la *Coal Authority* créée par le *Coal Industry Act* de 1994.

Le pétrole de la mer du Nord

Jusqu'aux années 1960, la Grande-Bretagne importait la presque-totalité de ses approvisionnements en pétrole. En 1969 fut découvert un gisement dans la zone d'Arbroath, sur le plateau continental appartenant au Royaume-Uni (*UK Continental Shelf – UKCS*) défini par le *Continental Shelf Act* de 1964 issu de l'accord entre États riverains. Le premier gisement exploité fut celui d'Argyll, en 1975.

Depuis les années 1970, la Grande-Bretagne est un important producteur de pétrole brut (*crude oil*). Les principales compagnies sont BP (*British Petroleum*) et Shell. En 2003, on comptait 9 grandes raffineries sur la côte est de l'Écosse et de l'Angleterre. À la fin 2004, il y avait 264 sites d'exploitation de pétrole et de gaz en activité. Avec plus de 100 milliards de m^3 annuels, le Royaume-Uni est le quatrième producteur mondial de gaz naturel et, avec plus de 130 millions de tonnes par an, le dixième producteur mondial de pétrole.

Le gaz et l'électricité

Le gaz de ville (*town gas*), produit à partir du charbon depuis le XVIIIe siècle puis à partir du pétrole au début des années 1960, a largement été remplacé par le gaz naturel produit en mer du Nord. Le premier gisement fut celui de West Sole (*West Sole Field*), exploité dès 1967. La Grande-Bretagne est le quatrième producteur mondial de gaz ; en 1998, seul 1,5 % du gaz consommé était importé.

La distribution de l'électricité se fait dans un cadre concurrentiel et est assurée par des sociétés distinctes en charge respectivement des quatre nations du Royaume-Uni.

Le nucléaire civil, dont l'exploitation sur le réseau national (*national grid*) a débuté en 1956, produit 26 % de l'électricité du Royaume-Uni sur 14 sites. Contrairement aux autres secteurs énergétiques, le nucléaire n'a pas été privatisé.

Le gouvernement britannique mène une politique active en matière d'énergies renouvelables : carburants bio, hydroélectricité, éoliennes, capteurs solaires…

LES ENJEUX DE LA POLITIQUE ÉNERGÉTIQUE

Malgré l'atout que représente le pétrole de la mer du Nord, la Grande-Bretagne est confrontée à des choix qui engagent l'avenir, notamment dans la perspective d'énergies renouvelables, fiables et économiquement viables, en prenant en compte les impératifs écologiques liés au changement climatique.

Énergie et environnement

Les énergies renouvelables (*renewable energy sources*) ont fourni 4,6 millions de tonnes d'équivalent pétrole en 2005, pour une production totale du Royaume-Uni de 212 millions de tonnes la même année.

Le levier essentiel du gouvernement pour promouvoir ces énergies est *The Non-Fossil Fuel Obligation (NFFO) Renewables Order*. Ce décret (*order*) a pour effet d'imposer l'obligation aux compagnies distribuant l'électricité de recourir aux énergies renouvelables à hauteur de 10 % en 2010 et de 15 % en 2015.

Un rapport faisant suite à une enquête sur l'énergie (*Energy Review*), publié en juillet 2006, a jeté les bases d'une politique énergétique, stipulant notamment que si le charbon avait encore un rôle à jouer, il faudrait que l'on s'attache à réduire les émissions de dioxyde de carbone (CO_2). L'objectif fixé par un livre blanc (*white paper*) sur l'énergie publié le 24 février 2003 est de diminuer globalement les émissions de CO_2 de 60 % d'ici 2050.

Les ressources énergétiques et naturelles

Le sort de l'énergie nucléaire est, pour le public et les spécialistes, la question principale abordée dans le cadre de la révision de la politique énergétique britannique. Si une partie des commentateurs britanniques estime que la décision de construire de nouvelles centrales a été déjà prise par le Premier ministre, certaines publications montrent que le sort du nucléaire n'est pas encore complètement certain.

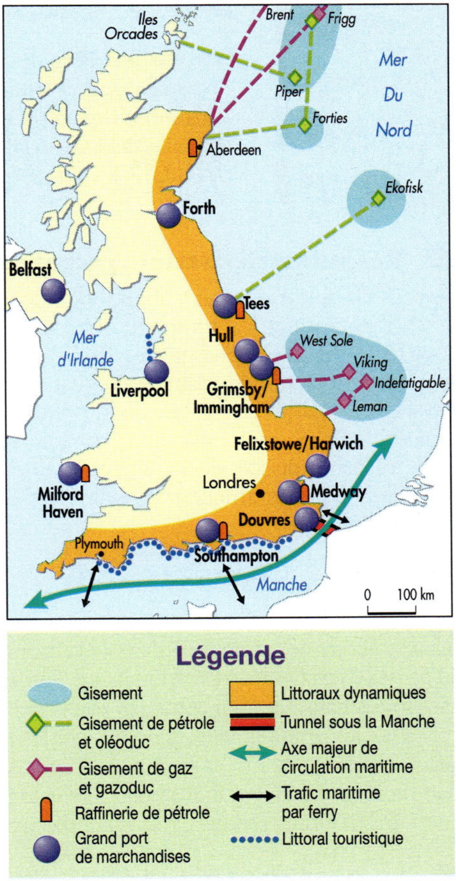

Consommation et production énergétiques en 2005 (en millions de tonnes d'équivalent pétrole)

	Consommation	Production
Charbon	39,5	12,7
Pétrole brut	89,1	92,9
Gaz naturel	94,3	87,6
Électricité thermique	19,0	19,0
Électricité nucléaire	18,4	18,4
Hydroélectricité	0,4	0,4
Importations nettes	0,7	
Total	**261,4**	**231**

Whitaker's Concise Almanack 2007.

Le secteur secondaire de l'économie

Depuis le milieu des Trente Glorieuses, « *the long boom* », le poids économique et humain de l'industrie n'a cessé de décliner au Royaume-Uni, entré dans l'ère postindustrielle. Tandis que les périphéries désindustrialisées se « japonisent », la recherche est concentrée dans les cœurs technologiques du Sud-Est de l'Angleterre.

Désindustrialisation, recentrage et reconversion

- La Grande-Bretagne a abandonné des branches traditionnelles comme la métallurgie, le textile ou même l'automobile pour se recentrer sur des secteurs à haute valeur ajoutée comme la chimie, la pharmacie, l'aéronautique, les télécommunications, l'armement.
- Cette mutation fondamentale s'est opérée au détriment des régions périphériques des pays noirs, malgré la vigueur de la politique de reconversion régionale. En revanche, elle a profité à la région londonienne dont la centralité n'a cessé de s'affirmer.
- Au début du XXIe siècle, on compte deux emplois tertiaires pour un emploi industriel. Seuls les Midlands affichent plus de 30 % d'actifs industriels, contre 10 % dans la région londonienne.

La reconversion régionale

- Elle est liée à l'impulsion des investissements étrangers (japonais, sud-coréens, américains, allemands, français) dans l'électronique grand public, la mécanique, l'automobile. 40 % des investissements japonais en Europe sont faits au Royaume-Uni (« *Japanization* »). La réindustrialisation concerne les zones périphériques de la *Rustbelt* (ceinture de la rouille), celles où les emplois masculins ont été le plus touchés.
- Les usines de montage dans les régions périphériques du pays représentent une bonne part de la reconversion industrielle. Les entreprises créées sont souvent des « usines-tournevis » aux infrastructures réduites, à la main-d'œuvre faiblement qualifiée et aux salaires modestes.

La *Sunbelt* hich-tech

En revanche, la recherche est concentrée dans les cœurs technologiques du Sud-Est de l'Angleterre, au sein d'un rayon de 160 km autour de Londres, le long des autoroutes M4 (jusqu'à Cardiff), M40 (jusqu'à Oxford), M25 (*the Orbital*: autour de la capitale), M11 (jusqu'à Cambridge et sa technopole, où sont installés IBM, Sony, Canon, BAE-Marconi), etc. Environ 150 000 sur les 300 000 emplois britanniques de services dans l'informatique sont localisés dans le bassin de Londres.

La filière agro-industrielle

Si l'agriculture peut paraître marginale, employant seulement 2 % des actifs, c'est l'une des plus productives d'Europe, assurant, grâce à l'efficacité d'une puissante filière agro-industrielle, les deux tiers des besoins alimentaires du pays. La superficie moyenne des exploitations est la plus élevée d'Europe (69,4 ha contre 41,7 en France) et la part des exploitations de moins de 10 ha la plus faible (28 % contre 36 % en France).

LES COULOIRS TECHNOLOGIQUES ET LES PÉRIPHÉRIES

Le couloir technologique de la M4 (Londres-Cardiff)

La plus grande concentration d'activités de haute technologie de Grande-Bretagne se trouve le long de l'autoroute M4, de Londres à la côte sud du Pays de Galles. Les raisons de cette localisation sont multiples : une excellente desserte routière, ferroviaire et aérienne ; la présence ancienne de firmes de production et de recherche liées au complexe militaro-industriel et à l'industrie aéronautique, notamment à Harwell, Aldermaston et Bristol ; l'exceptionnelle densité de scientifiques et de techniciens hautement qualifiés à proximité d'universités renommées (Oxford, Bristol) ; l'existence dans ces espaces périurbains d'une main-d'œuvre féminine de haut niveau et très flexible.

Les entreprises présentes touchent principalement l'instrumentation scientifique (40 %), l'électronique (30 %) et la pharmacie (22 %). Les environs immédiats de l'aéroport d'Heathrow constituent le noyau majeur de cet axe d'excellence du secteur quaternaire britannique, avec le couloir de la M11 vers Cambridge.

Plate-forme pétrolière en mer du Nord.

La Silicon Glen et le renouveau des périphéries

La vallée écossaise du silicium, *Silicon Glen*, par allusion à *Silicon Valley*, en Californie, symbolise le renouveau des périphéries. C'est un ensemble de près de 300 unités de production, employant 40 000 personnes dans une zone qui, en fait, couvre plusieurs vallées et estuaires (l'estuaire de la Clyde, *the Firth of Clyde*, la vallée de la Clyde, la vallée de la Forth, l'estuaire de la Tay), et les couloirs industriels autoroutiers de la M8 (Glasgow-Édimbourg) et de la M9 (Édimbourg-Stirling).

Beaucoup de firmes transnationales y ont installé des unités de production (IBM, Compaq, NEC, etc.). Mais il s'agit d'un système fragile, d'une réindustrialisation reposant sur la réduction des coûts plus que sur la qualité technologique, d'une industrie plaquée et non pas intégrée au tissu économique régional. Les produits (claviers d'ordinateur, moniteurs, téléviseurs) sont de grande consommation. Attirés par les avantages fiscaux de l'ère Thatcher, les employeurs bénéficient d'une main-d'œuvre très bon marché et peu absentéiste. Le Japon s'installe ainsi au cœur du marché européen (on a parlé de « Cheval de Troie », *Trojan Horse*). Ceci place l'Écosse sur le même plan que les nouveaux pays industriels d'Asie (NPIA) et que ceux d'Europe de l'Est.

La façade orientale et la manne pétrolière

L'exploitation des hydrocarbures en mer du Nord a dynamisé la façade orientale de la Grande-Bretagne et favorisé la reconversion de périphéries en crise. C'est le cas d'Aberdeen, dont le *CBD* (*Central Business District*) accueille les services centraux de BP, Shell, Exxon et Texaco. Son port a été modernisé et la périurbanisation s'étend.

Le secteur tertiaire

Les « invisibles » jouent pour beaucoup dans le rééquilibrage de la balance commerciale britannique et Londres est l'un des plus grands centres financiers du monde. Le secteur des services est dominé par la banque et l'assurance. Par ailleurs, le transport maritime joue un rôle essentiel, avec le développement de vastes complexes d'estuaires sur la façade est.

La tertiarisation de l'économie

Depuis plus de 40 ans, le secteur tertiaire est dominant. Il représente actuellement 75 % de la population active contre 23 % à l'industrie et 2 % à l'agriculture. Le tertiaire a gagné en 30 ans ce qu'a perdu l'industrie : près de 4 millions d'emplois. Le temps des pays noirs est révolu.

Londres, place financière internationale

- L'atout majeur du Royaume-Uni est l'importance de Londres comme place financière internationale. Dans la City et depuis 1990 dans les Docklands, se concentrent en effet, outre la troisième Bourse des valeurs du monde (*The Stock Exchange*), les services financiers, les compagnies d'assurances et de réassurance (la Lloyd's), les banques d'affaires et de dépôt, les sociétés de conseil et les cabinets d'avocats qui font de Londres la deuxième place financière du monde après New York et la première en Europe.
- Les profits réalisés dans le domaine des services et les intérêts dégagés par les investissements à l'étranger assurent au Royaume-Uni les rentes qui compensent en partie le déficit de sa balance commerciale.
- Le 27 octobre 1986 a eu lieu la déréglementation (*deregulation*), suppression des restrictions encadrant le marché financier, et l'adoption de la cotation électronique continue. Ces mesures ont largement ouvert le marché aux investisseurs étrangers et fait de Londres le pôle européen du système financier mondial. Le *Footsie* est l'indice boursier du quotidien financier *The Financial Times*, équivalent britannique du CAC 40 français.

Le tourisme

- Le tourisme concerne chaque année 58 millions de Britanniques et 23 millions d'étrangers. Le Royaume-Uni est la sixième destination touristique mondiale pour 4 % du PIB. Mais 54 % des Britanniques qui partent en vacances vont à l'étranger.
- Les périphéries britanniques offrent des cadres naturels attractifs mais aussi des villes chargées d'histoire et d'importants lieux de mémoire, sites ou monuments de référence. Les Britanniques leur accordent une forte signification symbolique identitaire, dans les anciennes régions minières ou sidérurgiques, par exemple.
- La proximité de sites naturels faiblement peuplés, le tourisme vert sont des atouts communs à l'Écosse, au Pays de Galles, aux Cornouailles, au Nord-Ouest de l'Angleterre (*Lake District*), aux Midlands (*Peak District*), à l'East Anglia (*Norfolk Broads*). Ces périphéries de réserve constituent un vrai capital et une voie de diversification économique parmi d'autres.

L'ACTIVITÉ PORTUAIRE ET LE TRANSPORT MARITIME

Des ports d'antan aux complexes d'estuaires

La mer a toujours joué un rôle central dans l'économie britannique. Dès le XVIIe siècle, le pays s'était doté d'une flotte marchande considérable et il dominait le monde des transports maritimes au début du XXe siècle, avant d'entamer un déclin progressif jusqu'aux années 1990. La reprise s'est amorcée en 1998 grâce à la définition d'une stratégie globale exprimée dans un document intitulé *Brittish Shipping: Charting a New Course*.

Il y a aujourd'hui plus de 650 ports en Grande-Bretagne, dont 120 ont une réelle importance commerciale, avec un trafic de 582 millions de tonnes en 2005. Mais le déclin de la façade ouest de la Grande-Bretagne et le basculement des activités vers les ports de la côte est ont bouleversé la hiérarchie nationale. En outre, il ne s'agit pas de ports *stricto sensu* mais de complexes d'estuaires composés souvent de plusieurs ports spécialisés. Le premier complexe britannique (7e au niveau européen) est celui de la Tamise (Tilbury, Gravesend, Southend on Sea, Medway). Les ports britanniques ont un trafic tourné à 70 % vers leurs voisins européens et fondé surtout sur les hydrocarbures et le transport de conteneurs.

Des ports spécialisés

Le développement du transport par conteneurs (*container traffic*) a profité à des ports spécialisés comme Grimsby et Immingham sur la côte est, avec notamment une forte augmentation des échanges avec les pays de l'Union européenne. Plus de 95 % du tonnage des importations et exportations se font par bateau (75 % en termes de valeur marchande). Douvres (*Dover*) est le premier port RO-RO (ferry, fret intégré) de Grande-Bretagne en valeur.

Certains ports de la côte ouest ont connu un relatif déclin (Liverpool, Bristol) en raison de l'importance croissante du transport de produits pétroliers, au profit de ports comme Sullom Voe dans les Shetlands ou Milford Haven au Pays de Galles, port pétrolier assurant les importations.

La Humber, système portuaire d'estuaire

Les ports de la Humber bénéficient d'une situation avantageuse au bord de la mer du Nord, face aux gisements de gaz naturel. À eux quatre (Hull, Grimsby, Goole et Immingham), ils assurent 13 % du commerce maritime et occupent le 8e rang en Europe. Leur trafic s'est accru de 25 % depuis 1990 et plus de 50 000 navires accostent dans l'estuaire chaque année. Ce volume d'activité est appelé à progresser avec l'extension de l'Union européenne et l'essor des relations avec les États de la Baltique. Doté d'équipements modernes et compétitifs, l'estuaire de la Humber contribue fortement au dynamisme économique régional et national. Le coût environnemental a cependant nécessité la mise sur pied d'un programme de protection de certains de ses sites.

Les docks de Londres

Les célèbres « docks » de Londres (the Surrey Commercial Docks, the West India Docks, the Royal Docks) sont devenus un immense complexe d'industrie légère, de commerce et de résidences.

La flotte marchande

La majorité des navires des armateurs britanniques naviguent sous pavillon de complaisance libérien ou panaméen. Fin 2004, la flotte marchande britannique de navires de plus de 100 tonnes (*gross tons*) comprenait 671 navires de commerce, dont 395 sous pavillon britannique.

La population

La population britannique est vieillissante, majoritairement féminine et cosmopolite et essentiellement urbaine. La concentration est très forte dans le Sud de l'Angleterre et la densité est très variable selon les régions. Le décalage nord-sud ne fait que s'accentuer.

Données démographiques

- Le Royaume-Uni est, avec 60 millions d'habitants, au deuxième rang des États de l'Union européenne, à égalité avec la France. Ses caractéristiques démographiques sont proches de la moyenne des pays d'Europe occidentale.
- La croissance naturelle est très faible (17 % depuis 1951, contre 23 % pour les pays de l'Union européenne et 80 % pour les États-Unis; fécondité de 1,7 enfant par femme). Le vieillissement est déjà sensible, puisque 16 % des Britanniques ont plus de 60 ans. Le recensement de 2001 a montré que les femmes étaient plus nombreuses que les hommes dans toutes les tranches d'âge de plus de 21 ans.

Le glissement vers le sud et la concentration de la population

- L'originalité humaine du Royaume-Uni au sein de l'Europe tient à trois éléments: la concentration de la population dans de vastes conurbations alors que le tiers du pays est presque vide; le déséquilibre de son réseau urbain, dominé par l'importance de la capitale londonienne; le poids, parmi les 2,3 millions d'étrangers présents sur le sol britannique, des multiples communautés issues du Commonwealth.
- Au total, 40 % de la population sont concentrés dans les grands centres urbains, sur 3 % du territoire national. Il y a 18 millions d'habitants dans la région sud-est, soit presque un tiers de la population totale du Royaume-Uni. Cela tient au dynamisme économique du Sud-Est, alors que l'emploi reste précaire dans le Nord.
- Entre 1981 et 2001, la population a augmenté dans l'Angleterre du Sud-Ouest (+ 12,5%), de l'Est (+ 11%), et du Sud-Est (+ 10,4%), avec 5,4 % d'augmentation pour Londres. Pendant la même période, on a enregistré une diminution de 4,6 % dans le Nord-Est de l'Angleterre, de 3 % dans le Nord-Ouest et de 2 % en Écosse. Cette concentration pose de nombreux problèmes (surpopulation, prix de l'immobilier, occupation des sols, dépenses publiques).
- La population de l'Irlande du Nord a augmenté de 9 % entre 1981 et 2001. C'est la population la plus jeune du Royaume-Uni, avec 24 % de jeunes de moins de 16 ans (20 % dans le reste du Royaume-Uni).

Une société cosmopolite

- La majorité des personnes de couleur vivent en zone urbaine. La moitié vit dans la région sud-est (50 % des Noirs et 40 % des Indiens vivent à Londres). Les Pakistanais sont très nombreux dans les Midlands (West Yorkshire, notamment à Bradford).
- Les groupes ethniques minoritaires sont plus jeunes (taux de natalité plus élevé), ont de faibles revenus (60 % des Bangladais) et ont un taux de chômage de plus de 20 % (contre 5 % pour les Blancs).

LA POPULATION BRITANNIQUE EN CHIFFRES

Le recensement de 2001 par nations du Royaume-Uni : population, densité

Nation	Population estimée à	Pourcentage de la population totale	Superficie	Densité*
Angleterre	49138831	83,6	132000	373
Pays de Galles	2903085	4,9	21000	140
Écosse	5062011	8,6	77000	66
Irlande du nord	1685267	2,9	14000	119
ROYAUME-UNI	**58789194**	**100,0**	**244000**	**240**

* Densité moyenne en France : 107.

Le recensement de 2001 : l'Angleterre – population par régions

Région	Population au 29/04/2001	Pourcentage de la population en Angleterre
Nord-Est	2515500	5,2
Nord-Ouest	6729800	13,7
Yorkshire et Humberside	4964800	10,1
East Midlands	4172200	8,5
West Midlands	5267300	10,7
Est	5388200	10,9
Londres	7172000	14,6
Sud-Est	8000600	16,3
Sud-Ouest	4928500	10,0
ANGLETERRE	49138831	100,0

D'après les données de l'*Office for National Statistics* (*ONS*), Census 2001.

Le recensement de 2001 : données démographiques

Rapport hommes/femmes	100/106
Taux de mortalité infantile	5,54 ‰
Taux de natalité	1,64 enfant par femme
Naissances hors mariage*	40 %
Âge moyen de la mère au premier enfant	27 ans
Espérance de vie	Hommes : 74 ans, Femmes : 80 ans
Pourcentage des moins de 16 ans	20 %
Pourcentage des plus de 60 ans	21 %
Pourcentage des plus de 64 ans	16 %
Pourcentage des plus de 85 ans	1,9 %
Taux de mortalité	10,35 ‰
Taux de croissance démographique	0,23 %

* Le taux de grossesses précoces (chez les 15-17 ans) était de 43,8 ‰ en 2000 – le plus élevé de l'Union européenne.

Le bilan migratoire

Les immigrants originaires des pays du nouveau Commonwealth représentent 5 % de la population, soit 2,8 millions de personnes. Mais la Grande-Bretagne fut et demeure un pays de forte émigration. Presque 3 millions de personnes ont émigré entre 1966 et 1976, plus de 2,5 millions entre 1982 et 1991. Les destinations sont d'abord les pays anglophones, mais également les pays de l'Union européenne. Les 6 millions de citoyens britanniques installés dans le monde entier contribuent à son rayonnement, commercial notamment.

Les transports

Alors que les réseaux routier et ferroviaire demanderaient à être rénovés, le trafic aérien est en forte expansion. Les transports relèvent de sociétés privées. C'est par le truchement d'organismes de contrôle publics que les politiques gouvernementales en matière de transport sont mises en œuvre.

La route

- En 2005, il y avait 3519 km d'autoroutes en Grande-Bretagne, dont 2992 en Angleterre. Dans tout le Royaume-Uni, les autoroutes et routes nationales sont gérées et financées par des institutions publiques.
- Les autoroutes assurent 20 % du trafic routier, mais le réseau n'est pas continu et n'a guère été étendu depuis 10 ans. Les routes souvent étroites supportent un trafic très chargé.
- La quasi-totalité de services de bus de Grande-Bretagne est assurée par des entreprises privées. *The Transport Act* (2000) a défini un plan décennal pour promouvoir l'utilisation de ce mode de transport. Diverses mesures concrètes visent à encourager les compagnies et les autorités locales à investir (déductions fiscales sur le carburant, subventions accordées aux communes rurales mal desservies).

Le rail

- Le réseau ferré britannique fut développé par des compagnies privées au cours du XIXe siècle. En 1948, les plus importantes furent nationalisées. En 1963, une restructuration conduisit à la création de *British Rail*, la gestion des infrastructures étant confiée à *Railtrack plc*. En 1993, le réseau fut privatisé et placé sous le contrôle d'organismes publics.
- Aujourd'hui, c'est *Network Rail*, une compagnie privée à but non lucratif (*a not-for-profit company*), qui est chargée de gérer l'infrastructure (les voies, la signalisation et les gares les plus importantes). Elle reçoit des subventions et perçoit de la part des compagnies exploitantes les redevances d'accès à l'infrastructure, dont le montant est fixé par le régulateur du Rail (*The Office of Rail Regulation, ORR*). En juin 2006, il y avait 24 compagnies exploitantes (*Train Operating Companies, TOCs*), parmi lesquelles *First ScotRail*, *Northern Rail*, *Midland Mainline*, *Southern*, *Virgin Trains*, *Heathrow Connect*.
- Après Waterloo, c'est la gare de Saint Pancras qui accueille l'Eurostar (*the Shuttle*) reliant Lille, Paris et Bruxelles.

L'avion

- Le trafic aérien intérieur est en constante progression (48,5 millions de passagers en 2004 contre 45,8 en 2003). Le tiers du trafic passe par Londres. Ses cinq aéroports forment la première place aéroportuaire d'Europe (130 millions de passagers par an). Heathrow est le premier aéroport britannique. Manchester est le troisième aéroport britannique avec au total 21 millions de passagers par an, dépassé par Glasgow, Édimbourg et Belfast pour le trafic intérieur.
- L'essor des compagnies à bas prix (*low cost*) compense les insuffisances des réseaux ferroviaire et routier. La plus ancienne est *Ryanair*, créée en 1985 (25 millions de passagers par an).

L'ÉVOLUTION DES TRANSPORTS EN GRANDE-BRETAGNE

La dérégulation des transports

En 1970, la réglementation des transports routiers par l'Administration (tarifs, conditions de transport) est remise en cause par les néolibéraux du Parti conservateur d'Edward Heath. C'est le début de l'ère du « moins d'État ». Sous Margaret Thatcher, plusieurs lois sur les transports (1980, 1985) abolissent le contrôle public des tarifs et des réseaux des bus et des autocars. De nombreuses entreprises publiques sont privatisées : National Freight Corporation, Sealink Ferries, British Rail, British Airways, etc. Cette priorité donnée à la compétition économique sur la prestation de services publics a deux effets :

– la réduction des subventions publiques ;

– la diminution des coûts de fonctionnement.

Cela n'affecte ni la rentabilité, ni la densité des réseaux, ni la desserte des zones très peuplées, donc très demandeuses, comme le Grand Londres et le Sud-Est de l'Angleterre. En revanche, les réseaux périphériques voient leur maintien encore plus menacé que par le passé.

Se déplacer en milieu urbain

Depuis le début des années 1990, le combat contre la congestion des villes a conduit à y favoriser l'intensification et la modernisation des transports en commun et à y décourager l'usage de véhicules individuels.

Beaucoup de villes canalisent les automobiles vers de vastes parkings périphériques à partir desquels les usagers sont pris en charge par un service de bus les acheminant vers le centre (*Park and ride*), comme à Oxford ou Cambridge.

À Londres, un système de péage pour l'accès au centre-ville (*Central London Congestion Charging Zone*, *CLCCZ*) est entré en vigueur le 17 février 2003. À quelques exceptions près, les automobilistes doivent payer 8 livres par jour pour pénétrer à l'intérieur du centre de Londres. Pour les automobilistes résidant au sein de la zone payante, il existe un passe renouvelable mensuellement. Le même système est en vigueur à Leicester.

Une loi votée en 2000, *The Transport Act*, autorise les autorités locales à créer des sections à péage. La première autoroute à péage a été la M6 (*M6 Toll*), une rocade contournant Birmingham, ouverte en décembre 2003. L'objectif est de réduire les encombrements et d'encourager l'utilisation d'autres moyens de transport que la voiture.

Des systèmes flexibles en milieu rural

La campagne britannique est le royaume des transports individuels. C'est le prix de la périurbanisation et le résultat de la raréfaction des réseaux de transport collectif, notamment publics. La dérégulation n'a pas eu d'effet moteur et, depuis 1993, les privatisations du réseau ferré ont conduit à une dégradation de la qualité et de la fiabilité des lignes.

C'est un « paratransit » qui s'est développé, avec une multiplication de systèmes flexibles, adaptés à la demande. Publics ou semi-publics, subventionnés ou non, ils sont affectés à des destinations de proximité très spécialisées, souvent par minibus :

– système « *welfare dial-a-bus* » desservant les hôpitaux ;

– bus gratuits affrétés par le « *shopping centre* » voisin ;

– bus postaux permettant le transport de passagers, etc.

Les villes et le territoire

Croissance au sud et décroissance au nord caractérisent les villes de Grande-Bretagne. La politique des villes nouvelles des années 1950, les plans de développement et de réhabilitation, les enjeux sécuritaires ont façonné l'environnement urbain.

Le déséquilibre nord-sud

- Londres poursuit sa croissance par ses périphéries. Sur les vingt dernières années, c'est la seule agglomération dont la population a continué à augmenter (+5,4%, contre 5 % pour toute l'Angleterre).
- La crise des villes de l'industrie fait écho à la crise industrielle: de 1981 à 2001, Birmingham (aujourd'hui 977000 habitants) perd 4 % de sa population, Sheffield (513000 hab.) 6,3 %, Newcastle (2600000 hab.) 8,6 % et Manchester (392000hab.) 15,1 %. Les centres-villes décroissent plus vite que les périphéries. C'est l'exurbanisation ou l'effet « *doughnut* » (les centres se vident).

Au contraire, Londres a vu croître aussi bien sa partie interne (*inner London*): 2,77 millions, que sa partie externe (*outer London*): 4,406 millions.

La dynamique urbaine autour de Londres

- La capitale dynamise sa zone d'influence et les villes moyennes proches progressent vite. Milton Keynes, ville nouvelle (*new town*) du Nord de Londres, 207000 habitants actuellement, détient le record de croissance avec +65% de 1981 à 2001 (dernier recensement). La limite nord de cette zone dynamique passe au sud-est des Midlands. Quand Nottingham décline (–4%), Leicester et Northampton progressent (+18%).
- La croissance de Londres implique son exurbanisation, tant pour les emplois que pour les résidences: une véritable *Golden Belt* s'est ainsi formée, ceinture dorée qui correspond à peu près à tout le Sud-Est de l'Angleterre. Les comtés du Sud (Kent, Surrey, East & West Sussex, Wiltshire, Hampshire, Dorset) et le littoral de Broadstairs à Bournemouth sont devenus la très grande banlieue de la capitale pour des Londoniens actifs et des retraités aisés.

Les villes nouvelles

- Pour endiguer l'étalement urbain, le *New Towns Act* de 1946, inclus dans le *Town and Country Planning Act* de 1947, conduit à la création, entre 1947 et 1950, de 14 villes nouvelles, dont 8 autour de Londres, sur le principe des *garden cities*.
- Aujourd'hui, il y en a 33, dont 12 dans le Sud-Est de l'Angleterre, sans compter les *expanded towns* comme Cambridge, avec les villages suburbains de sa technopole. Leur planification est stricte: la juxtaposition de zones résidentielles, d'espaces industriels et de services, d'espaces verts, en fait des villes complètes à la disposition rationnelle autour d'un centre piétonnier commercial et administratif, et non des cités-dortoirs.
- Leur population maximale est définie dès l'origine et comprise entre 30000 et 200000 habitants. Leur distance à la ville-centre est pour Londres d'au moins 40 km (20 km pour les autres grandes villes).

DÉVELOPPEMENT URBAIN ET AMÉNAGEMENT DU TERRITOIRE

Réhabilitation urbaine et spéculation

Le paysage urbain actuel découle en partie de la création, en 1980, sous Margaret Thatcher, des *Urban Development Corporations* (*UDCs*) afin de réhabiliter les quartiers centraux des grandes agglomérations en donnant la priorité au marché et à la promotion immobilière. La construction d'un habitat social en coordination avec les autorités locales, financée à 75 % par les gouvernements travaillistes, fut perçue par les Conservateurs comme la cause de la dégradation des villes.

Les *UDCs* achètent les terrains qui, après la démolition des constructions vétustes, sont proposés aux investisseurs. De 1981 à 1993, 13 opérations de ce type ont lieu. Le choix des sites est politique et procède de l'initiative privée. Les docks de Londres sont ainsi devenus, après des débuts difficiles, le troisième centre d'affaires de la capitale, après la City et le West End.

Cette politique a entraîné une privatisation de l'espace public, avec des quartiers centraux de plus en plus refermés sur eux-mêmes, adossés plutôt qu'ouverts sur les rues, réduisant l'espace public aux axes de circulation.

Mais les *UDCs* ont grandement contribué à la modernisation des grandes villes avec, du nord au sud, la conurbation Tyne and Wear (Newcastle), Teeside, Leeds, Central Manchester, Trafford Park, Merseyside (Liverpool), Sheffield, Black Country, Birmingham Heartland, Cardiff Bay, Bristol, London Docklands, Plymouth.

La vidéosurveillance en ville

La modernisation des villes et les préoccupations sécuritaires ont engendré un phénomène inédit : caméras et circuits fermés de télévision font désormais partie des infrastructures urbaines courantes. Le développement très controversé mais exponentiel de la *CCTV* (*Closed Circuit TV*) tient à la volonté de sécuriser les centres-villes, cette sécurisation étant le préalable à leur réhabilitation et à leur fréquentation selon ses partisans.

Espace rural et patrimoine

La protection des paysages est héritée de l'aristocratie du XVIIIe siècle. En 1895, des philanthropes créent le *National Trust*, association de préservation des sites et bâtiments historiques. C'est un des principaux propriétaires fonciers du royaume (250 000 hectares, 1 000 km de côtes, plus de 200 édifices). Le *National Trust* compte 3 millions de membres. Il y a 15 parcs nationaux de montagne et 7 parcs forestiers nationaux créés par la *Forestry Commission*.

La ville britannique envahit de plus en plus un espace rural où les forêts sont rares, au contraire des landes et des pacages. La végétation semi-naturelle de ces derniers (bruyères et fougères), qui constituent une bonne part de l'espace rural exploité, permet le *rough grazing* (le pâturage) sur 6 millions d'hectares (27 % de la superficie du pays, un tiers de la surface agricole utile). Plus de la moitié de l'Écosse, une grande partie du Yorkshire, au nord, du Devon, à l'ouest, en sont couverts. Des efforts de reboisement ont eu lieu. Depuis 1945, la forêt est passée de 1,5 à 2,4 millions d'ha. L'État, qui possède 50 % de la surface forestière et accorde des subventions aux propriétaires privés, joue ici un rôle essentiel.

L'aménagement du territoire dans les régions

Dans chacune des 13 régions du Royaume-Uni, les *Government Office Regions* (*GOR*), il existe une assemblée régionale (*Regional Planning Conference*) participant, sous l'autorité du gouvernement, à la réflexion sur les conditions du développement et de l'aménagement de son territoire régional.

Londres

Capitale du Royaume-Uni, Londres est une ville mondiale et une mégalopole européenne, à la fois « Megalopolis, Cosmopolis, Ghettopolis, Riskopolis, Exopolis » (E. Soja). Au clivage entre West End et East End s'est ajoutée une polarisation sociale et ethnique, et le centre de gravité s'est déplacé vers l'est.

La structure d'ensemble de la métropole londonienne

On peut diviser Londres en deux ensembles. Le premier est un centre étendu, tertiaire et résidentiel, sur la rive gauche de la Tamise. Le second est constitué des immenses banlieues périphériques où l'habitat est essentiellement individuel, y compris l'habitat social (à 60 % contre 2 % en France).

Le clivage ancien (XIXe siècle) entre West End riche et East End populaire est repéré par rapport au centre géographique et historique qu'est la Tour de Londres. Après s'être développée vers l'ouest, sur la rive gauche, la ville se déplace vers l'est. Un clivage nord-sud s'ajoute à la division est-ouest. Au sud de la Tamise, la rive droite, plus populaire, a connu son essor au XIXe siècle avec l'industrie et les fonctions portuaires de Southwark à Greenwich.

Le West End, vitrine prestigieuse de la capitale et du pays

Le centre s'étend à l'ouest de la Tour, au nord de la Tamise. Il comprend une demi-douzaine d'espaces distincts. Près de la Tour, c'est le centre historique (Saint Katharine's Dock, emplacement premier du port). Vers l'ouest, on trouve la City, où s'affairent un demi-million de personnes, des *commuters* suburbains.

C'est ensuite le cœur politique, lieu du pouvoir (Westminster, Buckingham, le 10 Downing Street, les ministères de Whitehall). Enserrant ce cœur, se trouve la sphère du commerce de luxe (Regent Street, Oxford Street), également secteur culturel et touristique (Soho).

Toujours vers l'ouest,on trouve Hyde Park, puis l'espace opulent des hôtels de luxe et des demeures de Mayfair, Belgravia, Kensington, Chelsea.

La métamorphose de l'East End, le glissement vers l'est et la polarisation sociale

Deux types de dynamique spatiale transforment la capitale.

D'une part, le centre de gravité glisse vers l'est : déplacement des activités portuaires vers l'estuaire, libération massive d'espaces dans les docks réhabilités, *gentrification* (entrepôts transformés en appartements de luxe).

D'autre part, se radicalise une polarisation sociale et ethnique de l'espace urbain. Les professions libérales résident dans les *boroughs* du Nord (Barnet) et de l'Ouest (Richmond). Les ouvriers non qualifiés sont concentrés dans l'Est (Hackney, Barking).

Les quartiers indiens (Harrow, Brent, Ealing, Hounslow) et pakistanais (Waltham, Redbridge, Newham) sont situés surtout en banlieue nord.

Les immigrants d'origine africaine et caraïbe se groupent sur la rive droite, vers le centre (Lambeth, Southwark Lewisham). Les Chinois sont présents surtout dans l'hypercentre (Westminster).

LE NOUVEAU LONDRES

Le port de Londres et les Docklands

Le port a été transféré vers l'embouchure de la Tamise, à Tilbury, au début des années 1980, pour accueillir les porte-conteneurs. Le pétrole constitue le premier produit d'importation et d'exportation du port avec les raffineries de Coryton et de Shell Haven. Londres reste le premier complexe portuaire britannique malgré la concurrence des autres ports anglais (Felixstowe, Douvres, Southampton).

Les immenses friches de 2 000 hectares des anciens docks ont été aménagées par la *London Docklands Development Corporation* (*LDDC*), créée en 1981. Une partie du secteur appelée « *Isle of Dogs* » a reçu le statut de zone franche (*Enterprise Zone*), facilitant l'implantation de sociétés attirées par les divers avantages offerts. C'est ainsi que le groupe de presse de Rupert Murdoch, *News International*, a quitté Fleet Street pour l'usine ultramoderne de Wapping.

Plus près du centre, les anciens entrepôts de Saint Katharine's Dock ont été réhabilités en immeubles d'habitation et l'on a aussi construit des hôtels, des boutiques, un port de plaisance et même un petit aéroport : le *London City Airport*, qui dessert la plupart des grandes villes européennes.

Réhabilitation et architecture

La *gentrification*, dans les docks mais aussi dans de nombreux quartiers (Notting Hill, notamment), a permis de préserver un patrimoine historique tout en l'adaptant au contexte économique, associant parfois brillamment conservation et conversion. C'est le cas de la réhabilitation d'une centrale électrique sur la rive sud de la Tamise pour créer la *Tate Galery of Modern Art at Bankside* (*Tate Modern*). L'édifice industriel en brique prête ses espaces de cathédrale aux œuvres de géants contemporains des arts plastiques. C'est sur la même rive sud de la Tamise que l'on a aménagé *Jubilee Walk*, une promenade qui offre une superbe vue sur les édifices audacieux qui dessinent la ligne d'horizon, le *skyline* du nouveau Londres, tels *One Canada Square* dans Canary Wharf, Docklands, l'immeuble le plus haut du Royaume-Uni (244 m), le *Gherkin* (cornichon) de Norman Foster ou l'immeuble de la Lloyd's de Richard Rogers. Le *Millenium Bridge*, surnommé « *The Blade of Light* », assure le lien entre South Bank et la rive nord.

La cathédrale Saint-Paul et le Londres moderne.

Les invasions : des origines au début du XIIe siècle

Les îles Britanniques, d'abord peuplées par des tribus venues du continent, ont été envahies par les Romains, puis par des peuples d'Europe du Nord et de Scandinavie. La conquête normande est la dernière invasion, la plus importante aussi.

Des origines aux Romains

Les plus anciens vestiges de peuplement (les mégalithes de Stonehenge, Wiltshire) datent du paléolithique (3 000 ans avant J.-C.). Les îles Britanniques sont envahies par les Celtes à partir du VIIe siècle avant J.-C. En 55-54 avant J.-C., Jules César envahit la « Bretagne » L'occupation romaine durera 400 ans et verra la construction de voies et de villes, dont Londres (*Londinium*).

Parmi les révoltes contre l'occupant romain, celle qui fut conduite en 61 par la reine Boadicée (*Bodicea* ou *Boudicca*) fait date dans l'histoire anglaise. En 122, Hadrien fait construire une muraille (*Hadrian's Wall*) allant d'une côte à l'autre, destinée à protéger le territoire occupé des tribus venant du nord, les Pictes en particulier.

Les Saxons et Alfred le Grand

Après le retrait des troupes rappelées par Rome à partir de 409, les invasions venues du nord de l'île (*Picts*, *Scots*), entre 450 et 550, sont suivies par celles des Saxons (*the Saxon Conquest*).

Ces envahisseurs, destinés à rester et à devenir des colons, sont les Jutes (venus du Danemark), les Saxons et les Angles (Allemagne du Nord). Ce sont eux qui établissent la langue anglaise des origines, le vieil-anglais. Dans le même temps (432-590), la christianisation du pays est en marche sous l'impulsion de saint Patrick, saint Colomban et saint Augustin de Canterbury (*Saint Augustine*).

L'année 865 voit le débarquement des Vikings danois dans l'East Anglia. Les Danois imposent leur domination sur la majeure partie du pays (*Danelaw*). Mais le roi Alfred le Grand (*Alfred the Great*) est la figure marquante du IXe siècle. Il parvient à défaire les Vikings en 878 et organise le pays en comtés (*shires*), légiférant et encourageant les siens à se convertir au christianisme.

Sous le règne de Knud le Grand (*King Cnut*) (1016-1035), le pays fait partie d'un vaste empire danois. Son éclatement permet l'instauration d'une dynastie anglo-saxonne avec le règne d'Édouard le Confesseur (1042-1066), à qui succède Harold II.

Les Normands

En 1066, Guillaume, duc de Normandie, défait l'armée saxonne du roi Harold II à Hastings et devient roi d'Angleterre sous le nom de Guillaume Ier (*William the first* ou *William the Conqueror*). C'est la dernière invasion, les apports ultérieurs de population relevant de l'immigration.

L'occupation graduelle par les Normands conduira à l'organisation administrative et politique du pays pour de longs siècles et à l'établissement de son unité territoriale sous l'autorité d'un souverain unique.

OCCUPANTS ET CONQUÉRANTS : LES ROMAINS ET LES NORMANDS

L'époque romaine

La Grande-Bretagne est restée colonie romaine pendant 350 ans. Après la défaite des tribus indigènes rebelles, comme les Icènes de la reine Boadicée, les Romains ont gouverné sans chercher à s'assimiler. Ils ont laissé des constructions civiles et militaires et de longues routes rectilignes, conçues pour faciliter le déplacement des troupes. Beaucoup de villes de Grande-Bretagne remontent à l'époque romaine. On en trouve des vestiges à York, Chester, Saint Albans, Colchester, Bath (thermes romains), Lincoln et Londres. Les villas étaient construites dans le Sud de l'Angleterre, au climat plus doux et plus proche de l'Europe.

Guillaume le Conquérant, 1066 : une invasion décisive

Cinq ans après la bataille d'Hastings, Guillaume Ier est le maître sans partage de toute l'Angleterre. Il institue une structure hiérarchique féodale en attribuant des terres à ses vassaux français, qui eux-mêmes en accordent aux chevaliers (*knights*). Il ordonne un recensement général des personnes et des biens, consigné dans le *Domesday Book*, premier recensement de la population et de ses activités économiques, entamé dès 1085. Il crée de la sorte une nation qui va dominer les îles Britanniques politiquement et imposer sa langue, la langue française, qui devient la langue officielle.

Les Normands ont également apporté avec eux la littérature et l'architecture. Ils ont aussi amorcé les échanges commerciaux entre l'Angleterre et le continent. Désormais dotée d'une autorité centralisée, l'Angleterre s'ouvre à l'influence de ce dernier.

Guillaume Ier a pour ambition d'unir conquérants et conquis, mais après sa mort, en 1087, les querelles opposant ses successeurs ne font que creuser un fossé entre Anglais et Normands, pour le plus grand accablement de la paysannerie.

Si Guillaume impose le français comme langue officielle, la langue courante évolue et devient un anglais issu de la fusion entre le saxon parlé avant l'invasion normande et le français d'alors. C'est le moyen-anglais. Cet anglais-là va supplanter ou marginaliser les langues celtes parlées par les Gallois, les Écossais et les Irlandais.

L'invasion normande (tapisserie de Bayeux).

Des siècles d'instabilité (XIIe-XVe siècle)

Après l'établissement des Normands en Angleterre, des conflits incessants opposent la Couronne aux barons. Ce sont les prémices du régime parlementaire. De surcroît, les rapports avec la France sont tumultueux, conduisant à la guerre de Cent Ans (1338-1453).

XIIe et XIIIe siècles : la royauté aux prises avec la féodalité

- Henri Ier, troisième roi normand (1100-1135), poursuit la politique de rapprochement avec les Anglo-Saxons. Son royaume s'étend de la Normandie au nord de l'Angleterre.
- Henri II, premier roi Plantagenêt (1154-1189), épouse Aliénor d'Aquitaine en 1152 et apporte à la couronne anglo-normande le Maine, l'Anjou, la Touraine, le Poitou et l'Aquitaine. Mais c'est le début des conflits avec la France. Le règne d'Henri II se termine avec la Révolte des barons du Nord en 1173-1174.
- En 1189, Richard Ier, *Richard the Lionheart*, succède à son père Henri II. Il combat en Terre sainte et meurt en 1199. Son frère Jean sans Terre (1199-1216) lui succède. Cette période correspond au développement de l'anglais aux dépens du français.

L'affaiblissement de la couronne et du pouvoir royal

- En 1215, les barons contraignent Jean sans Terre à signer la Grande Charte (*Magna Carta*) qui instaure la limitation du pouvoir royal et marque le prélude de l'essor du Parlement. L'Angleterre perd l'Anjou et la Normandie, conquises par Philippe Auguste en 1203-1204, pour ne plus conserver que la Guyenne et la Gascogne.
- Henry III fonde les universités d'Oxford et de Cambridge. De 1262 à 1268, il doit faire face aux barons conduits par Simon de Monfort, qui réunit le premier Parlement en 1265.
- Édouard Ier (1272-1307) renonce à toute visée expansionniste sur le continent. En 1284, il annexe le Pays de Galles mais échoue en Écosse, à l'issue d'un soulèvement mené par Robert Bruce (1305). En 1295, il convoque son Parlement modèle, divisé entre Chambre des lords (noblesse et clergé) et Chambre des communes (représentants des villes et des comtés). Son fils Édouard II (1307-1327) est chassé d'Écosse après sa défaite à Bannockburn en 1314.

Les crises des XIVe et XVe siècles : 150 ans de guerre

- En 1328, Édouard II Plantagenêt déclare ses prétentions sur la couronne de France. C'est l'origine de la guerre de Cent Ans (1338-1453). En 1332, le premier Parlement, créé par Édouard III (1327-1377), se réunit.
- La fin du siècle est une époque troublée par des révoltes paysannes et par la Révolution Lancastre, lorsqu'Henri, duc de Lancastre (Henri Bolingbroke), dépose le roi d'Angleterre Richard II et lui succède sous le nom d'Henri IV.
- En 1415, Henri V remporte la bataille d'Azincourt. En 1428-1430, l'Angleterre subit des revers face aux troupes françaises conduites par Jeanne d'Arc. La guerre de Cent Ans s'achève en 1453. La couronne de France a reconquis les territoires occupés par les Anglais.

DEUX GUERRES LÉGENDAIRES QUI ONT AFFAIBLI L'ANGLETERRE

La guerre de Cent Ans (1338-1453)

À la mort de Philippe II Auguste (1223), les Anglais ne possèdent plus que la Guyenne. À la suite du refus de Philippe VI de Valois de satisfaire ses exigences territoriales dans le sud-ouest, Édouard III conteste la légitimité du roi de France et fait valoir ses propres droits à la couronne (1338).

Allié aux cités flamandes, Édouard III détruit la flotte française à L'Écluse (1340), défait l'armée française à Crécy (1346), prend Calais (1347) et remporte la grande victoire de Poitiers (1356). La souveraineté anglaise est rétablie sur le sud-ouest du royaume (1360).

Les campagnes d'escarmouches de Du Guesclin permettent à Charles V de reprendre l'initiative. À sa mort (1380), l'Angleterre ne conserve plus que quelques places. Après une longue paix armée, la folie de Charles VI et la guerre civile entre Armagnacs et Bourguignons favorisent la reprise du conflit.

Henri V décime la cavalerie française à Azincourt (1415), s'empare de la Normandie et obtient la succession de Charles VI aux dépens du Dauphin (1420). Mais la mort d'Henri V puis celle de Charles VI empêchent la réalisation du projet anglais.

Face au jeune Henri VI, allié au duc de Bourgogne, le Dauphin détient la moitié du royaume. En délivrant Orléans, en remportant la victoire de Patay et en faisant sacrer le Dauphin à Reims, Jeanne d'Arc change le cours des armes (1429).

La paix d'Arras (1435) scelle la réconciliation entre Charles VII et le duc de Bourgogne. La Normandie puis la Guyenne sont reconquises. La guerre de Cent Ans laisse l'Angleterre exsangue et déchirée, alors que la France est unifiée sous l'autorité royale.

La guerre des Deux-Roses (*War of the Roses*) (1455-1485)

La guerre des Deux-Roses oppose la Maison d'York (*House of York*), dont l'emblème était une rose blanche, à la Maison de Lancastre (*House of Lancaster*), symbolisée par une rose rouge. Les Lancastre avaient déjà donné deux rois à l'Angleterre, Henri IV et Henri V.

Cette guerre civile plonge le royaume dans une période de troubles et d'instabilité lorsque les partisans de la Maison d'York se soulèvent contre le roi Henri VI (un Lancastre), contestant sa légitimité. La guerre se termine par la victoire de la Maison d'York.

De 1470 à 1485, le trône d'Angleterre est occupé par deux descendants de la Maison d'York, Édouard IV puis son plus jeune frère et rival Richard III. En 1485, le duc de Richmond, Henri Tudor (un Lancastre), fort du ralliement d'une partie des Lancastres et des Yorks ayant fait défection, l'emporte sur le très impopulaire Richard III à la bataille de Bosworth, où Richard trouve la mort. Le duc de Richmond devient Henri VII Tudor et épouse Élisabeth d'York, unifiant à nouveau l'Angleterre. C'est le début de l'Angleterre Tudor.

L'histoire anglaise théâtralisée

Shakespeare s'est particulièrement intéressé à la figure d'Henri V. Après l'avoir campé dans la deuxième partie d'*Henry IV* en prince populaire et dévoyé sous l'influence du veule et truculent Falstaff, Shakespeare évoque le jeune roi assumant enfin la charge à laquelle sa naissance le destine dans la pièce éponyme, aux accents véritablement patriotiques.

Le personnage de Richard III a donné lieu à la création d'une des plus belles créations de « villain » (« scélérat ») séduisant. Dans les deux pièces, c'est une Angleterre finalement guérie de ses maux que le dramaturge célèbre.

L'Angleterre des Tudors et des Stuarts (XVIe-XVIIe siècles)

Sous Henri VIII et Élisabeth Ire, la puissance royale est restaurée et l'anglicanisme s'impose définitivement. Le XVIIe siècle est une période de crises politiques et religieuses qui s'achève par la Glorieuse Révolution de 1688 et la suprématie du Parlement.

Entre réforme et contre-réforme : Henri VIII et Marie Stuart

- Henri VII renforce l'autorité du pouvoir royal. Le *Privy Council*, cabinet restreint de conseillers, légifère et lève l'impôt sans l'aval du Parlement, mis en sommeil.
- En 1534, Henri VIII prend prétexte de son divorce d'avec Catherine d'Aragon et de son mariage avec Anne Boleyn, sa maîtresse, pour rompre avec la papauté. Il fait voter l'*Act of Supremacy* qui le proclame chef de l'Église d'Angleterre. C'est le début de la Réforme. Les monastères sont fermés et leurs terres confisquées.
- La mort prématurée du fils d'Henri VIII, Édouard VI, permet à Marie Tudor, née du premier mariage d'Henri VIII, d'accéder au trône en 1553. Elle épouse Philippe II d'Espagne, rétablit le catholicisme et persécute les anti-papistes, d'où son surnom de Marie la sanglante (*Bloody Mary*). Elle meurt en 1558.

L'éclat d'Élisabeth Ire, la Reine vierge (1558-1603)

- Élisabeth Ire, fille d'Anne Boleyn, établit l'anglicanisme, *via media* entre catholicisme et protestantisme. Seule l'Écosse reste en dehors du compromis anglican, John Knox fondant l'Église presbytérienne (élection des prêtres, prédestination). Ses membres sont hostiles à l'Église anglicane et au pouvoir royal. En 1569, Élisabeth fait écraser la révolte des fidèles de Marie Stuart, sa cousine catholique, reine d'Écosse, exécutée en 1587.
- Élisabeth Ire fait de l'Angleterre une puissance maritime. C'est le début de l'expansion coloniale. En 1584, Walter Raleigh remet la Virginie à la Reine vierge (*the Virgin Queen*). La Compagnie des Indes orientales (*East India Company*) est créée en 1600. La reine meurt sans héritier en 1603, après un règne marqué aussi par le développement culturel (musique, poésie, théâtre).

Les Stuarts, Oliver Cromwell et la Glorieuse Révolution

- Après la mort d'Élisabeth Ire en 1603, Jacques VI d'Écosse, fils de Marie Stuart, lui succède sous le nom de Jacques Ier (*James I*), réunissant les couronnes d'Écosse et d'Angleterre (1625). Jusqu'en 1688, l'Angleterre sera agitée par des crises politiques et religieuses.
- Sous Charles Ier, le Parlement, dominé par les puritains, s'oppose au roi accusé de despotisme et à la hiérarchie anglicane. Charles Ier est finalement exécuté (1649). Le chef de l'opposition puritaine, Oliver Cromwell, gouverne en autocrate pendant le Commonwealth (1649-1660). Les règnes de Charles II (la Restauration) et de Jacques II, qui tente de rétablir le catholicisme, sont de nouveau une période de conflit avec le Parlement jusqu'à la Glorieuse Révolution de 1688. À l'issue de cette révolution, Guillaume III et Marie II Stuart règnent conjointement de 1688 à 1701 : c'est le début de la monarchie constitutionnelle.

VERS LA SUPRÉMATIE DU PARLEMENT ET DE LA RELIGION ANGLICANE

Élisabeth Ire, reine d'Angleterre et d'Irlande, surnommée la Reine vierge (National Portrait Gallery).

L'Angleterre sous Jacques Ier

Successeur d'Elisabeth Ire, Jacques Ier (*James the First*), déjà roi d'Écosse, unit en sa personne les deux royaumes. Bien qu'il soit un Stuart et non un Tudor, il poursuit l'œuvre d'Élisabeth. Il tente de consolider la position anglicane et fait publier la traduction officielle de la Bible en anglais moderne, *The Authorised Version* (1611). Les catholiques tentent de l'éliminer : c'est la Conspiration des poudres de 1605 (*the Gunpowder Plot*), attentat manqué. Guy Fawkes, l'un des conspirateurs contre le roi, est exécuté. On célèbre toujours cet événement (*Guy Fawkes' Day*, le 5 novembre). Les puritains sont nombreux à choisir l'émigration vers les colonies d'Amérique. Ce sont les Pères pèlerins (*the Pilgrim Fathers*) qui arrivent en Amérique sur le Mayflower en 1620.

Charles Ier, par Van Dyck (1635).

L'échec de Charles Ier et l'intermède puritain

Charles Ier succède à Jacques Ier. Il tente de régner sans le Parlement, avec trois dissolutions, mais la classe moyenne parlementaire gère les finances et demande des garanties politiques. En 1628, le roi doit signer la Pétition de droit (*the Petition of Rights*), version moderne de la Grande Charte (*Magna Carta*) de 1215. Pendant 13 ans, le Long Parlement (*the Long Parliament*) im-pose son autorité, finissant par priver le roi de tous ses pouvoirs. La guerre civile éclate, opposant les cavaliers (*the Cavaliers*), partisans du roi, aux puritains (*the Roundheads*) d'Oliver Cromwell, soutenu par les Écossais. Charles Ier est vaincu à Naseby en 1645 et exécuté en 1649. La monarchie est abolie. Cromwell, *Lord Protector* d'Angleterre, d'Écosse et d'Irlande, dirige le Commonwealth (une république) de 1653 à 1658, d'une main de fer. Il incarne le pouvoir absolu souhaité par Hobbes dans son *Leviathan* (1651).

La mort de Cromwell, remplacé pendant deux ans par son fils, met un terme à la dérive tyrannique. Le général Monk rétablit les Stuarts en 1660. Charles II monte sur le trône. C'est la période de la Restauration, brillante sur le plan intellectuel et artistique, mais marquée par le conflit entre le roi et les partisans de l'anglicanisme et de la limitation du pouvoir royal.

Par la volonté du Parlement

En 1688, le Parlement offre les couronnes d'Écosse et d'Angleterre respectivement à Marie II Stuart, fille de Jacques II, et à son époux, le stadhouder de Hollande, Guillaume d'Orange, sollicité par le Parlement « *pro religio protestante, pro libero parlamento* » (« pour le bien de la religion protestante, pour la liberté du Parlement »). Guillaume III et Marie II Stuart règnent conjointement (1688-1701) après avoir garanti la Déclaration des droits *(the Bill of Rights*, 1689). C'est le début de la monarchie constitutionnelle.

Stabilité et expansion (1702-1760)

Le début du XVIIIe siècle coïncide avec celui de la dynastie de Hanovre. C'est une période de stabilité politique, de puissance militaire, de développement économique et d'expansion qui commence.

Le début de la dynastie de Hanovre

- Avec le XVIIIe siècle commence la dynastie de Hanovre (1714-1914). C'est Marie II, une Stuart, qui est le souverain légitime, mais elle règne conjointement avec son époux Guillaume III de Hanovre.
- La Déclaration des droits (*the Bill of Rights*, 1689) les établit comme premiers monarques constitutionnels. Elle met fin à la notion de droit divin, établit un contrat entre le souverain et son peuple, et fait du Parlement la source du pouvoir.
- L'*Act of Settlement* de 1701 règle le problème de la succession au trône. Il exclut de la succession le fils de Jacques II, le jeune Prétendant (*the Young Pretender*), au profit d'Anne, seconde fille de Jacques II.

L'époque de la reine Anne (*Queen Anne's Age*) (1702-1714)

- La reine Anne, sœur de Marie II, est la dernière des Stuarts. Sous son règne, les Anglais obtiennent le contrôle de Gibraltar par le traité d'Utrecht, qui met un terme à la guerre de succession d'Espagne en 1713.
- Ce succès permet le développement d'un réseau de postes avancés de par le monde, premières bases commerciales et militaires du futur empire. Poussées par des contraintes économiques communes, l'Angleterre et l'Écosse signent l'Acte d'Union (*the Act of Union*) en 1707.
- Cette période voit l'éclosion d'une presse quotidienne avec *The Spectator* d'Addison et Steele (1711-1714), ancêtre des quotidiens britanniques.

L'âge de Walpole ou l'émergence du Premier ministre moderne

- George Ier (1714-1727), unique prétendant protestant (les catholiques étant exclus du monde politique), monte sur le trône en 1714. En 1718, une rébellion jacobite fomentée par les partisans du jeune Prétendant Stuart est sévèrement réprimée.
- Allemand de naissance et de culture, le roi est rejeté par les Tories et s'en remet exclusivement à ses conseillers *whigs*. Le plus important d'entre eux est Robert Walpole, aux affaires de 1721 à 1742 (il servira aussi sous George II). Prototype du chef de gouvernement moderne, il fonde sa politique sur la paix à l'extérieur, des finances saines et une économie prospère. Le *Cabinet* prend une place nouvelle dans la politique anglaise.
- Sous George II (1727-1760), de nouveaux conflits éclatent : guerre contre l'Espagne (1739) et guerre de la succession d'Autriche (1742). La défaite anglaise à Fontenoy en 1745 encourage le jeune Prétendant Stuart à revenir de France et à tenter de prendre le pouvoir, mais sa défaite à Culloden en 1746 anéantit définitivement les espoirs du clan des Stuarts. Les *tories* se mettent dès lors au service de la nouvelle dynastie.

LES *TORIES* ET LES *WHIGS*

Whigs et *tories*, ou les prémices du bipartisme

Le développement économique de l'Angleterre durant le siècle précédent a provoqué l'émergence de deux groupes aux intérêts divergents au sein de la classe dirigeante anglaise. Le retour à une vie parlementaire normale donne à ces deux tendances une forme politique. L'aristocratie terrienne (*the landed aristocracy*) est représentée par les *tories*, en faveur d'un régime autoritaire et partisans des Stuarts. Les *whigs*, quant à eux, représentent une nouvelle et puissante classe sociale, gros propriétaires terriens et milieux de l'argent (*the monied class*). Ils se font les défenseurs du nouveau régime fondé sur le pouvoir du Parlement.

Le temps des *whigs*

Le règne des premiers rois de la dynastie de Hanovre, George Ier (1714-1727) et George II (1727-1760), plus allemands qu'anglais, favorise le renforcement du régime parlementaire. Le gouvernement est désormais assuré par un ministre principal et par un cabinet choisi par le groupe le plus influent à la Chambre des communes. Cette assemblée, composée essentiellement de gros propriétaires terriens, joue dès lors un rôle prépondérant. C'est le parti des *whigs* qui domine de 1714 à 1762, au pouvoir de façon ininterrompue durant cette période.

L'origine de deux mots clés de la politique anglaise

– Le mot *whig* vient de *whiggamore*, « voiturier », terme employé dans l'Écosse occidentale. En 1648, une bande de ces voituriers marcha sur Édimbourg pour s'opposer au roi et au duc d'Hamilton. C'est ce qu'on appela le « *whiggamore raid* ». De là serait venu le terme abrégé de *whig*, pour qualifier un parti opposé à la Cour. Le terme *whig* désigna à l'origine les membres d'un courant politique soutenant les droits populaires, la suprématie du Parlement sur la Couronne, la tolérance pour les dissidents religieux, par opposition à *tory* ou soutien de la Couronne.

– *Tory* est à l'origine un mot irlandais signifiant « voleur de grand chemin », « assassin ». Le mot apparaît pour la première fois au milieu du XVIIe siècle, sobriquet appliqué aux partisans de Charles II et de l'Église épiscopale. Après la révolution de 1688, les *tories* furent d'abord dans l'opposition et ne se rallièrent à la maison de Hanovre qu'à l'avènement de George III. Le terme prit alors la signification tout à fait générale de partisan de l'ordre existant, de conservateur.

La dérive des *whigs* au pouvoir

« Les deux caractéristiques originales des *tories* étaient le maintien des prérogatives de la Couronne et la dignité de l'Église, deux principes qu'ils prétendent être devenus l'affaire des *whigs*. Les *whigs* n'étaient pas innocents d'une telle imputation : longtemps en faveur et au pouvoir, ils avaient peu à peu appris à se montrer plus complaisants à l'égard de la Couronne qu'ils ne l'avaient été, et le pouvoir de la Couronne étant maintenant un instrument leur appartenant, ils ne répugnaient pas à conserver l'exercice d'une telle autorité et à soutenir la prérogative qui était leur présente possession. De même l'assistance que les *whigs* au pouvoir reçurent de la part des évêques dans les affaires parlementaires, leur fit montrer en retour leur gratitude par le soutien qu'ils apportèrent aux évêques et au bas clergé dans toutes les affaires ecclésiastiques avec autant de fermeté et de vigueur que les plus zélés membres du « parti de l'Église » (les *tories*) auraient pu le faire. »

Lord Hervey, *Mémoires du règne de George II.*

L'essor de la puissance anglaise (1760-1832)

Malgré les échecs à l'extérieur et les velléités despotiques de George III, la Grande-Bretagne sort vainqueur des conflits qui agitent l'Europe et s'assure le contrôle des mers. La crise née du blocus et des guerres livrées est jugulée à temps par un Parlement éclairé.

Le Premier Pitt et l'Empire

- C'est la question cruciale des marchés coloniaux qui est à l'origine de la guerre de Sept Ans contre la France (1756-1763). Après la victoire anglaise à Plassey, le traité de Paris (1763) est signé par William Pitt (*William Pitt the Elder*).
- La France abandonne tout contrôle sur l'Inde et le Canada à l'Angleterre, qui possède dès lors un vaste empire et dont la flotte règne sur les mers. Pitt, « *The Great Commoner* » (soutenu par la Chambre des communes), essaie de renforcer les institutions parlementaires menacées par la corruption.

George III et l'échec du despotisme

- George III contrecarre les efforts de Pitt en cherchant à restaurer le pouvoir personnel, sous le couvert d'un despotisme éclairé (*enlightened despotism*). Mais l'émancipation des 13 colonies d'Amérique (4 juillet 1776) est un échec majeur.
- Le second William Pitt (*William Pitt the Younger*), désigné chef du Cabinet en 1783, reprend la main. Le traité de Versailles scelle l'indépendance des États-Unis. Le roi sombre dans la démence en 1811 et le Parlement nomme régent son fils George. La Régence (*Regency*) durera jusqu'à la mort du roi en 1820.

L'Angleterre et la politique extérieure

- Face à la menace de la jeune République française, Pitt déclare la guerre en 1798. L'amiral Nelson est victorieux à Aboukir, écartant ainsi une sérieuse menace pour la maîtrise de la route des Indes. Les troubles en Irlande, fomentés par la France, sont réprimés. L'Irlande est rattachée au Royaume-Uni par l'*Act of Union* (1801).
- Tandis que Napoléon guerroie en Europe, Pitt consolide l'Empire. La victoire anglaise sur la flotte franco-espagnole à Trafalgar (1805) renforce la suprématie maritime de la Grande-Bretagne. Elle peut ainsi riposter au blocus continental décrété par Napoléon (1806), qui menace son commerce. Elle s'empare des colonies de ses adversaires, mais se heurte aux États-Unis (guerre de 1812-1814). Les troupes de Wellington, victorieuses au Portugal et en Espagne, contribuent à la première capitulation de Napoléon (1814). La victoire de Waterloo (1815) met fin à l'épisode des Cent Jours. Le traité de Vienne (1815) permet aux Britanniques de consolider leur empire.
- Le crédit de la monarchie est entamé par la folie de George III et l'impopularité de George IV (1820-1830), monarque extravagant. La révolution industrielle a provoqué l'émergence de nouvelles classes sociales (prolétariat, bourgeoisie commerçante) que le système électoral écarte encore de la vie politique.

RÉVOLUTION INDUSTRIELLE, CRISE ET RÉFORMES

Le nouveau visage de la société

Les campagnes sont aux mains de la bourgeoisie terrienne (*landed gentry*), des gentilshommes campagnards (*squires*) qui constituent la classe dominante. Le système des enclosures (*enclosures*), politique de clôture et d'intégration aux grands domaines des terres agricoles communes exploitées par les fermiers les plus pauvres, profite aux gros propriétaires qui rachètent les terres des petits paysans libres exploitants. Cette population pauvre mais libre, évoquée par Max Weber comme une des conditions nécessaires de l'entreprise capitaliste, va être poussée vers les villes et fournir une partie de la main-d'œuvre de l'industrie naissante.

Les voies de communication se multiplient, notamment les canaux et la première voie ferrée, en 1824. Les premières régions industrielles apparaissent (Nord-Ouest, Midlands), avec pour corollaire le développement d'un prolétariat miséreux. L'Angleterre rurale (*Merry old England*) devient peu à peu une puissance industrielle et commerciale fondée sur le capitalisme.

Vers la réforme électorale

Au lendemain des guerres napoléoniennes qui ont désorganisé son économie (endettement, chômage), la Grande-Bretagne traverse une crise grave. Le prix des produits agricoles s'effondre. Les lois protectionnistes (*Corn Law*, 1804, *New Corn Law*, 1815), destinées à maintenir le cours du blé en Angleterre, sont en fait un facteur de spéculation sur les grains et favorisent les gros propriétaires. Elles causent la misère des ouvriers, car le prix du pain s'envole, sans pour autant soulager les petits exploitants. Des émeutes éclatent, réprimées dans le sang, notamment à Saint Peter's Field, à Manchester, surnommé ironiquement « Peterloo » (1819). La révolution menace, crainte amplifiée par l'exemple de la France (révolution de 1830).

Marriage à la mode

L'aristocratie se lance dans les affaires et la distinction entre aristocratie terrienne et classe moyenne commerçante s'estompe. Les familles des deux bords s'allient par des mariages d'intérêt, pratique évoquée avec une ironie mordante par William Hogarth dans son *Marriage à la mode*.

Marriage à la mode *(La signature du contrat), William Hogarth (1743).*

L'Angleterre triomphante (1832-1875)

Face à l'agitation d'un monde ouvrier qui commence à s'organiser, whigs et tories légifèrent. Les avancées sociales et politiques vont de pair avec une expansion économique et une hégémonie militaire qui font de la Grande-Bretagne le pays le plus puissant du monde.

Un consensus réformateur

Sous Guillaume IV (1830-1837), un torysme plus progressiste puis le retour des whigs permettent une réforme électorale (1832). Sous la pression populaire, des mesures sociales sont adoptées (réglementation du travail des femmes et des enfants dans les usines et les mines avec le *Factory Act* de 1833, loi sur les pauvres en 1834).

Mais cette politique est jugée insuffisante par les ouvriers qui, sous l'influence des premiers socialistes (Robert Owen), commencent à s'organiser en syndicats défendant des corps de métiers particuliers, puis tentent de fédérer le syndicalisme.

Après l'avènement de la reine Victoria (1837-1901), s'instaure une grande stabilité politique. Les libéraux, anciens *whigs* (Palmerston, Russell, Gladstone) et les conservateurs, anciens *tories* (Peel, Derby, Disraeli) alternent ou se coalisent, et la conduite des affaires traduit une large unité de vues et de moyens.

Des avancées sociales et politiques

La condition ouvrière s'améliore peu à peu (avec les *Factory Acts* de 1844 et de 1847). L'abolition de la loi sur les grains (*Repeal of the Corn laws*, 1846) fait baisser le prix du pain. Tandis que l'Europe est déchirée par des révolutions, on légifère en Angleterre. Dans la première puissance industrielle du monde, le mouvement syndical est officiellement reconnu en 1871 (*Trade Union Act*).

Le mouvement révolutionnaire des chartistes (*the Chartist Movement*) lutte, notamment par le biais de pétitions nationales, pour faire instituer le suffrage universel.

La réforme de 1867 ouvre le corps électoral à un million de nouveaux citoyens. Le droit de vote s'étend désormais à toute la classe moyenne et aux ouvriers les mieux rémunérés, le suffrage demeurant censitaire.

La réforme de 1882 instaure le suffrage universel, mais le vote des femmes, réclamé par les suffragettes, ne sera obtenu qu'en 1918.

La politique extérieure

La Grande-Bretagne affirme son hégémonie par une diplomatie d'intimidation face aux puissances rivales (France, Russie) et par des opérations militaires. Puissance militaire et suprématie technologique permettent à l'Angleterre de s'imposer en Crimée (1854-1856) pour contrer les visées russes sur l'Empire ottoman, ainsi qu'en Chine (1857-1860), et de réprimer la grande mutinerie de 1857 en Inde (*Indian Mutiny*).

Le ministère de Disraeli (1874-1880) donne une vigueur nouvelle aux ambitions coloniales et Victoria est couronnée impératrice des Indes en 1876. Mais face aux problèmes de l'Europe, la non-intervention se traduit par le « splendide isolement ».

L'ÉPOQUE VICTORIENNE

La société anglaise après 1832

L'Angleterre est dirigée par une oligarchie : la noblesse (*aristocracy*, *nobility*) et la petite noblesse terrienne (*gentry*, *squirearchy*). La société est très fortement hiérarchisée avec d'énormes écarts entre le sommet de la pyramide sociale et la base.

La classe moyenne (*middle class*) possède une conscience de classe aiguë. Elle a le sentiment qu'elle incarne la nouvelle civilisation industrielle génératrice de richesse et de progrès, et du ressentiment envers l'aristocratie privilégiée et oisive à laquelle elle s'oppose sur tous les plans : social, religieux, politique, moral, intellectuel. Elle se fait le champion du non-conformisme religieux, opposé à l'anglicanisme, et du libéralisme politique et économique.

Le prolétariat ne cesse de gagner en nombre. Deux personnes actives sur cinq travaillent soit dans les mines, soit dans l'industrie, et les conditions de travail et de vie des ouvriers sont inhumaines.

Matérialisme et religion

Le matérialisme ambiant de l'époque victorienne ne restreint pas le rôle de la religion. Les Églises et les sectes conservent une influence considérable sur la vie de chacun. L'opposition entre *church* (Église anglicane) et *chapel* (chapelle non conformiste) est intense. Les dénominations non conformistes sont en pleine ascension. Chez les anglicans, le mouvement évangélique (*evangelical*) de la Basse Église (*Low Church*) étend son influence, depuis la Cour, où la reine est une fervente évangélique, jusqu'aux forêts d'Afrique centrale, où Livingstone établit ses postes missionnaires.

L'influence de l'évangélisme s'exerce dans le domaine de l'activité missionnaire par le biais des sociétés de mission (*The Church Missionary Society,* par exemple), dans celui de l'aide sociale et de l'éducation, et dans la contribution à l'avènement du puritanisme comme morale dominante.

Modernisation et industrialisation

L'urbanisation s'accélère et la croissance démographique est vigoureuse. Le réseau ferré se développe de façon spectaculaire dans toute l'Angleterre : il y avait 160 km de voies en 1830, il y en aura 2 400 en 1840 et 9 000 en 1850 (cinq fois plus qu'en France à la même date). C'est un instrument de transformation révolutionnaire de l'économie et des rapports sociaux. Dans la première moitié du XIXe siècle, l'Angleterre devient une riche nation manufacturière, commerciale et maritime qui exporte des biens de consommation et importe matières premières et produits agricoles.

Filature de coton dans le Lancashire au XIXe siècle (Angleterre).

Puissance et doutes (1875-1914)

Vers 1875, une ère nouvelle débute, où le sentiment de puissance est ébranlé par les tensions politiques internes et l'émergence de nations rivales. Le nationalisme s'exacerbe et l'Empire atteint son apogée lorsque Victoria est couronnée impératrice des Indes.

L'autonomie refusée à l'Irlande

De 1886 à 1914, les forces politiques sont divisées sur la question irlandaise. L'autonomie totale (*Home Rule*) est refusée en dépit de l'agitation croissante et malgré les efforts du libéral Gladstone.

Le parti libéral éclate : la fraction des « unionistes », hostiles à l'indépendance, soutient, sous la conduite de Joseph Chamberlain, les gouvernements conservateurs (Salisbury, Balfour). Les autres, avec Gladstone, Lloyd George, Asquith, tentent de faire voter le *Home Rule Bill*, mais échouent malgré leur retour au pouvoir à partir de 1906.

Nationalisme et colonialisme

S'installe en Angleterre un très fort sentiment nationaliste (*jingoism*), incarné par Joseph Chamberlain. Ce sentiment affecte la politique impérialiste en Afrique, où la domination britannique s'étend. Des conflits en découlent, notamment en Afrique du Sud avec la guerre contre la petite république des Boers, au Transvaal (1899-1902).

Les intérêts en jeu sont les ressources de ces régions en diamants et en or, et le contrôle de l'axe de communication reliant la ville du Cap à l'Afrique centrale, à la région du Zambèze et au Canal de Suez, dont les actionnaires sont majoritairement britanniques.

L'apogée de l'impérialisme se situe en 1876, lorsque Victoria est couronnée impératrice des Indes (*Empress of India*). Déjà en 1867, le Canada est devenu autonome, avec le statut de Dominion, rattaché à la Couronne mais indépendant. Cela préfigure la fin de l'Empire et la création du Commonwealth.

Les derniers beaux jours du libéralisme

Le règne d'Édouard VII (1901-1910) marque les derniers beaux jours du libéralisme. La classe ouvrière s'est organisée et les intellectuels ont apporté leur contribution, avec la *Fabian Society* (1884) de Sidney et Beatrice Webb. Sont établis les fondements d'une doctrine socialiste.

L'émanation politique en sera l'*Independent Labour Party*, fondé en 1893, puis, avec la participation des syndicats, le *Labour Party*, fondé en 1900.

L'arrivée aux Communes du parti travailliste en 1906 affaiblit les libéraux et les incite à développer leur politique sociale. Dirigés par le prudent Asquith et l'impétueux Lloyd George, ils engagent une politique de réformes : mise en place d'un système de retraites, journée de huit heures pour les mineurs, visites médicales pour les enfants, assurance chômage.

Les « suffragettes » voient leurs revendications spectaculaires pour l'obtention du droit de vote pour les femmes sur le point d'aboutir alors que la guerre est proche.

L'EMPIRE DE L'IMPÉRATRICE DES INDES

Lorsque Victoria est couronnée impératrice des Indes (*Empress of India*) en 1876, l'Empire n'a pas encore l'extension qu'il atteindra après la ruée sur l'Afrique (*the scramble for Africa*).

Le premier Empire

La colonisation anglaise fut d'abord le fait d'entreprises privées, en quête de profit, par exemple avec les îles sucrières de Saint Kitts en 1623 et de la Barbade en 1626, bien que certaines colonies aient été fondées par des minorités religieuses fuyant l'Angleterre (les puritains en Nouvelle-Angleterre en 1620, les catholiques dans le Maryland en 1623).

Le contrôle royal était lointain et lâche. Des *Navigation Acts* assuraient le monopole des importations aux navires anglais. En Afrique et dans l'océan Indien, c'était l'exploitation des ressources par le biais de comptoirs côtiers qui importait.

Cet empire embryonnaire commença à intéresser le pouvoir royal à la Restauration de 1660. Cela conduisit à la mainmise sur les plantations d'Amérique du Nord devenues colonies royales (les 13 colonies). Ce premier empire s'appuyait sur la puissance navale et commerciale du pays.

L'expansion

Le traité d'Utrecht (1713) marqua le début d'une nouvelle phase d'expansion. Jusqu'au traité de Paris de 1763 (fin de la guerre de Sept Ans), les Britanniques ne cessèrent d'étendre et de consolider leur empire : conquête du Bengale en 1757, du Canada en 1759 (l'implantation en Inde ayant commencé dès le XVIIe siècle avec les comptoirs de l'*East India Company* créée en 1599). L'indépendance des 13 colonies (traité de Versailles de 1783) fut un revers majeur, mais la découverte de l'Australie en 1788 offrait de nouvelles perspectives.

Vers l'Empire sur lequel le soleil ne se couchait jamais

Sortie victorieuse en 1815 des guerres contre la France, l'Angleterre règne sur les mers. Le Cap, l'île Maurice, Ceylan sont annexés, ainsi que la Nouvelle-Zélande (1840). L'immense territoire indien est progressivement soumis (annexions, mise en place de protectorats). En 1842, la Chine cède Hong Kong (rétrocédé en 1997). En 1858, le *Government of India Act* affirme officiellement la domination du Royaume-Uni sur l'Inde. Dans les colonies de peuplement blanc, le statut de dominion (autonomie de gestion des affaires intérieures) est accordé (Canada en 1867, Australie en 1900). C'est dans le dernier quart du XIXe siècle que l'Empire atteint son expansion maximale. Cette nouvelle phase expansionniste débute avec la conquête de l'Égypte en 1880. Elle se poursuit avec celle du Soudan, puis de nombreux territoires en Afrique australe et occidentale. Des compagnies à charte exercent une souveraineté politique et économique (la *British South Africa Company* de Cecil Rhodes, par exemple). Le XXe siècle s'ouvre sur la guerre des Boers tandis que 1919 marque le début des révoltes indépendantistes en Inde, menées par Gandhi.

Victoria couronnée impératrice des Indes : Disraeli lui offre la couronne (John Tenniel, in Punch, *15 avril 1876).*

D'une guerre à l'autre (1914-1945)

L'ère qui s'ouvre en 1914 est marquée par les guerres, les secousses monétaires et les difficultés économiques et sociales. La Grande-Bretagne n'échappe pas à l'internationalisation des crises, tout en préservant la stabilité institutionnelle.

L'après-guerre

Sous les gouvernements d'Asquith (1915-1916) et du libéral Lloyd George, qui prend la tête d'un gouvernement d'unité nationale (1916-1922), la Grande-Bretagne doit faire face aux lourds sacrifices de la Grande Guerre, dont elle sort très affaiblie.

Si les négociations de 1918 renforcent son empire en Orient : Mésopotamie (l'Irak d'aujourd'hui), Palestine, Transjordanie, la crise économique porte le nombre de chômeurs à 2,7 millions en 1921. En Irlande, la révolte armée des nationalistes (le Sinn Féin) aboutit à l'indépendance progressive de la partie sud de l'île tandis que le Nord, l'Ulster, reste britannique.

Politique et société

Les libéraux votent le *Reform Act* de 1918, qui donne le droit de vote aux hommes de plus de 21 ans et aux femmes de plus de 30 ans. Ils perdent néanmoins le pouvoir en 1922, au profit des travaillistes (Ramsey MacDonald, 1924 et 1929-1931) et des conservateurs, menés par Stanley Baldwin (1924-1929 et 1935-1937) et Neville Chamberlain (1937-1940).

L'année 1926 est une année noire, avec la grève générale et l'autonomie accordée aux Dominions qui ruine les espoirs de Winston Churchill, ministre de l'Économie et des Finances, de relancer l'économie en s'appuyant sur un empire uni. En 1928, le droit de vote est accordé aux femmes de plus de 21 ans, âge de la majorité (*Representation of the People Act*).

La Grande-Bretagne dans le tourbillon du monde

La Grande-Bretagne ne sort de la crise d'après-guerre que pour être prise dans le maelström de la dépression de 1929 (*the World Depression* ou « *slump* »). Jusqu'en 1935, les gouvernements doivent faire face à une crise économique et monétaire majeure. Ramsey MacDonald, le premier chef de gouvernement travailliste, prend la tête d'un gouvernement d'union nationale (*National Government*, 1929-1931), qui doit pratiquer une politique d'austérité et de protectionnisme.

L'organisation de l'Empire est réformée en 1931 par le statut de Westminster (*the Statute of Westminster*) qui crée le Commonwealth. La Conférence d'Ottawa de 1932 établit un protectionnisme impérial et définit les principes de la zone sterling (*sterling block*). En 1935, l'Inde est dotée d'une Constitution. C'est le premier pas vers l'indépendance (1947).

Après la mort de George V (1936), le renoncement au trône du duc de Windsor, Édouard VIII, et l'avènement de George VI (1936), la Grande-Bretagne cherche d'abord à sauvegarder la paix (accords de Munich, 1938), puis doit entrer en guerre le 3 septembre 1939, quand Hitler envahit la Pologne.

LA GRANDE-BRETAGNE EN GUERRE

La Grande Guerre

C'est grâce à la puissance de la marine de guerre britannique que les Alliés parviennent à maintenir les voies de communication par mer. La bataille navale du Jutland de mai 1916, remportée par la Royal Navy, est décisive. Sur terre, les troupes de l'Empire (*the British Expeditionary Force*) perdent plus de 900 000 hommes.

Poème de guerre

Le poème « Aftermath », écrit en 1920 par Siegfried Sassoon, l'un des grands poètes de guerre (« war poets »), évoque avec force l'horreur des tranchées.

HAVE you forgotten yet [...]
Do you remember the dark months you held the sector at Mametz, –
The nights you watched and wired and dug and piled sandbags on parapets?
Do you remember the rats; and the stench
Of corpses rotting in front of the front-line trench, –
And dawn coming, dirty-white, and chill with a hopeless rain?
Do you ever stop and ask, 'Is it all going to happen again?'

Do you remember that hour of din before the attack, –
And the anger, the blind compassion that seized and shook you then
As you peered at the doomed and hag gard faces of your men?
Do you remember the stretcher-cases lurching back
With dying eyes and lolling heads – those ashen-grey
Masks of the lads who once were keen and kind and gay?

Have you forgotten yet?...
Look up, and swear by the green of the spring that you'll never forget.

La Seconde Guerre mondiale

Malgré les mises en garde de Winston Churchill, Neville Chamberlain persiste dans une politique de non-intervention. Après le succès illusoire de la Conférence de Munich en 1938 (Churchill parlera d'une défaite absolue, « *unmitigated defeat* »), Chamberlain doit déclarer la guerre à l'Allemagne en septembre 1939, après l'invasion de la Pologne.

Personnage charismatique, Winston Churchill dirige un gouvernement d'union nationale dans un pays où la solidarité prévaut. Après la « drôle de guerre » (*the phoney war*) de 1939-1940, la Grande-Bretagne est engagée dans les combats aériens de la bataille d'Angleterre (*the Battle of Britain*), livrée de juin à septembre 1940 et remportée grâce à la défense aérienne et à la vaillance de la Royal Air Force (RAF). La suite de la guerre sera marquée par les raids aériens sur Londres (*the Blitz*) et sur les sites industriels (Coventry), ainsi que par l'effort de guerre, avec le rationnement et l'implication des femmes dans la production industrielle, dans les usines d'armement notamment.

Mais les troupes britanniques et leurs alliés du Commonwealth essuient de graves revers en Méditerranée (Grèce, Libye, 1941), ainsi qu'en Asie et dans le Pacifique (1942) face aux troupes japonaises. L'entrée en guerre des États-Unis (mars 1941) et la victoire de Montgomery sur les troupes de Rommel (El-Alamein, 23 octobre 1942) contribuent à la victoire finale et à la capitulation de l'Allemagne le 8 mai 1945. Les combats en Extrême-Orient se poursuivront jusqu'en août 1945.

Winston Churchill, Premier ministre anglais, fait le geste de la victoire devant le 10 Downing Street, en juin 1943.

De l'après-guerre à nos jours

L'après-guerre est marquée par l'alternance au pouvoir des travaillistes, tenants d'une politique étatiste et sociale, et des conservateurs, qui ne remettent pas en cause les acquis sociaux jusqu'à l'avènement de Margaret Thatcher et de sa politique ultra-libérale.

Les réformes travaillistes

- Dès la fin de la guerre, le gouvernement travailliste de Clement Attlee, au pouvoir de 1945 à 1951, engage une série de réformes d'une portée considérable qui vont instituer l'État-providence (*the Welfare State*).
- Les grandes avancées seront l'institution de la Sécurité sociale (*the National Health Service, NHS*), les prestations sociales (*welfare payments*), les allocations de chômage (*unemployment benefits*) et l'éducation pour tous.
- Les transports et l'électricité sont nationalisés en 1946, les mines en 1947.

La Grande-Bretagne et l'alternance politique

- À la mort de George VI en 1952, sa fille aînée lui succède sous le nom d'Élisabeth II. Elle est couronnée le 2 juin 1953 dans la cathédrale de Westminster, devant les caméras de télévision.
- Les conservateurs sont au pouvoir de 1951 à 1964. Parmi les événements marquants des longues années de gouvernement tory (Winston Churchill, Anthony Eden, Harold MacMillan, Alec Douglas-Home), on peut citer la crise de Suez en 1956, la non-signature du traité de Rome en 1957, les premières émeutes raciales à Notting Hill en 1958, le vote en 1961 du *Commonwealth Immigration Act*, destiné à contrôler l'afflux des immigrants en provenance des pays du Commonwealth.

Les années Thatcher et les années Blair

- L'« hiver du mécontentement » (*the Winter of Discontent*) de 1979 est marqué par des vagues de grèves qui entraînent la chute du gouvernement travailliste et la victoire des conservateurs aux élections législatives (*General Election*).
- Margaret Thatcher devient Premier ministre et lance une nouvelle politique économique fondée sur la réduction des dépenses publiques, la baisse de l'impôt et l'encouragement de l'initiative privée. Elle est réélue en 1983 et en 1987, mais démissionne en 1990, contestée au sein de son propre parti. Elle est remplacée par John Major, au pouvoir jusqu'en 1997.
- En 1997, Tony Blair devient Premier ministre. Il dirige le *New Labour*, qui rompt avec les doctrines travaillistes traditionnelles du *Labour Party*, proposant une troisième voie (*the Third Way*) entre gauche et droite, entre démocratie sociale (*social democracy*) et néolibéralisme. La politique de Blair repose sur le pragmatisme, la défense des valeurs de la famille, de la justice sociale, dans le cadre d'une économie de marché concurrentielle.
- L'échec de la guerre en Irak et l'orientation libérale de la politique de Tony Blair suscitent l'hostilité de la « base » et il doit céder la place à Gordon Brown, son ministre des Finances, en 2007.

LA POLITIQUE DE MARGARET THATCHER (1979-1990)

Les idées phares de la Dame de fer

Margaret Thatcher appartenait à l'aile droite du parti conservateur, dont elle fut le chef de 1975 à 1990. Elle croyait fermement aux vertus d'un idéal conservateur reposant sur la libre entreprise, la responsabilité individuelle et l'initiative personnelle dans tous les domaines. Elle voulait repousser les frontières de l'intervention de l'État (« *to roll back the frontiers of the State* ») et, selon ses propres termes, tuer le socialisme (« *to kill socialism* »).

Son programme de 1979, sur la base duquel elle gagna les élections, reposait sur deux idées essentielles :

– réduire les dépenses publiques (en diminuant les aides aux industries nationalisées en difficulté et en privatisant certains secteurs comme les mines ou le British Rail ; en diminuant le rôle et le coût du *Welfare State*, l'État-providence) ;

– parvenir par tous les moyens à diminuer le pouvoir des syndicats, en qui elle voyait le principal ennemi à vaincre, pour relancer l'économie britannique. Elle était soutenue en cela par une large majorité des citoyens britanniques, exaspérés par les difficultés de l'hiver 1978-1979, « *the Winter of Discontent* ».

L'action vigoureuse de Margaret Thatcher

Elle est parvenue sans conteste à relancer temporairement l'économie, d'abord aidée par la manne pétrolière de la mer du Nord (mais desservie ensuite par la baisse du prix du baril), et la relance de la consommation, notamment par le biais de la baisse spectaculaire des impôts. On peut aussi porter à son crédit la mise au pas des syndicats souhaitée par l'opinion publique, les ventes des entreprises nationales qui coûtaient cher au Trésor public, l'accès à l'actionnariat de millions de Britanniques, une croissance qui avait atteint 3,5 % pendant les 8 premières années (4,6 % en 1987) et ses réélections successives, indice de la confiance qu'elle inspirait.

Le Premier ministre, Margaret Thatcher, s'adresse à la presse devant le 10 Downing Street, le 3 janvier 1988.

Une politique controversée

Les reproches les plus fréquents qui lui ont été adressés concernent :

– le domaine de l'économie et des finances : capitalisme « sauvage », réduction des impôts qui ne favorisait que les riches, remontée de l'inflation dans les premiers mois de 1987 ;

– le domaine social : accroissement du fossé entre riches et pauvres, surtout sensible dans le domaine des soins médicaux, résurgence des conflits de classe dus aux licenciements sans contrôle dans les entreprises, radicalisme à l'encontre des syndicats, coupes sombres dans le budget de l'éducation.

La *poll tax*

La chute de Margaret Thatcher est liée en partie à sa volonté obstinée d'imposer la *poll tax*, qui appliquait le principe de la capitation (du latin *caput*, « tête ») : les taxes d'un foyer étaient fonction du nombre de personnes de ce foyer, l'ancien impôt local étant calculé sur la valeur estimée de l'habitation. Avec la *poll tax*, un riche couple de rentiers était mieux loti qu'une famille nombreuse en difficulté. Des émeutes en mars 1990 et une véritable rébellion sonnèrent le glas de la Dame de fer, *the Iron Lady*.

GÉOGRAPHIE
HISTOIRE
INSTITUTIONS
SOCIÉTÉ
ARTS ET TECHNIQUES
LITTÉRATURE

La Grande-Bretagne dans le monde

La Grande-Bretagne a su décoloniser son empire sans conflits majeurs. Très liée aux États membres du Commonwealth, elle conserve une attitude nuancée vis-à-vis de l'Union européenne et maintient des liens particuliers avec les États-Unis.

Le Commonwealth

Le Commonwealth a été institué en 1931 par le statut de Westminster (*Statute of Westminster*). Il regroupait à l'origine les Dominions, auxquels la résolution Balfour de 1926 avait accordé le statut de pays pleinement autonomes (Canada, Australie, Nouvelle-Zélande, Afrique du Sud), des Colonies, dont le statut devait évoluer vers l'autonomie, et des « *Territories* ».

Incarnées par Gandhi, fondateur en Inde du Parti du Congrès, les velléités d'indépendance de nombreuses colonies s'affirment après 1945. C'est ce que Harold MacMillan nommera « le vent du changement » (*the wind of change*). L'essentiel de la décolonisation aura lieu pendant les années 1960, de façon pragmatique, sans guerres néo-coloniales.

Le Royaume-Uni et l'Europe

À partir du milieu du XVIIIe siècle, la Grande-Bretagne, puissance maritime, avait été tournée vers son empire naissant. Elle intervenait en Europe pour maintenir l'équilibre des forces, s'opposant ainsi à la France révolutionnaire et napoléonienne, ou à la menace allemande.

Après la Seconde Guerre mondiale, les dirigeants britanniques, d'abord réticents, se tournent vers l'Europe des Six, dont l'économie prospère. L'opposition du Général de Gaulle, en 1963 et en 1967, retarde l'entrée de la Grande-Bretagne dans la Communauté économique européenne, qui a lieu en 1971.

L'intérêt des Britanniques pour les institutions européennes est limité. Les deux grands partis eux-mêmes sont divisés, surtout les conservateurs, partagés entre les eurosceptiques (*the eurosceptics*) et les partisans de l'Europe, parmi lesquels les milieux d'affaires. Les grands enjeux sont la question de la souveraineté, l'union économique et monétaire et le chapitre social.

La Grande-Bretagne et les États-Unis : la « relation spéciale »

Le Royaume-Uni et les États-Unis sont liés par une histoire, une langue et une culture communes. Ces liens étroits, parfois nommés « *special relationship* », se traduisent sur tous les plans : économique (investissements américains importants en Grande-Bretagne), diplomatique et militaire (implication de la Grande-Bretagne en Irak au printemps 2003 aux côtés des États-Unis, en dépit de l'opposition d'une bonne partie de l'opinion publique).

Si l'avenir de la Grande-Bretagne passe sans aucun doute par l'Europe, il n'en reste pas moins que l'intégration économique du Royaume-Uni à l'Europe tend à plafonner (la Grande-Bretagne n'est pas entrée dans la zone euro) et que le pays pourrait avoir pour vocation de servir de trait d'union entre l'Europe et les États-Unis.

LA FIN DE L'EMPIRE

L'indépendance de l'Inde

En 1947, l'Inde – « le joyau de la Couronne » – acquiert son indépendance, avec la partition du sous-continent. Le pays est divisé entre l'Inde hindouiste et le Pakistan musulman, lui-même d'abord divisé entre Pakistan oriental et Pakistan occidental (plus tard le Bangladesh). Ceylan et la Birmanie deviennent indépendants en 1948. C'est la fin d'une époque : le « Raj ».

Le Nouveau Commonwealth

En 1949, l'idée d'un nouveau Commonwealth apparaît. Le souverain britannique en est le chef (*Head*) mais non le roi. Les divers pays membres ont des statuts variés. La vague de décolonisation débute en 1957 et se poursuit pendant les années 1960. Le nouveau passeport du Commonwealth symbolise une unité politique et spirituelle qui va pourtant se lézarder au cours des années 1960.

Les dernières interventions coloniales

La décolonisation des pays africains (Gold Coast, Nigeria, Sierra Leone, Ouganda, Kenya, Gambie, Zambie, ex-Rhodésie du Nord, Malawi, ex-Nyassaland) et des Antilles anglaises (*West Indies*), ainsi que de Chypre, se fera sans problèmes majeurs, à l'exception de la Rhodésie, qui devient indépendante sous l'impulsion du Premier ministre Ian Smith et des tenants de l'apartheid. La question rhodésienne est réglée en 1970. La Rhodésie prend le nom de Zimbabwe et demeure dans le Commonwealth.

La guerre des Malouines (*the Falklands War*) avec l'Argentine est la dernière intervention britannique de type colonial. Les îles Malouines restent une possession britannique. En 1994, l'Afrique du Sud, dirigée par Nelson Mandela, revient au sein du Commonwealth après les années sombres de l'apartheid.

La citoyenneté britannique

La loi de 1981 (*British Nationality Act*) limite aux seules personnes possédant la nationalité britannique (*British Citizenship*) le droit de résider et de travailler dans le Royaume-Uni. Cette loi a mis un terme au statut de citoyen britannique (*British subject*) accordé précédemment aux ressortissants des pays du Commonwealth. Seules des personnes qui avaient acquis la nationalité britannique en justifiant de liens de filiation avec des ressortissants de l'ancienne Inde britannique ou de la République d'Irlande avant 1949 ont pu conserver le titre de « *British subject* ».

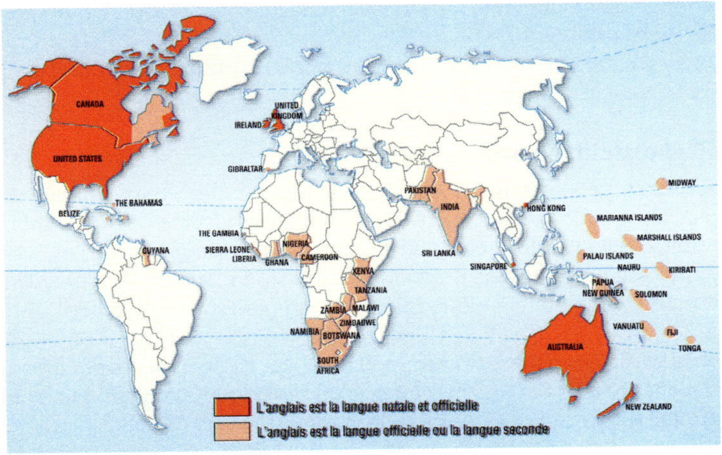

Carte des pays dans lesquels l'anglais est la langue natale, ou bien officielle ou seconde.

La question irlandaise

Colonisée au XVIe siècle, terre d'émigration, l'Irlande est partagée en deux depuis 1921. En Irlande du Nord, des affrontements violents opposent séparatistes catholiques et unionistes protestants de 1969 à 1999. Une solution durable semble enfin trouvée en 2007.

L'Irlande colonisée et affamée

- L'Irlande a été colonisée en partie au XVIe siècle avec le début de la Plantation d'Ulster dans le nord de l'île (1603). Après la Glorieuse Révolution qui écarte définitivement les catholiques du trône (1688), la domination protestante en Irlande est imposée par des lois qui privent les catholiques de tous les droits.
- En 1800, l'*Act of Union* rattache l'Irlande à la couronne anglaise. Il faut attendre 1829 pour que les catholiques retrouvent leurs droits et entrent au Parlement. En 1869, le *Disestablishment Act* « désétablit » l'Église anglicane en Irlande (elle n'est plus religion d'État).
- Entre 1845 et 1850, la maladie de la pomme de terre cause une terrible période de famine (*the potato famine*), qui entraîne le début de l'émigration massive vers l'Amérique.

Vers l'indépendance de la République d'Irlande

- La loi établissant l'autonomie de l'Irlande (*Home Rule*), voulue dès 1886 par le Premier ministre libéral Gladstone, ne sera votée qu'en 1914, son application étant repoussée à cause de la guerre.
- En 1916, les nationalistes irlandais proclament la république à Dublin mais l'insurrection de Pâques (*Easter Rising*), menée par l'*Irish Republican Brotherhood* et les *Sinn Feiners* d'Eamon De Valera, est durement réprimée le 29 avril. Dès la fin de la Grande Guerre, un violent conflit armé oppose les troupes d'intervention anglaises (*the Black and Tans*) à l'*Irish Republican Army* (*the IRA*).
- L'*Anglo-Irish Treaty* de 1921 scelle la partition de l'Irlande. Les 6 comtés du Nord restent attachés à la couronne britannique. Les 26 autres deviennent l'État libre d'Irlande (*Irish Free State*, plus tard *Republic of Ireland*).
- Deux Parlements sont créés, l'un à Belfast (aujourd'hui le Stormont, siégeant dans le château du même nom), l'autre à Dublin.

Le conflit en Irlande du Nord

- Après 40 ans de stabilité politique, un mouvement de défense des droits civiques des catholiques voit le jour. Il exprime la frustration des catholiques, victimes de discriminations de tous ordres (logements sociaux, embauche). Face aux revendications, l'intransigeance des unionistes protestants, partisans du maintien de l'Ulster dans le Royaume-Uni, et qui détiennent l'ensemble des pouvoirs politiques et économiques, fait basculer l'Ulster dans la violence.
- Le conflit en Irlande du Nord (*the troubles*) débute en 1969 et ne connaîtra un début de règlement qu'en 1999. Le 8 mai 2007, un accord historique est signé, instituant un gouvernement partagé entre catholiques et protestants.

TRENTE ANS DE CONFLIT EN IRLANDE DU NORD

La genèse des « troubles »

Le 30 janvier 1972, des manifestations catholiques sont violemment réprimées par l'armée britannique. Treize manifestants sont tués ce dimanche sanglant (*Bloody Sunday*). Les incarcérations sans jugement se multiplient, suite au vote de la loi sur l'internement de toute personne accusée d'incitation à la violence (*Internment without trial*) de 1971. Cette législation d'exception sera condamnée par la Cour européenne des droits de l'homme en 1978. La police de l'Ulster (*Royal Ulster Constabulary*) est soupçonnée de partialité envers les protestants et à l'encontre des catholiques, et même d'assassinats.

Peinture murale de combattants de rues (Irlande du Nord, Derry-Londonderry, Bogside [zone catholique], Rossville Street), mars 2002.

La violence sans fin

Des attentats sanglants et des assassinats (celui de Lord Mountbatten, cousin de la reine, en 1979) sont perpétrés par l'IRA provisoire issue de la scission de l'IRA (*Irish Republican Army*) entre IRA officielle, le Sinn Féin (« *We ourselves alone* », « nous seuls », en gaélique) et IRA provisoire, branche armée (*provisional IRA*). Le conflit ne sera toujours pas réglé trente ans plus tard, malgré l'accord de paix signé à Pâques 1998 entre le Sinn Féin et le gouvernement britannique, grâce à la déclaration de cessez-le-feu par l'IRA.

La solution politique

Un gouvernement autonome de l'Irlande du Nord est installé le 2 décembre 1999, dirigé par David Trimble, chef de file des unionistes modérés, mais l'instabilité perdure en raison de l'incapacité des partenaires à nouer des relations de confiance mutuelle et de la résurgence des courants extrémistes de chaque bord, vainqueurs lors des dernières élections législatives de 2003.

L'année 2007 marque un tournant avec le vote des militants du Sinn Féin en faveur de la reconnaissance de la légitimité du *Police Service of Northern Ireland*, la police nord-irlandaise (l'ancienne *Royal Ulster Constabulary*). Le lundi 26 mars, les chefs unioniste et nationaliste, Ian Paisley et Gerry Adams, se mettent d'accord pour former un gouvernement de coalition. L'accord est signé le 8 mai 2007. Les principaux acteurs de cette journée historique ont été Ian Paisley, le protestant, Premier ministre de la province, son adjoint, le catholique Martin McGuinness, les Premiers ministres britannique, Tony Blair, et irlandais, Bertie Ahern.

Le Royaume-Uni aujourd'hui

Le Royaume-Uni est une entité politique dont les limites géographiques n'ont été établies qu'en 1921. Il est marqué par une grande complexité identitaire et son intégrité est partiellement menacée par le succès de la dévolution en Écosse, où le sentiment national est vivace, et à un degré moindre au Pays de Galles.

La composition du Royaume-Uni

- État-archipel de moins de 250 000 km^2, le Royaume-Uni est composé de quatre nations : l'Angleterre, le Pays de Galles, l'Écosse et l'Irlande du Nord. Les trois premières nations forment la Grande-Bretagne (*Great-Britain* ou *Britain*). La Grande-Bretagne et l'Irlande du Nord forment le Royaume-Uni (*The United Kingdom of Great-Britain and Northern Ireland*).
- L'*Act of Union* de 1707 marque la réunion officielle de l'Angleterre et de l'Écosse. Celui de 1800 crée le Royaume-Uni, l'Irlande étant rattachée au royaume d'Angleterre et d'Écosse. L'indépendance de la République d'Irlande (*Republic of Ireland*) en 1921 donne au Royaume-Uni sa forme actuelle, l'Irlande du Nord (Ulster) restant au sein du Royaume-Uni.
- Il ne reste aujourd'hui de l'Empire colonial que des centaines de petites îles dispersées dans le monde : îles Vierges, Malouines (Falklands), etc., et Gibraltar. Ces possessions, souvent paradis fiscaux, abritent de nombreuses sociétés offshore.

La question de l'identité dans un empire éclaté

- Le Royaume-Uni est un État multinational et multiethnique, désuni dans la mesure où nations et communautés ethniques forment une mosaïque, mais centré sur l'Angleterre et sur Londres en termes de souveraineté.
- Aux distinctions territoriales correspondent un État, monarchie constitutionnelle, quatre nations, deux citoyennetés (on est à la fois britannique et anglais, écossais, gallois, ou irlandais) et deux appartenances identitaires (on peut être britannique bangladais, indien, pakistanais).
- Londres n'a jamais pu éteindre la flamme nationaliste des franges celtiques de l'Angleterre, particulièrement en Écosse, où la « dévolution » (décentralisation) est en marche.

Les langues et les cultures

- L'anglais est la langue officielle, mais de nombreuses langues sont parlées dans tout le Royaume-Uni. Au Pays de Galles, près de 25 % de la population parle gallois, langue celtique.
- Le gaélique est la langue des Celtes d'Écosse et d'Irlande. Il est peu parlé en Écosse (1,2 % de la population, dans les Highlands de l'Ouest) et même menacé d'extinction. Il est davantage parlé et enseigné en Irlande du Nord et dans la République d'Irlande.
- Les autres langues sont celles des minorités issues des pays du Commonwealth. Elles comprennent le bengali (Bangladesh), le gujarati (État du Gujarat), l'hindi (langue ou groupe de dialectes de l'Inde du centre-nord), le punjabi (langue de l'État du Panjab, au nord-ouest de l'Inde) et l'urdu (langue officielle du Pakistan, également parlé par les musulmans en Inde).

LA DÉVOLUTION EN ÉCOSSE ET AU PAYS DE GALLES

La politique de la dévolution

La dévolution est l'attribution ou la restitution par l'État de pouvoirs et de compétences à des entités politiques qui en font partie. Elle tient à la fois de la décentralisation et du transfert partiel de souveraineté. Elle accorde une autonomie partielle aux trois nations minoritaires (Pays de Galles, Écosse, Irlande du Nord), à l'exclusion de la défense, de la diplomatie, de la Sécurité sociale et de la politique économique.

Pays de Galles et Écosse : de l'union à la dévolution

La délégation d'une partie des pouvoirs du Parlement britannique à des assemblées élues en Écosse (Parlement) et au Pays de Galles (Assemblée) est un projet travailliste auquel les conservateurs se sont toujours opposés. Rejeté lors de référendums par les Gallois et les Écossais en 1979, le projet de « dévolution » (*devolution*) a été de nouveau soumis aux électeurs des deux nations en septembre 1997.

Les Écossais ont approuvé le projet d'un Parlement écossais (74 %) tandis que les Gallois ont été moins enthousiastes pour cautionner le projet d'une Assemblée (50,3 %). Les Écossais ont donc à présent un véritable Parlement doté de pouvoirs étendus et un gouvernement conduit par un *Chief Minister*. Les Gallois n'ont qu'une Assemblée qui gère le budget, mais ne dispose d'aucun pouvoir législatif.

Le but assigné à la dévolution n'est pas de préparer à l'indépendance mais de donner une plus grande autonomie. Néanmoins, les partis nationalistes (*The Scottish Nationalist Party*, ***SNP***, en Écosse, *Plaid Cymru* au Pays de Galles) ont des visées séparatistes et se sont placés devant les conservateurs aux élections législatives de mai 1999. Ils étaient néanmoins en recul aux législatives de mai 2003. De plus, on a observé un certain désintérêt des électeurs, avec des taux de participation en baisse, surtout au Pays de Galles.

L'identité écossaise

Le *Scottish National Party* (*SNP*) a un programme résolument nationaliste. Jusqu'en 2006, de 25 à 30 % des Écossais ont exprimé leur désir d'indépendance en élisant des députés du SNP, dirigé alors par Jack McConnell. Ce que la dévolution et l'installation du Parlement écossais en 1999 ont apporté, c'est un sentiment d'identité nationale plus vivace que jamais. Les observateurs ont noté que, lors de la Coupe du monde de football en 2006, pour laquelle l'équipe d'Écosse ne s'était pas qualifiée, de nombreux Écossais ont manifesté leur soutien systématique aux adversaires de l'équipe d'Angleterre. En mai 2007, le SNP, dirigé par Alex Salmond, a remporté les élections au Parlement écossais de Holyrood, battant de justesse le parti travailliste. Seuls les Anglais mêlent « *Britishness* » (britannitude) et « *Englishness* » (anglicité) en un seul sentiment. Écossais et Gallois ont un fort sentiment d'identité nationale.

Le *Union Jack*

Le drapeau britannique, le *Union Jack*, associe les drapeaux de l'Angleterre (croix de saint Georges, rouge sur fond blanc), de l'Écosse (croix de saint André, bleu sur fond blanc) et de l'Irlande du Nord (croix de saint Patrick irlandaise, rouge sur fond blanc).

La Constitution

Le Royaume-Uni n'a pas de Constitution écrite. Ce sont différents textes de loi ainsi que des lois non écrites qui constituent les fondements institutionnels. Dans un pays que l'on qualifie parfois de « Mother of Parliaments », le Parlement jouit d'une souveraineté absolue.

Une Constitution non écrite

Il n'existe pas de texte écrit rassemblant en un seul document toutes les lois fondamentales, principes et pratiques de gouvernement ainsi que les droits et devoirs des citoyens, ayant à lui seul le statut de Constitution. On parle de « Constitution non codifiée » (*uncodified*). De ce fait, la Constitution est très souple et évolutive, et peut être modifiée par le recours à une loi parlementaire (*Act of Parliament*).

Une Constitution ouverte aux abus éventuels d'un gouvernement disposant d'une large majorité présente un risque. En l'absence de contrôle constitutionnel officiel du Parlement, les moyens pour lutter contre la dictature élective (*elective dictatorship*) sont les tribunaux (le contrôle judiciaire de l'exécutif), l'opposition officielle, les médias, l'expression d'un désaccord au sein du parti au pouvoir, les élections législatives, la réglementation et les textes de l'Union européenne, de la Cour européenne de justice, du Conseil de l'Europe, de la Cour européenne des droits de l'homme.

Les composantes de la Constitution

La Constitution est composée :
– des lois votées par le Parlement (*Statutory Law*) : les textes légaux, de la Grande charte de 1215 (*Magna Carta*) aux diverses lois électorales, en passant par le *Bill of Rights* de 1689 ;
– de la jurisprudence (*Common Law and Case Law*) : les arrêts des tribunaux ;
– des conventions coutumières (*Conventions and Customs*) ;
– des réglementations de l'Union européenne (*European Union Law*) ;
– des travaux juridiques faisant autorité (*Authoritative Works*).

Un Parlement souverain

Le Royaume-Uni est un État de droit et le principe primordial est celui du règne du droit (*the rule of law*), avec pour conséquences l'indépendance du judiciaire et la souveraineté du Parlement.

Souverain, le Parlement britannique n'est subordonné à rien ni à personne. Il lui revient de promulguer les lois et de contrôler l'action du pouvoir exécutif qui n'en est que l'émanation. De surcroît, le Parlement britannique n'est lié par aucun précédent ni par aucune loi, ,et peut donc aller à l'encontre de la jurisprudence, contrairement aux tribunaux ordinaires.

Aucun pouvoir ne lui est supérieur et ne peut invalider ses actes (comme la Cour suprême américaine ou le Conseil constitutionnel français). Le Parlement pourrait donc théoriquement supprimer les libertés individuelles, qu'aucune garantie constitutionnelle ne protège. Le respect des traditions et des usages est pourtant une des constantes de l'action du Parlement.

LES GRANDES LOIS DE LA CONSTITUTION

Le cadre juridique européen

Membre de l'Union européenne, le Royaume-Uni a subi des revers devant la Cour européenne des droits de l'homme au cours des 30 dernières années.

Le gouvernement travailliste de Tony Blair, élu en 1997, a incorporé au droit anglais la Convention européenne des droits de l'homme : tout citoyen britannique jouit désormais d'une protection juridique contre l'arbitraire sans avoir à recourir au tribunal européen.

Le traité des Communautés européennes de 1973 (*European Communities Act*) précise que les directives européennes prévalent sur tout texte de loi national. Il en est de même de la Convention européenne des droits de l'homme (1998) qui a réduit le pouvoir du gouvernement central.

Les lois contre les incivilités et le terrorisme

Les nouvelles lois et décrets de la fin des années 1990 et des années 2000 concernent principalement les incivilités et le terrorisme.

Les décrets contre les incivilités voulus par Tony Blair (*Anti Social Behaviour Orders*, *ASBOs*) concernent la répression de délits tels que le vandalisme, le vol (à l'arraché, dans un véhicule, etc.), le harcèlement (insultes, crachats), l'affichage sauvage, l'organisation de *rave parties* et la mendicité.

L'*Anti-Terrorism, Crime and Security Act* fut voté seulement trois mois après les attentats du 11 septembre 2001 à New York. La loi fut en partie contestée et modifiée car jugée non conforme à la Convention européenne des droits de l'homme par la Cour des lords (*Law Lords*). Les autres lois relatives au terrorisme sont *le Prevention of Terrorism Act* de 2005 et le *Terrorism Act* de 2006, qui fit suite aux attentats perpétrés à Londres en juillet 2005.

Quelques grandes lois *(Staturory Law)*

– *The Petition of Rights*, la Pétition des droits (1628) : le Parlement rappelle les limites du pouvoir royal déjà inscrites dans la Grande Charte.

– *The Habeas Corpus Act*, la loi sur l'*Habeas Corpus* (1679): l'*Habeas Corpus* (littéralement, « Tu auras le corps ») interdit les arrestations et la détention arbitraire et sans jugement. Cette loi a été remise en cause après les attentats de 2001 à New York et de 2005 à Londres.

– *The Bill of Rights Act*, la Déclaration des droits (1689) : elle fixe les institutions de la monarchie constitutionnelle et impose la suprématie du Parlement sur le pouvoir royal.

– *The Act of Settlement*, l'Acte d'établissement (1701) : la dynastie de Hanovre succède officiellement aux Stuarts ; l'anglicanisme est reconnu comme religion officielle.

– *The Reforms Acts* de 1832, 1867 et 1884 modifient la loi électorale.

– *The Parliament Acts*, les lois parlementaires (1911, 1949, 1999) : elles limitent considérablement les pouvoirs de la Chambre des lords.

– *The Freedom of Information Act*, la loi sur la liberté d'information (2000) : liée à la lutte antiterroriste, elle restreint la liberté d'expression.

Le Parlement britannique à Londres.

Une monarchie parlementaire

Le Royaume-Uni, est depuis ses origines, une monarchie constitutionnelle. Le souverain est le chef de l'État mais la conduite des affaires incombe au Premier ministre.

Un souverain qui ne gouverne pas

- Depuis la Glorieuse Révolution de 1688, les pouvoirs exécutifs de la Couronne ont été tranférés au Parlement. Cela a conduit à la monarchie constitutionnelle actuelle, où le souverain règne mais ne gouverne pas. Les pouvoirs législatif, exécutif, judiciaire ainsi que la défense sont pris en charge par d'autres au nom du souverain.
- Le souverain est censé être au-dessus des stratégies politiques (*party politics*), ne vote pas aux élections législatives et ne prend pas part à la conduite des affaires. Il est donc avant tout un symbole de l'unité du Royaume-Uni, à l'intérieur du Commonwealth.

Les attributions et les fonctions du souverain

- Chef de l'État, le souverain rassemble symboliquement le pays autour de sa personne et représente le Royaume-Uni dans le monde, particulièrement dans le Commonwealth, dont il est le chef.
- Le souverain est le chef des forces armées. Chef de l'Église d'Angleterre et de l'Église d'Écosse, l'Église et l'État n'étant pas séparés, il doit appartenir à l'Église anglicane. Il n'est que la source du pouvoir exécutif dont les fonctions sont en fait assurées par le gouvernement, le Cabinet et le Premier ministre. L'assentiment royal (*Royal Assent*) est l'ultime étape de la promulgation d'une loi votée par le Parlement.
- Lors de la cérémonie officielle d'ouverture du Parlement, le souverain expose les grandes lignes de la politique du gouvernement devant les deux Chambres. C'est le « discours du trône » (*the King's/Queen's Speech*), écrit par le Premier ministre.
- Le souverain rencontre généralement le Premier ministre en audience à Buckingham Palace une fois par semaine afin de parler des affaires courantes. Le souverain ne dispose donc en fait que du « droit d'être consulté, de prodiguer des encouragements et de mettre en garde » (Walter Bagehot).

L'image de la monarchie

- Les Britanniques ont toujours été très attachés à la monarchie en tant qu'institution, ainsi qu'à la famille royale, mais la confiance en l'institution s'est effritée au fur et à mesure que les frasques de certains de ses membres se multipliaient, largement médiatisées par la presse populaire.
- Un sondage de 1994 a révélé que seuls 36 % des Britanniques se définissaient comme fervents partisans (*strong supporters*) de la monarchie. S'ajoute à cela le coût controversé de la monarchie, avec la liste civile (*Civil List*) fixée à 7,9 millions de livres par an pour la décennie 2000-2010, et bien que la reine Élisabeth acquitte des impôts depuis 1993.

LE SOUVERAIN ET LA FAMILLE ROYALE

Le souverain défenseur de la foi

La reine Élisabeth II.

Le titre complet de la reine Élisabeth II symbolise le lien entre État et religion :
« *Elizabeth the Second, by the Grace of God of the United Kingdom of Great Britain and Northern Ireland and of her other Realms and Territories Queen, Head of the Commonwealth, Defender of the Faith.* »

Les revenus de la famille royale

En sus de sa fortune propre et de ses revenus personnels, la reine perçoit de l'argent de la liste civile (*Civil List*). Il s'agit d'annuités (rentes annuelles) provenant de l'argent public et votées par le Parlement pour l'entretien de la maison royale et de la famille royale. En 2000, la reine a accepté que le montant alloué soit gelé à 7,9 millions de livres par an jusqu'en 2010. En 1993, sous la pression du Parlement et de l'opinion publique, il a été décidé que la reine paierait des impôts. Des efforts ont également été faits pour réduire les dépenses de la maison royale.
La reine et son mari, le Prince Philippe, sont à présent les seuls à percevoir directement de l'argent de la « Bourse privée » (*Privy Purse*) qui représente une partie de la liste civile. Depuis 1994, les allocations aux autres membres de la famille royale sont versées par la reine (1,2 million de livres en 2007). En 2007, les annuités du prince Philippe, duc d'Édimbourg, s'élevaient à 359 000 livres par an. Le prince Charles, prince de Galles, vit des revenus de son duché de Cornouailles, estimés à plus de 4 millions de livres par an. Les comptes annuels de la famille royale sont publiés depuis 2001. Ceci s'inscrit dans une tentative de modernisation de la famille royale pour retrouver une popularité perdue, en raison notamment des écarts de certains de ses membres et de l'émoi suscité par la froideur de la reine lors du décès en 1997 de la princesse Diana, surnommée par les médias « *The People's Princess* ».

La succession au trône

Quand un souverain meurt ou abdique, comme ce fut le cas en 1936 d'Édouard VIII, prince de Galles, fils de George V, un successeur est immédiatement désigné selon les règles établies par l'Acte d'établissement (*Act of Settlement*) de 1701, en vertu duquel le fils aîné accède au trône et le transmet à son fils aîné. Si le monarque n'a pas de fils, c'est sa fille aînée qui accède au trône, comme ce fut le cas pour Élisabeth II, fille de George VI, en 1952. Ainsi, la princesse Anne est le deuxième enfant de la reine mais n'arrive qu'en huitième position. Au décès de la reine Élisabeth II, la Couronne doit revenir au prince Charles, né en 1948, puis au prince William, né en 1982.

La reine Élisabeth II

Comme la reine Victoria (1837-1901), la reine Élisabeth II a eu un règne particulièrement long. Née en 1926 à Londres, elle a succédé à son père George VI en 1952. Couronnée en juin 1953, elle a célébré son jubilé d'or en 2002.

GÉOGRAPHIE
HISTOIRE
INSTITUTIONS
SOCIÉTÉ
ARTS ET TECHNIQUES
LITTÉRATURE

Le Parlement : la Chambre des lords

La Chambre des lords est la Chambre haute du Parlement britannique. Son pouvoir politique a décru au profit de la Chambre des communes et son affaiblissement radical né de la réforme de Tony Blair est l'un des traits marquants de la fin des années 1990 et du début des années 2000 sur le plan institutionnel.

La composition et les attributions de la Chambre des lords

- La Chambre des lords ou Chambre haute (*Upper House*) est la plus ancienne des deux Chambres. Jusqu'au début du XXe siècle, elle détenait un pouvoir considérable, étant habilitée à rejeter toute loi soumise par la Chambre des communes par l'exercice de son droit de veto.
- Aujourd'hui, sa principale fonction est de réviser les textes de loi, d'exercer un contrôle sur le gouvernement, de fournir un lieu de débats garantissant une hauteur de vue grâce à la compétence et à l'expérience de ses membres, notamment en matière juridique.
- Des commissions de la Chambre des lords effectuent des enquêtes d'intérêt public dans 4 domaines principaux : l'Europe, la science, l'économie et la Constitution.
- Encore récemment, la Chambre des lords faisait fonction de cour d'appel avec ses 9 « *Law Lords* ». La réforme de 2003 voulue par Tony Blair a retiré aux lords une bonne partie de leurs attributions, le gouvernement ayant défini le principe d'une Cour suprême remplaçant les *Laws Lords* en 2009.

Les réformes de la Chambre des lords

- La limitation graduelle du pouvoir des lords a été le fait de gouvernements libéraux ou travaillistes. En 1911, le droit de veto des lords est limité à un mois pour toute loi relative au budget et à deux ans pour les autres lois (*Parliament Act*, 1911). En 1949, les lords perdent le droit de regard sur les finances et leur droit de veto sur les autres lois est réduit à un an (*Parliament Act*, 1949).
- Jusqu'en 1999, le Royaume-Uni comptait environ 1 200 pairs, dont plus de 750 pairs héréditaires. Le *House of Lords Act* (1999) a supprimé 666 pairies héréditaires. Un amendement a permis à 92 pairs héréditaires de continuer à siéger jusqu'à ce que la Chambre soit totalement réformée. Ainsi, les pairs à vie (*Life Peers*) représentent-ils désormais une écrasante majorité.

Des pairs à la Chambre des communes

- L'intention de Tony Blair était de réduire la majorité conservatrice des pairs à vie en créant autant de pairs à vie travaillistes que nécessaire pour atteindre l'équilibre. En revanche, les lords peuvent désormais siéger à la Chambre des communes s'ils se présentent aux élections, sans avoir à renoncer à leur titre, comme c'était le cas auparavant.
- Certains estiment que les tentatives du gouvernement Blair pour abolir le droit de siéger des 92 pairs héréditaires restants présente le risque de voir la Chambre haute transformée en chambre d'enregistrement composée de membres nommés contrôlés par l'exécutif du moment.

LA COMPOSITION DE LA CHAMBRE DES LORDS

La Chambre des lords comprend les *Lords Spiritual* (archevêques, principaux évêques de l'Église d'Angleterre) et les *Lords Temporal*, qui eux-mêmes comprennent :
– les *Law Lords*, au nombre de 9 : ce sont des magistrats dont le titre n'est pas héréditaire ;
– les pairs héréditaires : naguère les plus nombreux, ils siègent par la simple vertu de leur naissance ;
– les pairs à vie (*Life Peers*) : créés depuis 1958 par le *Life Peerages Act*, ce sont des personnalités ayant rendu service à leur pays dans divers domaines. C'est la reine qui les nomme sur proposition du Premier ministre, comme ce fut le cas pour Margaret Thatcher, devenue Lady Thatcher, sur proposition du Premier ministre John Major.

The Queen's Speech, *discours de la reine devant le Parlement.*

La composition de la Chambre des lords au 5 juin 2006

Archevêques et évêques	25
Pairs à vie selon la juridiction de 1876 (*Appelate jurisdiction Act*)	26
Pairs à vie selon la juridiction de 1958 (*Life Peerages Act*)	590
Pairs selon les termes de *The House of Lords Act* de 1999	92
Total	**733**

La représentation des partis à la Chambre des lords au 5 juin 2006

Conservateurs	206
Travaillistes	209
Libéraux démocrates (*Liberal Democrats*)	79
Députés non inscrits (*Crossbench*)	190
Archevêques et évêques	25
Autres	12
Total	**721**

Des traditions vivaces

Les réformes ne signifient pas la disparition des traditions.
Le *Lord Speaker* (fonction créée en 2005) est assis sur le « sac de laine » (*Woolsack*) posé sur son fauteuil.
Les pairs et pairesses (*peers* et *peeresses*) sont assis sur des bancs de cuir rouge.
Le président de la Chambre des lords appartient au Cabinet du gouvernement en place.
Les pairs et pairesses ne sont pas rémunérés mais simplement défrayés. Ils siègent environ 160 jours par an.

Le Parlement : la Chambre des communes

Avec un mode de scrutin favorisant la bipolarisation et une Chambre haute privée de droit de regard, un gouvernement largement majoritaire à la Chambre des communes dispose d'une très grande marge de manœuvre.

La Chambre des communes

- Toute carrière gouvernementale requiert que l'on soit l'élu du peuple et que l'on devienne d'abord député, *Member of Parliament* (*MP*). Ce terme désigne les seuls membres de la Chambre des communes. Ils sont élus aux élections législatives, dites « générales » (*general election*) ou partielles (*by-election*), et représentent chacun leur circonscription (*constituency*). En 2005, il y avait 646 circonscriptions (529 pour l'Angleterre, 40 pour le Pays de Galles, 59 pour l'Écosse, 18 pour l'Irlande du Nord). En 2001, 118 femmes siégeaient, la plupart membres du parti travailliste, *New Labour*.
- Le mode de scrutin (uninominal à un tour) favorise la bipolarisation de la vie politique. Cela se retrouve dans la configuration de la Chambre, où deux rangées de bancs (*benches*) se font face.

Le vote d'une loi

- Le projet de loi et la proposition de loi sont les deux principaux types de textes de loi. Le projet de loi gouvernemental (*Government Bill*) est le plus important. Il émane de l'un des ministres du gouvernement (*Cabinet minister*) et aboutit presque toujours en cas de large majorité.
Le projet (*bill*), une fois adopté, devient loi (*act*) et acquiert force de loi.
- La proposition de loi (*Private Member's Bill*) émane d'un *backbencher*, et non pas du Cabinet. Des lois dépassant les clivages partisans ont ainsi été votées à partir de *Private Member's Bills* (lois libéralisant l'avortement et le divorce, par exemple). Il existe aussi des projets de loi privés (*Private Bills*) à l'initiative d'organisations, de collectivités locales, etc.
- Les lords peuvent faire des suggestions de révision ou d'amendement, à l'exception des lois de finance. Les amendements doivent être votés par les deux Chambres. Les lords ne peuvent retarder la promulgation d'une loi que d'un an. L'assentiment royal (*Royal Assent*) est de pure forme.
- La législation britannique est de plus en plus tributaire des décisions de la Cour de justice européenne.

Le contrôle de l'exécutif

- Les débats quotidiens d'une demi-heure, nommés *Question Time*, ou les débats de politique générale ne suffisant pas, ce sont des commissions spéciales (*Select Committees*) qui exercent un pouvoir de contrôle sur chacun des ministères. Leur composition est le reflet des deux principaux partis à la Chambre des communes.
- Ces commissions peuvent convoquer un haut fonctionnaire mais pas le ministre concerné (sauf avec l'accord de la Chambre entière) et n'accèdent pas aux dossiers secrets relevant de l'intérêt national.

LA COMPOSITION ET LE FONCTIONNEMENT DE LA CHAMBRE DES COMMUNES

L'organisation de la Chambre des communes

Les membres des deux partis majoritaires se font face, assis sur des bancs de cuir vert. Les ministres les plus importants du gouvernement (*Her Majesty's Government*) sont assis aux premiers rangs (*front benchers*), de même que leurs homologues du parti d'opposition formant le « Cabinet fantôme » (*Shadow Cabinet*). Le Premier ministre, au premier rang, est entouré de son Cabinet. Les députés ayant un rôle de moindre importance dans la majorité ou dans l'opposition officielle s'assoient sur les bancs du fond. On les nomme « *backbenchers* ».

Les membres de l'opposition de Sa Majesté (*Her Majesty's Opposition*) siègent à gauche du *Speaker* qui préside les débats. Le chef de l'opposition, chef du parti d'opposition, fait face au Premier ministre.

L'élection du *Speaker* est consensuelle. La première femme *Speaker*, la députée travailliste Betty Boothroyd, fut élue à cette fonction en 1992 sous un gouvernement conservateur dirigé par John Major. Le président de la Chambre des communes est un membre du Cabinet, nommé par le Premier ministre.

Comment un projet de loi devient loi

L'initiative d'une loi revient à un ministère, un parti politique, un groupe de pression, une association, un groupe d'experts, etc. Ministres et fonctionnaires ont en charge la formulation juridique du texte de loi qui est proposé aux députés sous la forme d'un livre blanc ou d'un livre vert préliminaire (*white paper* ou *green paper*). Ce dernier fait l'objet de lectures (*readings*) et de débats avant d'être soumis au vote. Une fois voté, le texte de loi est proposé à la Chambre des lords puis au souverain, qui doit donner l'assentiment royal (*Royal Assent*) avant que la loi soit promulguée (*implemented*).

Le vote

La discipline de vote de chaque parti est assurée par les *whips*, chargés de rassembler les députés dispersés dans le bâtiment. Lorsqu'un vote est jugé essentiel, les députés reçoivent une convocation soulignée trois fois (*three-line whip*). Ne pas y répondre peut valoir une sanction allant jusqu'à l'exclusion du parti.

Le Cabinet fantôme

Chaque ministre en poste a un homologue dans le parti adverse, spécialiste des dossiers abordés. Ce système facilite la passation des pouvoirs après des élections législatives entraînant un changement de majorité.

Tony Blair à la Chambre des communes.

Le gouvernement

C'est un organigramme complexe avec à sa tête le Premier ministre, chef de l'État *de facto*, sinon *de jure*, et, au sommet, les secrétaires d'État qui font partie d'un cabinet restreint. Un Premier ministre disposant d'une nette majorité bénéficie de pouvoirs considérables.

Le gouvernement et le Cabinet (*The Cabinet*)

Le gouvernement comprend des ministres de premier rang (*Senior Ministers*) et de second rang (*Junior Ministers*), des chefs de Cabinet (*Private Secretaries*), des *chief whips* et des *whips*. Les députés sans portefeuille sont appelés « *backbenchers* ».

Les membres du gouvernement les plus importants sont les ministres d'État (*Secretaries of State*) détenant d'importants portefeuilles :
– l'Intérieur (le *Home Secretary* [*Home Office*]),
– les Affaires étrangères (le *Foreign Secretary* [*Foreign Office*]),
– les Finances (le *Chancellor of the Exchequer* [*Exchequer*]).

Ces ministres font partie du Cabinet (*Cabinet*), le cœur de l'exécutif, dirigé par le Premier ministre. Le Cabinet se réunit au 10 Downing Street, sous l'autorité du Premier ministre, assisté par un grand nombre de commissions (*Cabinet Committees*), permanentes ou temporaires (*Ad hoc Committees*), chargées de traiter des cas précis ou ponctuels.

Le Premier ministre (*The Prime Minister*)

Le Premier ministre est le chef du parti qui remporte les élections législatives. Si le souverain est chef de l'État, c'est bien le Premier ministre qui gouverne.

Les pouvoirs du Premier ministre britannique sont considérables. Il est chef du gouvernement, dont il oriente la politique et dont il est responsable. Il constitue le Cabinet, le réunit, fixe son ordre du jour, le préside. Il décide du nombre et de l'organisation des ministères. Il peut dissoudre le Parlement, décide de la date des élections législatives, prend part à la séance des questions hebdomadaires au Parlement (*Prime Minister's Question time*, *PMQT*). Il n'est pas le chef de la fonction publique mais joue un rôle important dans les nominations des hauts fonctionnaires (*Civil servants*).

Le Premier ministre britannique est donc tout à la fois membre du Parlement, chef de parti, chef du Cabinet, dirigeant national et personnage international.

Le gouvernement et ses devoirs

Le gouvernement doit rendre compte de sa politique à la Chambre des communes. Les membres du Cabinet sont liés par deux conventions. D'une part, la responsabilité du Cabinet (*Cabinet responsibility*) engage tout ministre à accepter et à soutenir publiquement toute décision prise par le Cabinet, faute de quoi il doit démissionner. D'autre part, les ministres sont responsables de tout ce qui dépend de leur ministère (*ministerial responsibility*) et doivent en principe endosser la responsabilité des erreurs commises et démissionner le cas échéant.

LE GOUVERNEMENT BRITANNIQUE DE 1997 À 2007, OU LES ANNÉES « BLAIR AND BROWN »

Dix ans de gestion partagée des affaires

Au pouvoir depuis 1997, Tony Blair est contraint de se retirer en juin 2007, désavoué par les siens sur l'Irak et certains choix jugés trop libéraux. La porte est alors enfin ouverte pour Gordon Brown, le chancelier de l'Échiquier (ministre des Finances), artisan de la révolution du *New Labour* et de la politique économique de Tony Blair pendant dix ans.

Qui est donc Gordon Brown ?

« [...] Lorsque John Smith, leader des travaillistes, meurt d'une attaque cardiaque le 12 mai 1994, Brown fait partie de ses successeurs potentiels... avec Tony Blair. La rencontre entre les deux hommes remonte à 1984 : ils partagent alors le même bureau à Westminster. Tony Blair est le plus jeune député du *Labour*, Gordon Brown est une figure déjà bien implantée en Écosse. Avec Peter Mandelson, conseiller de Neil Kinnock, ils entreprennent la refondation idéologique du *Labour*. Élus tous deux en 1983 sur la ligne de Michael Foot, l'une des plus à gauche que le parti ait jamais connue, les deux « B » ont vite compris la nécessité de moderniser un parti qui prônait le désarmement unilatéral et la sortie de l'Union européenne...

Au lendemain de la mort de John Smith en 1994, Blair et Brown doivent donc s'entendre. Ils incarnent l'avenir du *Labour*, mais seul l'un des deux en prendra la direction. Ils se mettent d'accord au cours d'un dîner extrêmement controversé au restaurant « Granita », dans le quartier d'Islington à Londres. Selon plusieurs témoins, un « pacte » oral aurait été conclu entre les deux hommes. Gordon Brown laissait à Blair la tête du parti. En échange, Blair laissait les mains libres à Brown aux Finances, puis devait s'éclipser en sa faveur au cours de son second mandat.

Trois élections plus tard, Blair est toujours là. La relation entre les deux hommes continue d'osciller entre la compétition et la complicité. La liste de leurs réussites communes est longue : instauration d'un salaire minimum pour les jeunes (aujourd'hui au même niveau qu'en France), baisse du chômage à 5,5 % de la population active (taux d'emploi de près de 75 %), et 58 trimestres de croissance continue... Mais ils se sont aussi opposés : en 2003, Gordon Brown a bien fait comprendre au Premier ministre son refus d'une réforme des services publics. "*The* Labour Party [...], *best when we are* Labour", clamait-il alors.

Brown serait-il la caution sociale du *New Labour* ? Il a en tout cas réussi à conserver l'unité de son parti, dont la direction reste peu contestée. Aucun candidat ne s'est finalement déclaré contre le chancelier de l'Échiquier : John Reid, Charles Clarke et David Miliband ont finalement renoncé, laissant la possibilité à Gordon Brown de s'imposer pendant les trois années qui séparent le départ de Tony Blair, des élections législatives en 2010.

En attendant, Brown devra faire face sur plusieurs fronts : l'Irak d'abord, qui empoisonne l'image du *Labour* depuis 2003. Puis les réformes du service public – notamment du système du NHS, système de santé britannique proche de la faillite. Enfin, il devra affronter l'opposition grandissante des conservateurs : revigorés par leur leader David Cameron et leur succès aux élections locales, ces derniers comptent bien sûr revenir au pouvoir, après plus de douze ans passés dans les rangs de l'opposition. »

Marianne-en-ligne. fr, 11 mai 2007, par Alex Margot-Duclot.

Le système électoral

Les Britanniques sont amenés à s'exprimer lors de nombreuses consultations. Les élections législatives jouent un rôle primordial dans la vie politique du Royaume-Uni. Le mode de scrutin uninominal à un tour favorise la bipolarisation et la domination des deux grands partis, conservateur et travailliste.

Les principales élections au Royaume-Uni

Les Britanniques se rendent aux urnes à l'occasion d'élections qui peuvent être :
– législatives (*general elections*), pour élire les députés ;
– locales (*local elections*), pour désigner les conseillers locaux (*local councillors*) du gouvernement local (*local government*) ;
– partielles (*by-elections*), qui interviennent pendant le mandat d'un Parlement, entre deux élections générales ;
– régionales (*regional elections*), désignant les membres du Parlement écossais d'Holyrood, à Édimbourg (*Members of the Scottish Parliament, MSPs*), les membres de l'Assemblée du Pays de Galles (*National Assembly for Wales, Cynulliad* en gallois), siégeant à Cardiff, les membres de l'Assemblée d'Irlande du Nord à Stormont (*Northern Ireland Assembly*), les membres de l'Assemblée du Grand Londres (*the Greater London Assembly, GLA*) et le maire de Londres (*the London Mayor*) ;
– européennes, pour élire les membres du Parlement européen (*Members of European Parliament, MEPs*).

Les circonscriptions

Les circonscriptions (*constituencies*) regroupent un nombre d'électeurs sensiblement égal (environ 60 000). Les grandes agglomérations sont découpées en plusieurs circonscriptions (*wards*). Quatre commissions (*Boundary Commissions*) correspondant aux quatre nations du Royaume-Uni examinent périodiquement le découpage des circonscriptions et proposent les ajustements nécessaires. En 2005, le Royaume-Uni était découpé en 646 circonscriptions.

La date des élections législatives est décidée par le Premier ministre. La période maximale entre deux élections est en principe de cinq ans. Une fois la date arrêtée, le souverain dissout le Parlement, sur proposition du Premier ministre.

La campagne et le vote

La campagne électorale est largement médiatique mais la pratique du porte-à-porte, le *canvassing*, reste vivace.

Chaque circonscription a droit à un député et il n'y a qu'un tour, ce qui contraint à un vote « utile ». Ce mode de scrutin uninominal à un tour favorise le bipartisme et la prééminence des conservateurs et des travaillistes, puisque voter pour un autre parti revient à exprimer un vote purement protestataire.

Le candidat qui obtient la majorité simple, « *the first past the post* » (« le premier à passer le poteau », métaphore hippique), est élu, souvent avec un chiffre sensiblement inférieur à 50 %. Un parti peut donc obtenir le plus grand nombre de suffrages sans remporter les élections, en raison notamment de l'importance de certains duels.

LE SCRUTIN UNINOMINAL À UN TOUR EN QUESTION

Deux candicats faisant du porte-à-porte (canvassing) *à Islington (Londres) en mai 2006.*

Les limites du scrutin uninominal à un tour

On reproche au système en vigueur d'aboutir à une sous-représentation de certains partis comme le parti libéral, à présent les libéraux-démocrates (*Liberal Democrats*, « *Lib-Dem* »). En obtenant entre 17 % et 25 % des suffrages, les libéraux n'ont souvent eu qu'un faible nombre de députés. Néanmoins, en juin 2006, les libéraux-démocrates ont obtenu 63 sièges. En revanche, le système permet de dégager une majorité autorisant la mise en place d'un gouvernement fort et stable, non soumis aux fluctuations des coalitions.

L'évolution possible du scrutin

Une commission mise en place par Tony Blair en 1997 et présidée par le libéral-démocrate Lord Jenkins a étudié les modalités d'un mode de scrutin où le principe de représentation proportionnelle aurait sa place et a remis un rapport en 1998.
En substance, le projet consisterait à instituer un nouveau mode de scrutin nommé « *alternative vote* » (*AV*) qui attribuerait aux partis en lice 20 % des sièges au Parlement en fonction du nombre de voix obtenues au niveau régional, et, dans chaque circonscription, exigerait que l'élu obtienne au moins 50 % des voix, ce qui mettrait un terme au système du « *first past the post* ».

Les grandes lois électorales

– 1832 : le *Representation of the People Act* modernise un système électoral qui ne donnait le droit de vote qu'à 4 % de la population masculine et qu'entachait la corruption (les « bourgs pourris », *Rotten boroughs*). Cette loi crée des circonscriptions urbaines mais le pourcentage d'électeurs ne dépasse pas 7 % car le suffrage demeure censitaire (le « cens » est la quotité d'imposition nécessaire pour être électeur ou éligible).
– 1867 : le *Representation of the People Act* accorde le droit de vote aux ouvriers résidant dans les villes. Le nombre des électeurs est multiplié par deux.
– 1872 : le *Secret Ballot Act* met fin à la pratique du vote à main levée en introduisant l'usage de l'urne (*ballot box*). Le droit de vote demeure censitaire.
– 1918 : le *Representation of the People Act* accorde le droit de vote sans condition de cens à tous les hommes âgés d'au moins 21 ans. Les femmes âgées de 30 ans au moins peuvent désormais voter.
– 1928 : le *Representation of the People Act* abaisse la majorité légale pour les femmes à 21 ans.
– 1969 : le *Representation of the People Act* abaisse la majorité à 18 ans.

Le parti conservateur

Le parti conservateur, issu des *tories* du XVIIIe siècle, est l'un des deux grands partis du système bipolaire de la vie politique britannique. Défenseur des valeurs traditionnelles, il a longtemps prôné une politique économique résolument libérale mais a évolué avec David Cameron.

L'organisation du parti conservateur

- Les sections locales du parti (*constituency parties*) sont regroupées au sein de la *National Union*. Elles rassemblent environ 300 000 militants, surtout dans le Sud de l'Angleterre. L'administration centrale du parti (*Central Office*) est composée de permanents. Le groupe parlementaire (*Parliamentary Party*) siège au Parlement.
- Dans le système actuel bipolarisé, le chef du parti, de même que son homologue travailliste, est soit Premier ministre, soit chef de l'opposition de Sa Majesté. Dans l'opposition, il nomme les membres du Cabinet fantôme (*Shadow Cabinet*). De 1965 à 2001, il était élu par les seuls députés lors d'un vote à bulletin secret. Depuis 2001, les militants interviennent éventuellement pour départager deux candidats préalablement désignés par les députés.
- Le congrès annuel du parti est l'occasion d'un plébiscite du chef du parti (ou de sa remise en cause à la suite d'une défaite) ainsi que de la discussion de la ligne politique des conservateurs.

Les valeurs conservatrices

- Les conservateurs, ou « *tories* », sont attachés à l'ordre politique et social ainsi qu'à la libre entreprise et à l'économie de marché. Les conservateurs ont toujours été en faveur d'un *statu quo ante* en matière constitutionnelle.
- Sur le plan social, ils sont attachés aux valeurs familiales et au travail. Comme Disraeli dans les années 1870, ils restent en faveur du « *one nation toryism* » et considèrent que la division radicale du pays entre deux nations, « *the rich and the poor* », est inacceptable.
- David Cameron, homologue de Tony Blair, élu à la tête des tories en 2005, a tenté de moderniser l'image du parti en travaillant lui-même sa propre image d'homme de son temps, plus tolérant face aux problèmes liés à la condition féminine, à l'homosexualité ou aux familles monoparentales.

La doctrine économique : consensus plutôt que rupture

- Jusqu'à l'avènement de Margaret Thatcher, en 1979, la doctrine économique des conservateurs était consensuelle (pas de remise en cause du *National Health Service, NHS*) au point de voir la convergence relative de vues des deux partis traduite par le néologisme « *butskellism* », amalgame de Butler et de Gaitskell, noms de deux chanceliers de l'Échiquier (ministres des Finances) de l'après-guerre, respectivement conservateur et travailliste.
- Mais, dans les années 1980-1990, les conservateurs ont adopté une ligne nettement plus libérale, sous l'influence du monétariste américain Milton Friedman, favorisant la privatisation massive et la déréglementation.

LE PARTI CONSERVATEUR ET SES CHEFS

De Margaret Thatcher à David Cameron

Les leaders du parti conservateur après Margaret Thatcher, qui a été aux affaires de 1979 à 1990, n'ont eu ni son charisme ni sa réussite, que ce soit John Major, Premier ministre de 1990 à 1997, ou les chefs de l'opposition conservatrice William Hague (1997-2001), Iain Duncan Smith (2001-2003) et Michael Howard (2003-2005). Seul David Cameron a su renouer avec le jeune électorat et les classes moyennes « blairiennes », tout en conservant son électorat traditionnel.

Portrait de David Cameron

Né en 1966 dans un milieu fortuné et issu d'une lignée d'aristocrates par sa mère, ancien élève d'Eton et d'Oxford, David Cameron a été membre du gouvernement fantôme de l'opposition conservatrice à partir de juin 2003. Titulaire du portefeuille de l'Éducation, il devient vite une figure importante de la nouvelle génération *tory*. En septembre 2005, il annonce sa décision de poser sa candidature au poste de leader conservateur et de succéder à Michael Howard.

Le 4 octobre 2005, lors du congrès annuel des *tories* à Blackpool, il expose sa vision du parti, fondée sur un conservatisme « moderne et compatissant ». Il reçoit le soutien des anciens leaders *tories* William Hague et Iain Duncan Smith. Au second tour du vote des parlementaires conservateurs, le 20 octobre 2005, Cameron arrive en première position devant David Davis et Liam Fox. Le 6 décembre 2005, les 253 600 militants le choisissent comme leader avec 67,6 % des votes contre 32,3 % à David Davis.

Son ambition est de moderniser le parti et de changer sa culture et son identité. Il dit se situer politiquement au centre et son programme diffère sensiblement du modèle thatchérien s'agissant de la qualité de vie et de la protection sociale.

Le 4 mai 2006, une campagne électorale dynamique lui a permis de donner à son parti 40 % des votes lors d'élections locales.

Les origines du parti conservateur

Le mot « *party* », qui, en anglais, signifie d'abord « groupe », est entré dans l'usage parlementaire au XVIIIe siècle, mais pour désigner à cette époque un groupement informel, une mouvance, et non pas une organisation structurée et militante à l'idéologie marquée.

En 1832, la loi électorale, the *Representation of the People Act,* élargit l'électorat et requiert une mobilisation des électeurs potentiels, à commencer par l'inscription sur les listes électorales, dont s'occupent alors les *registration societies.* L'une d'elles, le Carlton Club, fondé en 1832, est l'ébauche du parti conservateur.

Le mouvement est accentué par la réforme électorale de 1867 qui élargit encore l'électorat. Les *registration societies* deviennent des sections locales, les *constituency parties* (« groupes de circonscription ») réunies au sein de *The National Union of Conservative and Constitutional Associations*, puis dotées d'un organisme central, *The Conservative Central Office*. Les conservateurs ainsi fédérés remportent les élections de 1874.

David Cameron, leader du parti conservateur.

Le parti travailliste

Fondé à la fin du XIXe siècle, le parti travailliste est issu de la « base », en liaison étroite avec le mouvement ouvrier. Résolument socialiste tout au long du XXe siècle et à l'origine de réformes majeures, le parti a dû s'adapter aux contraintes économiques. Le *New Labour* de Tony Blair a marqué une époque, avant l'avènement de Gordon Brown.

Les origines du parti travailliste

- Les devanciers du parti travailliste sont le *Scottish Labour Party* de Keir Hardie (1888) et l'*Independent Labour Party* (1893). La convocation en 1899 par le *Trade Union Congress* d'un congrès rassemblant toutes les tendances des mouvements ouvriers et socialistes débouche sur la création, en 1900, du *Labour Representation Committee*, renommé *The Labour Party* en 1906.
- C'est donc du rapprochement des mouvements syndicalistes et politiques qu'est né le parti travailliste. Ces liens étroits avec le mouvement syndical font la spécificité de l'actuel *Labour*.

Le parti travailliste aujourd'hui

- Le parti travailliste est perçu comme une organisation extraparlementaire ; il est toujours lié au mouvement syndical qui le finance largement. Il est issu de la base alors que le parti conservateur et le parti libéral sont d'origine parlementaire.
- Les membres des syndicats sont adhérents indirects du parti travailliste. Ils sont dix fois plus nombreux que les adhérents directs. Le *National Executive Committee* et le comité exécutif du parti parlementaire définissent la politique du parti.
- Le congrès annuel du parti est son instance de décision. Il est souvent marqué par de vifs affrontements et le chef du parti y est parfois vivement critiqué, comme ce fut le cas pour Tony Blair en 2006. Le rôle des dirigeants syndicaux y est prépondérant. Depuis 1981, c'est un collège électoral qui désigne le chef du parti. Les sections locales disposent de 30 % des voix, ainsi que les députés, et les syndicats de 40 %.

La doctrine du parti travailliste

- De 1918 à 1995, le parti fut résolument socialiste, visant à l'appropriation collective des moyens de production, de distribution et d'échange, selon la *Clause IV* de ses statuts. Les travaillistes n'ont cependant jamais remis en cause le système capitaliste et l'entreprise privée, malgré les nationalisations (1945-1951).
- Suite à l'échec de James Callaghan en 1979, la radicalisation du programme voulue par Michael Foot pour les élections de 1983 se solda par un échec. Recentré par Neil Kinnock, puis par John Smith, le parti travailliste renonça à la *Clause IV* sous la direction de Tony Blair, en avril 1995. Le *Labour Party* renonçait à toute référence marxiste, devenant plus centriste que socialiste.
- Le *New Labour* de Tony Blair, tourné vers le centre, entraîna rapidement l'adhésion des classes moyennes et remporta les élections de 1997.

BREF HISTORIQUE DU PARTI TRAVAILLISTE

Les premiers socialistes britanniques : la *Fabian Society*

La *Fabian Society* a été fondée en 1884 par George Bernard Shaw et Sidney et Beatrice Webb. Ses membres étaient des intellectuels pour qui l'observation des faits économiques conduisait logiquement au socialisme. Son nom, « Fabian », est une allusion à Fabius Cunctator : à la poursuite du socialisme, il faut, à la manière du vainqueur d'Hannibal, adopter une tactique de lutte patiente et tenace jusqu'à la victoire. Rejetant la lutte des classes et la révolution violente, ses membres visaient à réaliser par étapes la suppression de la propriété privée, du capital et des moyens de production. C'était un socialisme mesuré, constitutionnel, démocratique, s'affirmant comme doctrine scientifique, et seule alternative possible au marxisme.

Les gouvernements travaillistes après 1945

Battu aux élections de 1945, Winston Churchill laisse la place au travailliste Clement Attlee. Le nouveau gouvernement instaure l'État-providence (*Welfare State*) et procède à des nationalisations (Banque d'Angleterre, houille, sidérurgie). Mais cette politique conduit à un alourdissement fiscal et à la dévaluation de la livre (1947).

Tony Blair et Gordon Brown, deux travaillistes entre compétition et complicité.

Les conservateurs reviennent au pouvoir de 1952 à 1964 (Churchill, Eden, MacMillan, Douglas-Home). Ils opèrent certaines dénationalisations (sidérurgie) et organisent la défense de la monnaie. Mis en échec en matière de politique extérieure (crise de Suez, bras de fer avec la Rhodésie), ils doivent laisser les travaillistes gouverner à nouveau à partir de 1964, avec Harold Wilson qui renationalise la sidérurgie et libéralise le droit au divorce et à l'avortement. La montée du chômage réveille les conflits sociaux et les conservateurs reviennent aux affaires de 1970 à 1974 avec Edward Heath, qui obtient l'entrée dans la CEE, mais doit affronter les événements d'Irlande du Nord et des difficultés économiques accompagnées de grèves massives (1970-1974).

Les travaillistes avec Harold Wilson puis James Callaghan (1974-1979) ne parviennent pas à juguler le chômage et l'inflation, bien que la situation s'améliore avec le pétrole de la mer du Nord dès 1977. C'est « l'hiver du mécontentement », « *the Winter of Discontent* » (citation du prologue de *Richard III* de W. Shakespeare), qui cause la perte du gouvernement travailliste en 1979.

Le New Labour

Tony Blair, Gordon Brown, Peter Mandelson et Alastair Campbell sont généralement considérés comme les créateurs et les architectes du « *New Labour* » dans les années 1990, partisans d'une évolution vers la social-démocratie nommée « la Troisième voie », « *The Third Way* ». Bénéfique sur un plan électoral, cette orientation plus libérale a rebuté de nombreux membres du parti en se distanciant des idéaux du socialisme, en faveur d'une politique tournée vers le marché. « *Old Labour* » est parfois employé pour décrire les membres plus âgés du parti ou ceux dont les liens avec les syndicats demeurent étroits.

Le parti libéral-démocrate et les autres partis

Héritiers d'une longue lignée de réformateurs modérés, les libéraux-démocrates, « *Lib-Dems* », sont le fruit d'une fusion réussie de libéraux sur le déclin et de travaillistes modérés sécessionnistes. On peut considérer le « *Lib-Dem* » comme le parti centriste dans un système bipolaire.

Les libéraux-démocrates, lointains héritiers *des whigs* du XVIIIe siècle

- Fondé seulement en 1988, le *Liberal Democrat Party* (ou « *Lib-Dem* ») est pourtant l'héritier d'une longue tradition qui remonte à 1833, date de la création du parti libéral, et aux origines mêmes du parti libéral, issu des *whigs* du XVIIIe siècle.
- Le parti libéral fut, au XIXe siècle et jusqu'au début du XXe siècle, le rival du parti conservateur. Les libéraux représentaient les classes moyennes montantes et défendaient le libre-échange.
- C'est avec le libéral Herbert Asquith (1908-1916) qu'apparurent les prémices de l'État-providence. Mais le domaine social devint rapidement l'apanage du parti travailliste, tandis que le libre-échangisme devint le credo des conservateurs. Les libéraux perdirent toute spécificité politique propre et ne sont jamais revenus aux affaires, notamment en raison du mode de scrutin et de la bipolarisation conservateurs/travaillistes qui en découle.

Le« *Lib-Dem* » : de l'alliance à la fusion entre libéraux et sociaux-démocrates

- De 1981 à 1988, les libéraux du *Liberal Party* formèrent une alliance avec les sociaux-démocrates (*Social Democrats*) du parti social-démocrate (*Social Democratic Party, SDP*) fondé après la déroute des travaillistes aux législatives de 1979.
- Malgré une bonne implantation locale, la simple alliance des deux partis aux élections de 1983 et 1987 ne fut guère fructueuse et les dirigeants des deux partis décidèrent de créer le *Social and Liberal Democrat Party* (*SLDP*) en 1988. Conduits par Paddy Ashdown, les libéraux remportèrent des succès dans les élections locales puis aux élections générales de 1997, avec 46 sièges.
- Sous la direction de son nouveau chef Charles Kennedy, le « *Lib-Dem* » a remporté 52 sièges en 2001. Après une alliance de fait avec le *New Labour* de Tony Blair lors de son premier mandat (1997-2001), les libéraux-démocrates, plus européens que les travaillistes et partisans de la représentation proportionnelle, ont cessé d'apporter leur soutien à Tony Blair.

Les autres partis

- Avec la bipolarisation, les nombreux autres partis ne parviennent pas à figurer dans le paysage politique britannique, à l'exception des partis nationaux au Pays de Galles (*Plaid Cymru*), en Écosse (le *Scottish National Party*) et en Irlande du Nord (le *Sinn Féin*).
- Le parti communiste n'a plus eu d'élu depuis 1950. L'extrême droite est représentée par le *National Front*, fondé en 1967, et par le *British National Party*, issu d'une scission au sein du *National Front* en 1982 (0,2 % des suffrages en 2001).

GROS PLAN SUR LE PARTI LIBÉRAL-DÉMOCRATE

Le libéralisme social du parti centriste britannique

Partisan du libéralisme social (*Social Liberalism*), le parti libéral-démocrate n'a pas été fondé sur une doctrine explicite de libéralisme économique, préférant défendre d'une part la justice sociale et l'État-providence bien compris, d'autre part la liberté d'entreprendre et l'économie de marché.

Le parti est divisé en deux factions. Les libéraux sociaux (*Social Liberals*) sont plus proches des idées travaillistes que les libéraux libertaires (*Libertarians* ou *Free-market Liberals*), partisans du libre marché. Ce qui les rassemble est une opposition fondamentale à un pouvoir échappant à tout contrôle (*unaccountable*), qu'il soit de gauche ou de droite.

La défense des libertés civiles

Farouches défenseurs des libertés civiles, les « *Lib-Dems* » sont opposés aux lois antiterroristes les plus autoritaires (la détention sans procès, par exemple). Ils sont contre l'instauration d'une carte d'identité nationale et pour l'emploi de la biométrique dans les passeports seulement. Ils sont favorables aux écoutes téléphoniques et autres moyens d'interception des communications, utilisables comme preuves devant un tribunal jugeant des terroristes. Ils sont opposés aux peines de prison à vie incompressibles (*mandatory life sentence*) mais en faveur du renforcement du pouvoir des juges. Il veulent renforcer les lois luttant contre toutes les discriminations, notamment l'homophobie.

La ligne politique

Le « *Lib-Dem* » est le parti britannique le plus europhile, partisan de l'entrée dans la zone euro. Il est opposé aux restrictions protectionnistes du marché du travail qui seraient imposées aux migrants légaux venus des pays nouveaux membres de l'UE. Il s'est opposé à la participation britannique à la guerre en Irak.

Les libéraux-démocrates sont fédéralistes et soutiennent la décentralisation du pouvoir jusqu'au niveau le plus bas de délégation. En revanche, ils sont aussi des dévolutionnistes unionistes convaincus, opposés à l'indépendance de l'Écosse notamment.

Les « *Lib-Dems* » souhaitent l'adoption de la représentation proportionnelle pour l'élection à la Chambre des communes. Ils sont favorables au remplacement de la Chambre des lords par une chambre élue et sont partisans de réformes importantes pour accroître le contrôle de l'exécutif par le Parlement.

Depuis la conférence du parti en 2006, ils ont renoncé à proposer une augmentation générale des rentrées fiscales à des fins de redistribution, perçue comme une position « *Old Labour* ».

Le poids du parti libéral-démocrate

Le « *Lib-Dem* » est le troisième parti britannique, avec 63 députés élus lors des élections législatives de 2005. Mais il a peu de chances d'accéder au pouvoir, défavorisé par le scrutin uninominal à un tour avec le système du « *first past the post* ». Les libéraux-démocrates réussissent en général mieux dans les élections locales que dans les élections au Parlement européen. Ainsi, alors qu'aux élections locales du 10 juin 2004, la part des suffrages réunis par le « *Lib-Dem* » au plan national était de 29 % (les plaçant au deuxième rang devant le parti travailliste), ils n'ont obtenu que 15 % des voix dans les élections européennes tenues concurremment, ce qui les situait en quatrième position, derrière le *United Kingdom Independence Party*. Le « *Lib-Dem* » s'est allié au parti travailliste au Parlement écossais depuis sa création en 1999, ainsi qu'à la *National Assembly for Wales* de 2001 à 2003.

Le syndicalisme

L'influence des syndicats, nés avec la révolution industrielle, s'est accrue jusqu'aux années 1970. Très affaiblis sous Margaret Thatcher, ils ont retrouvé une certaine influence à la fin des années Blair.

Les années fastes et les années de crise

- Entre 1914 et 1918, le nombre des syndiqués double. La création du système du *shop steward* (le délégué au niveau de l'atelier) renforce le pouvoir des syndicats qui se fédèrent : *Amalgamated Engineering Union* (*AEU*), en 1920, *Transport and General Workers Union* (*TGWU*), en 1921.
- La crise des années 1920 et la décision de réduire les salaires des mineurs et d'augmenter les horaires conduisent à la première grève générale de 1926. Le gouvernement réagit en faisant voter le *Trade Disputes Act* en 1927, interdisant la grève générale.
- Pendant la Seconde Guerre mondiale, les travaillistes participent au gouvernement d'union nationale de Winston Churchill et les syndicats sont associés aux efforts entrepris.
- Le gouvernement travailliste de Clement Attlee (1945) abroge le *Trade Disputes Act* de 1927. De plus en plus puissant, le mouvement syndical devient un interlocuteur essentiel des gouvernements travaillistes, des années 1950 à la fin des années 1970. Les nationalisations et la réduction du temps de travail sont le fruit des revendications du mouvement syndical.

De crise en crise jusqu'aux années Thatcher

- Entre 1970 et 1979, le nombre de journées perdues pour fait de grève atteint 12,9 millions par an, le quadruple des années 1950 et 1960. Le *Trade Union Congress* (*TUC*), confédération des syndicats britanniques reconnue par le *Trade Union Act* de 1871, est devenu un État dans l'État dont la survie des gouvernements dépend. L'opinion publique en vient à attribuer aux excès du *TUC* le déclin de l'économie britannique.
- Les conflits avec les syndicats causent la chute des gouvernements successifs, de gauche (Harold Wilson, 1970 ; James Callaghan, 1979) comme de droite (Edward Heath, 1974). L'action syndicale échappe à tout contrôle. Tant l'*Industrial Relations Act* du gouvernement Heath (1971) que le « contrat social » des gouvernements Wilson et Callaghan échouent.
- La lassitude des citoyens se manifeste aux élections de 1979. La décennie qui suit est marquée par l'âpre confrontation entre la « Dame de fer » et les syndicats sur la défensive. Une série de lois réduit leur influence. La grande grève des mineurs de 1984 échoue.

Les syndicats face à la politique du *New Labour*

- Le retour au pouvoir des travaillistes, avec le *New Labour* de Tony Blair, n'a pas conduit à l'abrogation des lois Thatcher. La *Clause IV* des statuts du *Labour Party* (collectivisation des moyens de production), chère au *TUC*, a été abrogée.
- En revanche, le *TUC* a obtenu la mise en place d'un salaire minimum, entré en vigueur le 1er avril 1999, ainsi qu'une extension des droits des employés et des syndicats au sein des entreprises.

QUELQUES MOMENTS CLÉS DU SYNDICALISME

Les origines des syndicats britanniques

Dès le XVIIe siècle, les artisans s'organisent en sociétés de secours mutuel (*friendly societies*), ancêtres des syndicats. Un coup d'arrêt est donné à ce développement par les *Combination Acts* de 1799 et 1800 qui interdisent toute association (*combination*) entre ouvriers visant une réduction du temps de travail ou une augmentation des salaires. L'abrogation de ces lois en 1824 permet l'émergence des syndicats entre 1820 et 1830. Entre 1850 et 1880, les syndicats (*trade unions*), voués à la défense d'un corps de métier, se multiplient.

Au début des années 1880, des *general unions* voient le jour sous l'influence de la pensée socialiste, pour défendre les intérêts des travailleurs non qualifiés. L'année 1868 est un tournant avec la création du *TUC*. Vite engagé dans la vie politique, le *TUC* engendre la *Labour Representation League* en 1899, puis le *Labour Party* en 1906, financé par les contributions des syndicats, le *political levy*. Des lois renforcent le pouvoir des syndicats. Le *Trade Disputes Act* (1906) interdit aux employeurs d'exiger des dommages et intérêts pour fait de grève et le *Trade Union Act* de 1913 autorise les syndicats à financer un parti politique.

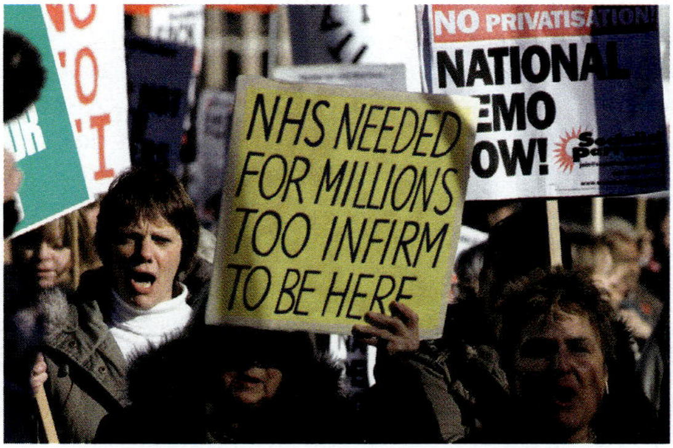

Une manifestation à Londres contre la privatisation du système de santé anglais.

Les syndicats et Mrs Thatcher, the « *Iron Lady* »

– *Employment Act*, 1980 : cette loi interdit notamment la pratique des grèves de solidarité et le *closed shop system* (monopole d'embauche – il faut être affilié au syndicat pour être engagé).

– *Employment Act*, 1984 : élections syndicales à bulletins secrets, droit aux employeurs de poursuivre en justice pour dommages et intérêts en cas de grève illégale – c'est un retour à la situation du début du siècle.

– *Trade Union Act*, 1984 : les responsables des syndicats doivent être élus au scrutin secret.

– *Employment Act*, 1988 : employeur et membres d'un syndicat peuvent exiger qu'un vote ait lieu avant tout mouvement de grève ; les comptes des syndicats peuvent donner lieu à des audits.

– *Employment Act*, 1990 : cette loi marque la mort d'un syndicalisme à l'ancienne en interdisant toute forme de monopole d'embauche ainsi que toutes les grèves de solidarité.

Le *TUC* et Tony Blair

Le *TUC* s'est ouvert à l'Europe. Il s'est engagé en faveur de la monnaie unique et a approuvé la signature par Tony Blair du chapitre social du traité de Maastricht. Néanmoins, les relations des syndicats avec le Premier ministre, favorable à la flexibilité du marché du travail, se sont tendues. Le *TUC* a pris ses distances dans les années 2000-2006 : réduction des contributions au parti travailliste dont le tiers des ressources provient encore du *political levy*, orientation à gauche des nouveaux dirigeants des principaux syndicats de cheminots et fortes pressions lors du congrès du parti travailliste de 2006 pour amener Tony Blair à se retirer, au profit de Gordon Brown, ministre de l'Économie et des Finances.

Le système judiciaire

À la différence de l'Écosse, dont le système ressemble à celui de la France, l'Angleterre, le Pays de Galles et l'Irlande du Nord ont un système judiciaire qui repose sur le droit coutumier. Depuis 1975, le droit communautaire prévaut sur le droit domestique dans certains domaines.

Le droit anglais : origines et spécificité

- Le droit anglais repose sur des textes de loi : le droit coutumier (*common law*), le droit naturel (*equity*) et, depuis 1975, le droit communautaire européen (*Community Law*). Il n'y a ni code civil ni code de procédure criminelle.
- Il y a trois types de textes de loi : les lois ou statuts (*Acts of Parliament*) ; les instruments statutaires (*statutory instruments*), les dispositions législatives et les règlements (*by-laws*) édictés par les collectivités locales.
- Le droit coutumier relève de la coutume et de l'exercice de la raison et du bon sens de la part du juge. Les décisions forment un ensemble de précédents consignés dans les *Law Reports*.
- Le droit communautaire européen prévaut sur le droit domestique (*domestic law*). Le *Human Rights Act* (2000) a ajusté certaines lois pour la protection des droits de l'homme et des libertés fondamentales.

Les juridictions pénales (*criminal*)

- Un délit mineur est jugé devant une *Magistrates' Court*, sans jury. Cela autorise un traitement plus souple et moins onéreux des cas. En 2006, 95 % des affaires criminelles ont été jugés par des *Justices of the Peace* (bénévoles et nommés) devant les 134 *Magistrates'Courts*.
- Un délit majeur est jugé devant la *Crown Court*, avec un jury (*trial by jury*). Il y avait 92 centres où les cours se sont réunies en 2006 (certains juges sont itinérants).
- Tout prévenu est présumé innocent. Plaider coupable (*guilty*) conduit à un procès sans jury. Plaider non coupable (*not guilty*) implique un procès devant un jury (*trial by jury*) qui décidera de la culpabilité du prévenu. Le juge précise les points de droit et prononce la libération (*discharge*) ou la condamnation du prévenu (*fine*, *community service* ou *imprisonment*). L'avocat général (*Counsel for the Prosecution*) est un *barrister*. L'avocat du prévenu, un *barrister* également, procède au contre-interrogatoire des témoins (*cross examination*). Le dernier mot revient toujours à la défense. Les appels sont envoyés devant la *Court of Appeal*.

Les juridictions civiles (*civil*)

Les *Magistrates'Courts* traitent des affaires relatives au droit familial seulement. Seules les *County Courts* peuvent s'occuper des affaires commerciales également. La Haute Cour de justice (*High Court of Justice*) comprend trois sections : la *Chancery Division* s'occupe des grandes affaires économiques et financières, des brevets, des sociétés ; la *Family Division* s'occupe des cas que son appellation suggère ; la *Queen's Bench Division* traite notamment de ce qui relève du droit commun (cas relevant de la cour d'assises en France).

L'ORGANISATION DE LA JUSTICE ET DE LA POLICE

Les hommes de loi (*lawyers*) et le personnel judiciaire

Le rang le moins élevé est celui de *solicitor*, à la fois notaire et avocat (il y en a 82 000). Dans les affaires importantes, le *solicitor* prépare le dossier pour le *barrister* qui va plaider. Parmi les *barristers* (11 000, dont 6 900 exercent en indépendants), on distingue les *Junior Counsels* des *Queen's Counsels* (*QC's* ou *silks* car ils portent une robe de soie et non de laine). Ce dernier titre est prestigieux (il y a moins de 600 *QC's*).

Les juges ont été préalablement *solicitors* ou *barristers* et n'ont pas de formation spécifique. L'indépendance des juges est un principe fondamental et ils sont inamovibles. Depuis l'entrée en vigueur du *Constitutional Reform Act* (2005), les juges sont nommés sur recommandation faite au *Secretary of State for Constitutional Affairs* par une *Judicial Appointments Commission*.

Reposant sur le droit coutumier et relevant de la tradition anglaise de la procédure dite « accusatoire » (le juge est arbitre) – et non pas « inquisitoire », comme en France où le juge a de très larges attributions –, la justice anglaise est en passe d'évoluer vers un modèle plus européen, avec un juge plus proche du modèle français. Une cour suprême sera instituée à compter de 2009, remplaçant la Chambre des lords dans sa fonction de tribunal suprême. La fonction judiciaire du *Lord Chancellor* sera confiée au *President of the Courts of England and Wales*.

La police

C'est le ministre de l'Intérieur (*Home Secretary*) qui est en charge de la police, mais la sécurité publique est une compétence locale.

À Londres, la police est assurée par la *Metropolitan Police Force*, dirigée par le *Metropolitan Commissioner* (nommé par le ministre), et par la *City of London Force*.

Dans le reste du Royaume-Uni, les 43 *Police Authorities* administrent les *Police Forces* et sont placées sous l'autorité de conseillers locaux et de magistrats. Elles nomment un *chief constable* à la tête de la police locale, assisté d'un *deputy chief constable* et d'*assistant chief constables*. Chaque *Police Force* a un *Criminal Investigation Department* (*CID*), l'équivalent du FBI aux États-Unis. Les domaines de responsabilité des *Police Forces* sont définis par le *Police Act* de 1996.

New Scotland Yard, seule autorité nationale de police intérieure en Grande-Bretagne, a des attributions à la fois de police judiciaire et de sûreté du territoire. L'*Intelligence Service*, avec ses divisions MI5 et MI6, a charge de la sécurité extérieure.

La notion de jurisprudence

La jurisprudence établie par la coutume et les précédents judiciaires est mise en application par les tribunaux. Ainsi, une décision judiciaire prise pour un cas particulier constitue-t-elle un précédent pour les cas à venir du même ordre.

Bien que non écrit en tant que tel, le droit coutumier a « la force requérante du précédent » (« *the binding force of precedent* »).

Cependant, un précédent, s'il peut modifier la loi, peut aussi être cassé par un tribunal de juridiction supérieure (ou même équivalente) ou bien encore par une loi.

Le système éducatif

Depuis 1979, la démocratisation du système éducatif des travaillistes a été infléchie par la politique élitiste des conservateurs. Le *New Labour* a tenté de concilier recherche d'efficacité et aide aux zones défavorisées.

L'évolution du système éducatif britannique

De 1944 à 1965, il y a eu trois types d'écoles secondaires (après l'école maternelle [*Nursery Schools*] non obligatoire et la primaire) : les *Grammar Schools*, pour les meilleurs élèves du primaire ayant réussi l'« *Eleven plus* » (tests de logique et d'aptitude verbale) ; les *Secondary Modern Schools* et les *Technical* (ou *Vocational*) *Schools*.

En 1965, le gouvernement travailliste institue les *Comprehensive Schools*, « lycées uniques », et supprime la sélection. Le retour au pouvoir des conservateurs en 1970 met un frein à cette politique.

Centralisation et évaluation sous Margaret Thatcher

En 1988, l'*Education Reform Act*, dit « *Baker Act* », met en place un *national curriculum* (programme national) à effet centralisateur. Dans les établissements d'État, on évalue les élèves à 7, 11, 14 et 16 ans au moyen de tableaux statistiques (*league tables*). Les données sont centralisées et exploitées. La *National Union of Teachers* (*NUT*) s'oppose à cette réforme.

Les ministres de l'Éducation de Tony Blair, David Blunkett de 1997 à 2001, puis Charles Clark, poursuivent une politique analogue, dessaisissant les *Local Education Authorities* (*LEAs*) de la gestion des établissements jugés les moins efficaces, licenciant les enseignants incompétents et instituant la rémunération au mérite. Par ailleurs, 25 zones d'action éducative (*Education Action Zones*) sont mises en place en 1998 dans les quartiers défavorisés (programmes allégés et gestion des établissements par les *LEAs* et des entreprises privées).

Afin d'améliorer le niveau de l'enseignement secondaire, le gouvernement de Tony Blair crée les « *City Academies* », écoles d'État indépendantes des *LEAs*, parrainées par certaines *Independent Schools* et subventionnées par des entreprises et des associations caritatives. En 2007, David Cameron, chef de l'opposition conservatrice, se prononçait en faveur des *City Academies*. L'enseignement supérieur est d'un accès plus difficile qu'en France.

L'enseignement primaire, secondaire et universitaire actuel

Les *Nursery Schools* sont moins répandues qu'en France. La scolarisation commence vraiment à l'âge de 5 ans, avec l'école primaire.
Dans le secondaire, 85 % des établissements sont des « *comprehensives* », pour environ 4 millions d'élèves. Il existe 2 400 écoles privées au Royaume-Uni, appelées aujourd'hui « *Independent Schools* », avec 620 000 élèves (primaire et secondaire).
L'enseignement supérieur se répartit entre les universités et les *Colleges of Higher Education*.

Les enseignants ne sont pas recrutés sur concours national. Les candidats à un poste vacant doivent avoir une licence ainsi qu'un diplôme professionnel, le *Post Graduate Certificate in Education*, obtenu dans un *Teacher Training College*.

ENTRE ÉLITISME ET OUVERTURE

Des origines à nos jours

Oxford, 1240, et Cambridge, 1275, sont les deux plus anciennes universités. De la Réforme (1634) jusqu'au XIXe siècle, il fallait être anglican pour y accéder. Elles fournissent au pays ses élites politiques. D'autres universités ont vu le jour au XIXe siècle, avec Durham en 1832, puis Londres en 1836, mais ce n'est qu'après 1945 que l'enseignement supérieur britannique s'est développé, avec la création d'universités régionales, puis avec la transformation des *Polytechnics* (créés par les travaillistes en 1960, proches des IUT français) en universités (*Further and Higher Education Act*, 1992). Avec cette loi, le nombre d'établissements à statut universitaire a été porté à 85. Les *Colleges of Higher Education* dispensent un enseignement jusqu'au niveau de la licence et sont plus faciles d'accès que les universités. Celles-ci sont financées directement par le *University Funding Council* et par leurs ressources propres.

L'accès à l'enseignement supérieur

L'obtention du *GCSE, A Level* (*General Certificate of Secondary Education*, *Advanced Level*), équivalent du baccalauréat français, ne suffit pas pour être admis dans l'université de son choix, et une sélection est effectuée par le *Universities and Colleges Admissions Service* qui statue sur chaque cas. Les droits d'inscription sont élevés, 1125 £ en moyenne en 2004, en augmentation mais plafonné à 3 000 £. Les étudiants doivent le plus souvent recourir à des prêts pour compléter les bourses dont le montant est plafonné (système de prêts mis en place en 1990 avec l'*Education Students Loans Act*). Mais une politique volontariste a été conduite depuis 15 ans et l'objectif assigné par Tony Blair était de voir l'enseignement supérieur concerner la moitié de la classe d'âge des 18-30 ans en 2010.

Les grandes « *Public Schools* »

Les plus prestigieuses écoles privées, les « *Public Schools* » (au nombre de 250 environ), sont les plus anciennes ; 7 % des élèves y sont scolarisés. Le coût de l'enseignement y est très élevé (plus de 10 000 livres par an, 18 000 £ à Winchester en 2002). Elles ne sont pas assujetties au programme national et ne sont ni financées ni contrôlées par le ministère ou les autorités locales (*Local Education Authorities*, *LEAs*).

Les neuf plus célèbres, les « *Clarendon Nine* », sont Winchester (1382), Eton (1440), St Paul's (1509), Shrewsbury (1552), Westminster (1560), The Merchant Taylors'1552), Rugby (1567), Harrow (1571), Charterhouse (1611). On y étudie de 13 à 18 ans et l'on n'y entre qu'après un examen préparé dans les « *Independent Preparatory Schools* » (de 11 à 13 ans). On dit qu'elles sont appelées « *public* » parce que l'on y acceptait des élèves venus de toute l'Angleterre.

Élèves d'Eton.

La religion : bref historique

Les îles Britanniques ont été christianisées au VIe siècle. Le catholicisme, supplanté par l'anglicanisme issu de la rupture avec Rome, a été marginalisé, ses membres étant exclus de la vie publique jusqu'en 1829. Les Églises réformées se sont multipliées.

Du catholicisme à l'anglicanisme

- Catholique jusqu'au début du XVIe siècle, l'Angleterre échappe à l'influence de Rome sous Henri VIII (1509-1547). Après le refus du pape d'annuler son mariage avec Catherine d'Aragon, le roi rompt avec Rome. Il devient chef suprême de l'Église d'Angleterre (*Act of Supremacy*, 1534).
- Les tentatives de Marie Ire (1553-1558) pour restaurer le catholicisme échouent. Le règne d'Élisabeth Ire (1558-1603) est marqué par le renforcement de l'anglicanisme avec l'adoption des *39 Articles* en 1563. Au début du XVIIe siècle, sous Jacques Ier (1603-1625), paraît en anglais moderne la *Version autorisée de la Bible* (*The Authorised Version of the Bible*, 1611).

L'Église d'Angleterre, les puritains et les Églises réformées

- Faction apparue au sein de l'Église d'Angleterre à la fin du XVIe siècle, les puritains voulaient se démarquer davantage de Rome, en renonçant notamment à la structure épiscopale de l'Église. La répression de ce mouvement conduisit aux guerres civiles des années 1640 et à la République puritaine d'Oliver Cromwell (1653-1660). La monarchie fut restaurée en 1660 et l'Église d'Angleterre épiscopale, dirigée par des évêques sous l'autorité de deux archevêques, fut rétablie.
- La Restauration marqua le retour à une politique de persécution et d'exclusion dont les victimes les plus célèbres furent les *quakers* George Fox et William Penn. C'est de cette époque que date la scission des protestants anglais entre les anglicans et les Églises appelées successivement « dissidentes » (*Dissenters*), « non conformistes » (*Non conformist*) ou « libres » (*Free*). Les catholiques, quant à eux, étaient privés de tout droit civique, l'Église catholique « papiste » ayant été dissoute dans les années 1530.

De la Glorieuse Révolution au XIXe siècle

- Le *Test Act* de 1673 contraint toute personne voulant exercer une fonction publique à prêter serment d'allégeance au roi, chef de l'Église d'Angleterre. Catholiques et non-conformistes sont ainsi écartés des fonctions officielles.
- La législation anticatholique est abrogée par Jacques II (*Toleration Act*, 1687) mais la Glorieuse Révolution de 1688, « *pro religione protestante, pro libero parlamento* », marque le retour en vigueur du *Test Act*.
- Après l'édit de Tolérance de 1689, la situation des dissidents s'améliore mais rien ne change pour les catholiques. Ce n'est qu'en 1828 que les non-conformistes recouvrent leurs droits politiques. Le *Roman Catholic Relief Act* de 1829 émancipe les catholiques.

L'ÉGLISE ANGLICANE

Les origines de l'Église d'Angleterre

L'Église anglicane est l'Église établie d'Angleterre. Le souverain d'Angleterre en est le chef (il nomme les évêques sur proposition du Premier ministre). L'Église anglicane est née avec l'Acte de Suprématie (*Act of Supremacy*) de 1534 qui, en proclamant Henri VIII chef suprême de l'Église, imposait la rupture avec l'Église catholique romaine.

En 1563, les archevêques et les évêques adoptent les *Trente-Neuf Articles* (*XXXIX Articles*) qui définissent en détail la doctrine de l'Église d'Angleterre. Seuls deux sacrements sont reconnus : le baptême et la communion (eucharistie). La transsubstantiation est niée. Les prêtres ne sont pas astreints au célibat. Le culte des saints est considéré comme frivole. Les services religieux doivent être conduits dans une langue comprise par le peuple, d'où l'importance également des traductions de la Bible. Les plus connues sont celles de Tyndale (1534), au vocabulaire simple et à la syntaxe puissante, et celle commanditée par Jacques Ier, appelée « *The Authorised Version* » ou « *King James's Bible* » (1611), nouvelle traduction en anglais moderne.

La cathédrale de Canterbury, dans le Kent. L'archevêque de Canterbury est le chef de l'Église anglicane.

High Church and Low Church

L'Église anglicane est divisée en deux tendances : la *High Church* (Haute Église), qui insiste sur le rôle de l'institution ecclésiastique et reste proche des rites et des sacrements catholiques, et la *Low Church* (Basse Église), qui prône une religion intérieure et personnelle, et a subi l'influence des luthériens et des calvinistes.

Les anglicans de la Basse Église sont eux plus proches par le rituel et l'esprit des non-conformistes appartenant aux Églises libres. Ils sont majoritairement favorables au ministère féminin.

L'Église d'Angleterre a conservé la hiérarchie épiscopale de l'Église catholique (rejetée par les protestants) et adopté la théologie des Églises protestantes. C'est cette dualité qui fait que l'Église anglicane est perçue comme un trait d'union, une *via media*.

Le « *disestablishment* »

En 1869, l'Église d'Angleterre est « désétablie » (*disestablished*) en Irlande, c'est-à-dire qu'elle n'est plus religion d'État. En 1914, l'Église d'Angleterre est « désétablie » au Pays de Galles.

L'Église et la société

Durant le XIXe siècle, l'Église anglicane, très liée aux *tories* conservateurs, est coupée des masses populaires. Quant aux descendants des puritains, désormais nommés « non-conformistes », ils appartiennent aux classes moyennes. Ce sont alors les nouvelles « sectes », tels les méthodistes, qui s'attachent à soulager la misère matérielle et morale d'un monde ouvrier délaissé par les Églises traditionnelles.

La religion aujourd'hui

Il n'y a pas de séparation de l'Église et de l'État en Grande-Bretagne. L'anglicanisme est la religion d'État, mais la tolérance prévaut aujourd'hui dans une société britannique multiconfessionnelle.

La religion anglicane, religion d'État

L'anglicanisme est la religion d'État et le souverain est le chef de l'Église d'Angleterre. L'archevêque de Canterbury est le primat de toute l'Angleterre. Les deux archevêques de Canterbury et d'York siègent à la Chambre des lords, de même que 21 autres hauts dignitaires religieux, dont le grand rabbin nommé pair du royaume en 1990.

Les diverses Églises chrétiennes

- Les Églises libres (*the Free Churches*) sont les Églises protestantes qui ne jouissent pas du statut d'Église établie. Les principales sont *The Methodist Church*, *The United Reformed Church* et le groupe des familles baptistes. Les méthodistes sont issus de l'Église anglicane, qu'ils ont quittée au XVIIIe siècle. Les autres confessions descendent des non-conformistes des XVIIIe et XIXe siècles, eux-mêmes issus des dissidents puritains du XVIIe siècle (*Dissenters*).
- Les catholiques représentent 1/10e des chrétiens britanniques, avec 40 % de catholiques en Irlande du Nord. Les Églises chrétiennes sont rassemblées au sein du *Council of Churches for Britain*, créé en 1990. En 1988, le Synode général a institué l'ordination des femmes.

Les autres religions

- Elles regroupent un nombre relativement limité de fidèles et sont marquées par l'évolution du contexte politique international dans le cas du judaïsme et de l'islam.
- Expulsée en 1290, revenue en 1650 sous Cromwell, la communauté juive, dont les deux tiers des membres vivent à Londres, est la deuxième d'Europe après la France.
- L'islam s'est implanté après la Seconde Guerre mondiale avec l'immigration pakistanaise. Il y a environ 2 millions de musulmans en Grande-Bretagne, concentrés dans les zones urbaines, essentiellement à Londres et dans les villes du Nord (Midlands). Le communautarisme s'est accentué, observable dans le port du voile et dans le succès des écoles confessionnelles.
- D'autres communautés religieuses bien intégrées, comme les Hindous et les Sikhs, rassemblent un nombre non négligeable de croyants.

La place de la religion aujourd'hui

Si le nombre de chrétiens pratiquants décline, alors que celui des musulmans croît régulièrement, la religion est toujours très présente dans la société britannique. Ainsi, l'éducation religieuse fait-elle partie intégrante du programme pour tous les élèves. La loi impose un acte de dévotion collective lors de chaque assemblée du matin (*assembly*), souvent multiconfessionnelle, qui inaugure la journée dans toutes les écoles britanniques, tout en donnant la possibilité aux parents de soustraire leurs enfants à l'éducation religieuse.

LA DIVERSITÉ DES RELIGIONS ET DES ÉGLISES EN GRANDE-BRETAGNE

Les religions dans le Royaume-Uni (recensement de 2001)

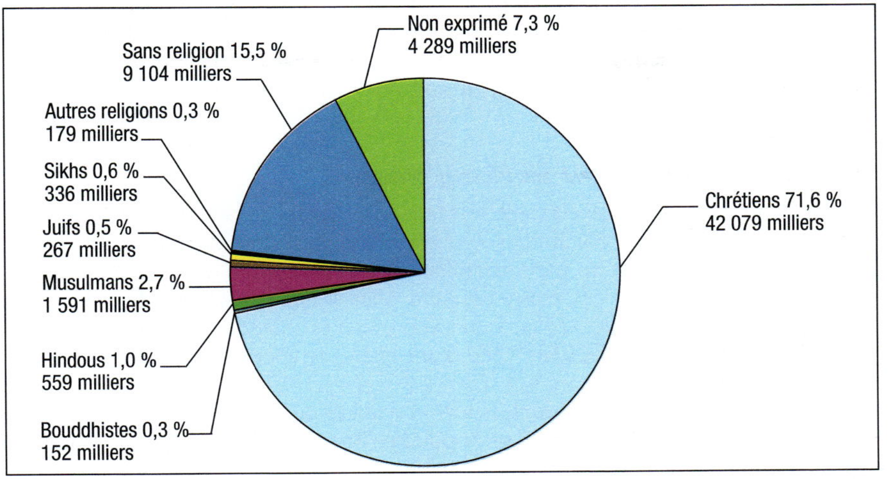

Membres d'une communauté religieuse (en millions)

Années	1975	1985	1995	2000
Chrétiens (Trinitariens)	40,2	39,1	38,1	37,5
Non-trinitariens	0,7	1,0	1,3	1,3
Musulmans	0,4	0,9	1,2	1,4
Juifs	0,4	0,3	0,3	0,3
Hindous	0,3	0,4	0,4	0,5
Sikhs	0,2	0,3	0,6	0,6
Autres	0,1	0,3	0,3	0,4
Total	**42,3**	**42,3**	**42,2**	**42,2**

Whitaker's Concise Almanack 2007.

NB : trinitariens : qui croient au dogme et mystère du Dieu unique en trois personnes coexistantes, consubstantielles, coéternelles, le dogme de la Trinité (le Père, le Fils, le Saint-Esprit).

Les Églises libres (*Free Churches*)

Ce sont les Églises protestantes que l'État ne reconnaît pas officiellement (« *non-established* »). Elles comprennent :

– l'Église méthodiste, issue de la séparation officielle de l'Église méthodiste et de l'Église d'Angleterre en 1795 ; cette rupture est parfois qualifiée de « second schisme », le premier étant la rupture avec Rome en 1534 ; l'Église méthodiste accorde une importance toute particulière au travail d'évangélisation ; elle est aujourd'hui très engagée dans le mouvement œcuménique ;

– les Églises baptistes, apparues au XVIIe siècle ; les baptistes estiment que le baptême doit être réservé aux croyants ayant atteint l'âge de raison ;

– les autres Églises protestantes, très nombreuses, comptant parmi elles : l'Armée du Salut (*The Salvation Army*), les quakers (*The Religious Society of Friends*), les unitariens (*Unitarians*), les pentecôtistes (*Pentecostal*), en fort développement avec les Églises pentecôtistes noires.

Les classes sociales

La notion de classe moyenne est apparue à la fin du XVIIIe siècle, celle de classe ouvrière au début du XIXe siècle, avec la révolution industrielle. L'aristocratie a conservé des moyens considérables mais a été dessaisie de son pouvoir politique.

La classe ouvrière, « *the working class* »

Issue de la révolution industrielle, elle se caractérise, outre sa position économique, par un mode de vie et des valeurs communes exprimées politiquement par l'adhésion au syndicalisme et le soutien apporté au parti travailliste. Un clivage entre ouvriers et dirigeants, le « *them and us* » des années 1950, existe toujours. Mais si une conscience de classe (*class consciousness*) existe bien chez les ouvriers que Ken Loach évoque dans ses films, l'existence d'un vote ouvrier conservateur dément l'idée d'une classe ouvrière soudée derrière le parti travailliste.

Des habitudes culturelles perdurent, autour d'activités de loisir (le pub, le football, les jeux comme le bingo, les paris). La presse populaire (*The Daily Mirror*, *The Sun*) exploite et entretient les valeurs de son lectorat de base.

Mais les changements économiques ont conduit à un effritement des emplois dans le secteur secondaire au profit du tertiaire, et le monde ouvrier ne représente plus que 40 % des actifs contre 60 % dans les années 1960.

Les classes moyennes, « *the middle class* »

En revanche, il n'y a pas de conscience de classe collective des classes moyennes, ensemble composite de niveaux professionnels allant du contremaître au cadre supérieur. On distingue « *lower middle class* » (« classe moyenne ») et « *upper middle class* », terme qui désigne les chefs d'entreprise, les professions libérales (*the professions*), les hauts fonctionnaires (*senior civil servants*). Habitat, mode de vie et loisirs sont évidemment en rapport avec cette appartenance, avec des revenus et une situation fiscale très favorables par rapport à la France.

La mobilité sociale (*upward mobility*) liée à la méritocratie thatchérienne (*meritocracy*), existe bien, mais on observe un retour de la grande pauvreté et la difficulté d'intégration des immigrés.

Le sommet de la pyramide sociale, « *the upper class* »

La « classe supérieure » inclut l'aristocratie. La société britannique tient sa singularité de l'existence d'une aristocratie dont le poids économique et l'influence restent considérables, malgré la réforme de la Chambre des lords en 1999. Les aristocrates britanniques sont les plus gros propriétaires fonciers du Royaume-Uni et certains, comme le duc de Westminster, possèdent des quartiers entiers de Londres.

L'accès à la pairie, signalé par les titres « *Sir* » et « *Lord* », est la plus haute marque de reconnaissance publique. Ainsi, Norman Foster, le célèbre architecte, est-il devenu Lord Foster of Thames Bank.

UNE SOCIÉTÉ COUPÉE EN DEUX

Une société de classes

Le fondement libéral de la société britannique en fait une société de classes et un fort clivage existe entre les possédants et les autres. Les premiers, « *the haves* », représentent une part croissante de la population, passée de 10 % en 1911 à 30 % dans les années 1990. Leurs revenus viennent de la propriété, de l'investissement, de la rente, beaucoup moins des salaires. Ce groupe social nanti, d'une très grande hétérogénéité, est dominé par l'aristocratie foncière. Il dispose statistiquement d'un revenu mensuel net d'un minimum de 3 000 € pour un couple sans enfant.

Les « *have nots* », majoritaires, sont salariés et souvent peu qualifiés. Ils disposent en moyenne d'un revenu mensuel net de 2 000 € pour un couple élevant deux enfants. Mais 20 % des ménages britanniques de quatre personnes n'ont que 1 200 € par mois pour vivre : parmi eux, on trouve de nombreux immigrants. Les femmes actives seules ou élevant seules leurs enfants, peu qualifiées, perçoivent, avec les chômeurs, les plus faibles revenus.

Ces fortes divisions sociales ont augmenté depuis 20 ans. Pas plus que l'estimation du revenu médian à 13 500 € par an (février 2007), le faible taux de chômage (4,5 % environ) ne peut masquer les bas salaires, la précarité de certains emplois et la cherté de la vie. Les enfants et les jeunes sont particulièrement affectés par cette situation.

Les très riches et les très pauvres

D'un côté, les « *landlords* », grands propriétaires fonciers d'immenses domaines allant de 3 000 à plus de 30 000 hectares, et « *the service class* », une nouvelle classe dirigeante exerce son pouvoir sur un espace urbain qu'elle délaisse ou bien, au contraire, qu'elle s'approprie par le biais de la « *gentryfication* », avec la réhabilitation de quartiers entiers.

De l'autre côté, les laissés pour compte, chômeurs, mères célibataires, immigrés de couleur, forment une « *underclass* » de 5 millions de personnes (sur 60 millions) peu intégrable au marché du travail et dépendante des aides publiques, et dont le nombre a doublé en 25 ans.

La polarisation sociale

On l'observe au niveau des régions. L'Irlande du Nord compte un tiers des chômeurs du Royaume-Uni, la vallée de la Mersey connaît un chômage et une exclusion sociale parmi les plus élevés d'Europe, alors que le Sud-Est (la *Golden Belt*) est la région la plus favorisée.

Elle est aussi très marquée dans les grandes villes. La région londonienne est la plus riche et la plus active du Royaume-Uni et d'Europe. C'est aussi la ville où la prospérité contraste avec la misère urbaine et l'exclusion. La polarisation sociale y est extrême puisque parmi les 33 *boroughs* que compte Londres, certains, dans l'*Inner* comme dans l'*Outer London*, sont les plus riches de Grande-Bretagne, alors que 20 % d'entre eux sont parmi les 10 % les plus déshérités d'Angleterre. Le chômage dans l'*Inner London* est deux fois plus élevé que la moyenne nationale et touche surtout les minorités ethniques.

Les « *inner cities* » et les périphéries urbaines

Les villes internes (*inner cities*) deviennent le lieu de la pauvreté avec une population de locataires peu mobiles, souvent sans véhicule individuel, et comptant de faibles revenus par ménage. En revanche, les périphéries urbaines parfois lointaines sont les zones d'élection des Britanniques mobiles, aisés, en ascension sociale, travaillant en ville et vivant en réseaux tout en protégeant leur *backyard* (leur « pré carré », leur « chez soi »), d'où le néologisme « *nimby* », « *not in my backyard* ». Il y a aussi une pauvreté rurale éloignée, notamment en Écosse et au Pays de Galles.

Diversité ethnique et immigration

La société britannique est caractérisée par une grande diversité ethnique. La législation a conduit à un ralentissement de l'immigration et les immigrés du nouveau Commonwealth jouissent de conditions de vie très variables.

Les origines de la diversité ethnique dans une terre d'accueil

- Les immigrants ont été des huguenots français (XVIIe siècle), des Irlandais, des juifs ashkénazes fuyant les pogroms de Russie (XIXe siècle), des réfugiés politiques fuyant l'Allemagne nazie, des Polonais (entre-deux-guerres).
- Les immigrants de la fin des années 1950 sont venus des pays du nouveau Commonwealth : Antillais venus des Caraïbes, Noirs africains d'Afrique de l'Est (Kenya, Tanzanie, Zambie) et de l'Ouest (Liberia, Ghana, Nigeria), *Asian Britons* ou *Asians* (« Asiatiques ») comprenant des Indiens, des Pakistanais, des Bangladais, des Chinois de Chine.
- La population musulmane est essentiellement d'origine pakistanaise et bangladaise. Elle est installée dans les *inner cities* de Londres, les villes industrielles des Midlands, les cités textiles du Lancashire, du Yorkshire et de la région de Strathclyde. Avec 1,6 million de personnes en 2001, c'est la minorité religieuse la plus importante en Grande-Bretagne.

Immigration et législation restrictive

- Venus du nouveau Commonwealth, les immigrés bénéficièrent d'abord des dispositions très favorables du *British Nationality Act* de 1948, qui faisait un sujet britannique de tout citoyen du Commonwealth. Dès 1962 toutefois, il fallait justifier d'un permis de travail pour avoir le droit de s'installer au Royaume-Uni (*Commonwealth Immigration Act*, 1962). De nouvelles restrictions furent introduites en 1968, mais le tournant intervint en 1971 : l'*Immigration Act* assimilait en effet les ressortissants du Commonwealth à des étrangers, à de rares exceptions près, concernant notamment l'Inde.
- La loi sur la nationalité britannique (*British Nationality Act*) de 1981 aboutit à resteindre davantage l'accès à la pleine citoyenneté permettant de séjourner sans limite, de travailler et de bénéficier de tous les droits civiques.

Politique sélective et repli communautariste

- Depuis quelques années, l'augmentation du nombre des demandeurs d'asile (110 000 en 2002, soit une augmentation de 20 % en un an) a conduit à une politique de plus en plus restrictive. Le *Nationality, Immigration and Asylum Act* de 2002 a restreint les droits des demandeurs d'asile.
- Depuis avril 2004, les personnes qui acquièrent la nationalité britannique (environ 100 000 par an) prennent part à des cérémonies civiques d'intégration (*citizenship ceremonies*).
- Le renforcement du communautarisme chez les musulmans britanniques est lié aux tensions nées des attentats du 11 septembre 2001 à New York et du 7 juillet 2005 à Londres.

DIVERSITÉ ETHNIQUE ET SOCIÉTÉ

La situation économique des minorités

Alors que, pour des raisons culturelles qui facilitent leur intégration, les immigrants d'origine indienne et chinoise réussissent assez bien, la situation des immigrés originaires du Bangladesh, du Pakistan ou des Caraïbes est plus précaire. Plus touchés par le chômage que les autres groupes ethniques et *a fortiori* que les Britanniques de souche, ils sont logés dans des *council estates* (équivalent des HLM) souvent vétustes. Ainsi, les Jamaïcains sont largement concentrés dans les quartiers les plus délabrés des centres-villes, les *inner cities*, où éclatèrent de violentes émeutes raciales dans les années 1980. Si l'accès à la propriété et à l'éducation des minorités avait nettement progressé, plus d'une victime d'acte criminel sur dix estimait en 2001 être l'objet d'une agression raciste.

La polarisation culturelle dans Londres

Les quartiers (*boroughs*) formant la couronne de l'*Outer London* comme ceux de l'*Inner London* sont très nettement ségrégatifs. La population indienne est concentrée dans le *West Outer London* (Harrow, Brent, Ealing, Hounslow). Les Pakistanais se regroupent dans l'East End, connu pour sa pauvreté dès le XIXe siècle (Newham, Waltham, Redbridge). Les Noirs d'Afrique et des Caraïbes vivent plus au centre, sur la rive droite de la Tamise (Lambeth, Southwark, Lewisham). Les Chinois sont sur la rive gauche (Westminster). Les Irlandais sont majoritaires dans le *borough* de Brent (Kilburn).

Plus de la moitié de la population du *borough* de Tower Hamlets, au centre de Londres, est originaire du Bangladesh, notamment dans le quartier de Spitalfields. C'est l'un des quartiers les plus déhérités de la ville (chômage, crise du logement, délinquance juvénile).

La lutte contre la discrimination raciale

Le *Race Relations Act*, voté en 1965, instituait dans le droit anglais le délit d'incitation à la haine raciale et interdisait toute discrimination à l'embauche. Mais cette loi s'avéra insuffisante et deux autres *Race Relations Acts* furent votés (1968 et 1976) pour que le champ des discriminations possibles soit pris en compte. La *Commission for Racial Equality*, mise en place par le *Race Relations Act* de 1976, aide au financement de 93 *racial equality councils*. Elle dispose de pouvoirs d'enquête pour établir la réalité des pratiques discriminatoires.

Quelques données statistiques sur les minorités ethniques

En 2001, la population britannique comprenait 3,7 millions de personnes appartenant à des minorités ethniques, soit 7 % de la population (la moitié née au Royaume-Uni). Un Britannique noir ou asiatique sur deux était âgé de moins de 25 ans et 41 % des Bangladais avaient moins de 16 ans. L'âge moyen de la population des minorités ethniques était de 27 ans.

La plupart des membres de minorités ethniques se marient au sein de leur communauté et seul un couple sur cent est interethnique. Deux personnes âgées d'origine asiatique (*Asian*) sur trois vivent avec leurs enfants adultes, contre une sur dix dans la population blanche.

Le pourcentage de femmes de minorités ethniques qui portent habituellement les tenues de leur pays d'origine est de 85 % pour les Bangladaises, 79 % pour les Pakistanaises, 43 % pour les Indiennes, 27 % pour les *Asians* d'origine africaine.

Les communautés du sous-continent indien vivent souvent dans le cadre de familles élargies (*extended families*) et ont en général plus d'enfants (2001 : foyers bangladais : 4,7 enfants par famille ; 4,2 pour les Pakistanais).

Le féminisme en Grande-Bretagne

Le statut de la femme commence à évoluer au XIXe siècle. Le combat des « suffragettes » est couronné de succès en 1918. Les années 1960-1970 voient une avancée sensible de la législation en faveur des femmes et en 1979, une femme, Margaret Thatcher, devient Premier ministre.

Les précurseurs du mouvement féministe

- En 1792, Mary Wollstonecraft fait paraître un ouvrage intitulé *Vindication of the Rights of Woman* (Défense des droits de la femme), ouvrage qui développe l'idée d'égalité entre les hommes et les femmes.
- Le mouvement féministe naît au Royaume-Uni en 1867 avec la création de la *London's Society of Women's Suffrage*, association qui veut promouvoir le droit de vote des femmes. Des intellectuels comme John Stuart Mill les soutiennent (*On The Subjection of Women*, 1865).

Vers le suffrage universel et la reconnaissance économique et politique

- En 1897, Millicent Fawcett fonde *The National Union of Women's Suffrage* pour l'obtention du droit de vote pour les femmes. En 1903, animée des mêmes intentions, Emmeline Pankhurst crée, avec ses deux filles Christabel et Sylvia, *The Women's Social and Political Union*, *WSPU*. Ces militantes déterminées seront plus tard nommées ironiquement « suffragettes » dans un numéro du *Daily Mail*, paru en 1906.
- Le mouvement pratique un activisme audacieux, controversé et parfois violent entre 1903 et 1917. Durant la Première Guerre mondiale, les femmes occupent avec succès des emplois traditionnellement masculins et leur image s'en trouve modifiée.
- En 1918, le Parlement vote *The Representation of the People Act*, loi accordant le droit de vote aux femmes de plus de 30 ans, sous certaines conditions. Les femmes devront attendre 1928 pour obtenir la parité avec les hommes.

Les femmes dans la société britannique contemporaine

- En Grande-Bretagne, l'objectif du féminisme est passé de la volonté de transformer les lois à celle de faire évoluer les mentalités. De protectrices et sociales au début du siècle, les lois touchant aux femmes sont devenues égalitaires puis, avec la loi de 1975 contre la discrimination, elles tendent à réformer les mœurs.
- Les années 1960-1970 sont décisives dans l'évolution de la législation en faveur des femmes, avec le vote de lois relatives à la légalisation de l'avortement, à l'obtention du divorce, à la parité des salaires, à l'illégalité de toute discrimination dans l'éducation, l'emploi, le logement.
- En 1979, Margaret Thatcher devient la première femme Premier ministre et, en 1988, l'assemblée des évêques de l'Église anglicane adopte le principe des femmes prêtres.
- C'est par le travail que la femme britannique a commencé à combler le fossé qui la séparait de l'homme. Néanmoins, les inégalités subsistent dans le travail, illustrées par l'image du *glass ceiling* (le « plafond de verre »), évocatrice d'une promotion problématique.

LA DÉFENSE DE LA CAUSE DES FEMMES

Mary Wollstonecraft (1759-1797)

Femme de lettres et féministe anglaise, Mary Wollstonecraft est surtout connue pour son pamphlet contre la société patriarcale de son temps paru en 1792, *Vindication of the Rights of Woman*. Elle rapproche et oppose l'exploitation dont sont victimes les femmes les plus pauvres, contraintes au travail salarié ou à la prostitution, au sort des jeunes femmes de la petite et de la moyenne bourgeoisie privées de toutes perspectives professionnelles par les préjugés et le défaut d'éducation et réduites à faire un beau parti.

Les suffragettes : un combat acharné pour l'égalité

En 1905, Christabel et Annie Kenney sont arrêtées pour avoir crié des slogans en faveur du vote féminin lors d'une réunion politique du parti libéral. Elles choisissent l'incarcération au lieu de payer une amende. C'est le début d'une série d'arrestations suscitant la sympathie du public pour les suffragettes. Celles-ci s'en prennent à des symboles de la suprématie masculine (un terrain de golf réservé aux hommes, par exemple).

Des grèves de la faim suivent dans les prisons. Le gouvernement répond sans succès avec la loi surnommée *The Cat and Mouse Act*, officiellement *The Prisoners' Temporary Discharge for Ill Health Act* (1913), qui permet l'élargissement d'une détenue dont l'état de santé est jugé sérieux, puis sa réincarcération une fois qu'elle est hors de danger.

Le combat des suffragettes fera souvent la une des quotidiens, notamment en 1913 lorsque Emily Davison est mortellement blessée en tentant d'arrêter le cheval du roi Édouard VII lors d'une réunion hippique.

La législation des années 1960-1970 en faveur des femmes

1961 : début de la contraception orale (*the pill*).
1967 : l'*Abortion Act* légalise l'avortement et les collectivités locales sont habilitées à créer des centres de planning familial.
1969 : *Divorce Reform Act* : le divorce peut être prononcé pour le seul motif d'échec du mariage.
1970 : l'*Equal Pay Act* définit le principe de la parité des salaires.
1974 : la pilule contraceptive devient gratuite.
1971 : parution du livre de Germaine Greer, *The Female Eunuch*, bible du mouvement féministe en Grande-Bretagne (*Women's Liberation Movement* ou *Women's Lib*).
1975 : le *Sex Discrimination Act* rend illégal l'inégalité de traitement entre hommes et femmes dans les domaines de l'éducation, de l'emploi et du logement.

Emmeline Pankhurst, arrêtée devant Buckingham Palace le 21 août 1914, alors qu'elle voulait soumettre une pétition au roi.

La protection sociale

La volonté de créer un État-providence en 1945 est née de la solidarité des années sombres de la guerre. La crise des années 1970 et les choix politiques des années 1980 ont entamé les acquis. La gestion du *New Labour* de Tony Blair n'a pas entraîné d'amélioration sensible.

Les origines de l'État-providence

- Commandé par le travailliste Ernest Bevin en 1940, le rapport Beveridge, *The Report on Social Insurance and Allied Services* ou *Beveridge Report*, a servi de charte pour l'action des gouvernements de l'immédiate après-guerre et fait toujours référence dans le débat politique.
- Le rapport Beveridge propose une rénovation de très grande ampleur, avec la création d'un État-providence (*Welfare State*) venant en aide au citoyen à tous les âges de sa vie, du berceau à la tombe (*from the cradle to the grave*) et embrassant tous les aspects de la vie (maternité, santé, chômage, retraite, etc.). L'ensemble sera financé par l'impôt. La mise en œuvre est amorcée par le gouvernement travailliste de Clement Attlee, au pouvoir de 1945 à 1951.

La remise en cause des acquis

- Les difficultés économiques des années 1970 compromettent ce qui avait été construit dans les années 1940-1950 et préservé par les gouvernements conservateurs successifs. Le gouvernement travailliste d'Harold Wilson (1970-1974) doit réduire le montant des prestations.
- La politique sociale des conservateurs dans les années 1980-1990 (Margaret Thatcher, John Major) procède d'une conception minimaliste du rôle de l'État. Les réformes visent à diminuer les dépenses dans le domaine social en responsabilisant davantage les bénéficiaires des prestations dont le caractère universel est remis en cause. La notion de « *workfare* » apparaît en 1993, liant le versement d'indemnités à l'obligation d'accepter un emploi.
- Entre 1980 et le début des années 1990, on estime que le nombre de familles ne disposant pas du minimum vital est passé de 4 à 8 millions. L'embellie économique des années 1990 n'a pas permis d'éradiquer la pauvreté.

Les années Blair

- L'arrivée au pouvoir de Tony Blair en 1997 n'entraîne pas de remise en cause fondamentale des aménagements antérieurs d'inspiration libérale, malgré un effort financier considérable.
- Les dépenses liées au *National Health Service* (*NHS*) passent de 5,4 % du PIB en 1997 à 8 % en 2007, soit 1/5e des dépenses publiques (96 milliards de livres). Le *Welfare Reform Act* de 1999 impose des contraintes strictes aux demandeurs d'allocations chômage. En revanche, un salaire minimum est introduit pour la première fois en avril 1999.
- Un nombre croissant de Britanniques vit dans la précarité et la pauvreté. En 2001, 17 % des foyers du Royaume-Uni vivaient en dessous du seuil de pauvreté (*low incomes*). Cela représentait 3,3 millions d'enfants, un des taux les plus élevés des pays riches. Un traitement volontariste a été entrepris par Tony Blair avec le lancement en 1999 d'un programme en 32 points visant à éradiquer la pauvreté dans les 20 années à venir.

PROTECTION SOCIALE ET LÉGISLATION EN GRANDE-BRETAGNE

Les origines de la protection sociale

Les *Old Poor Laws* de 1597-1601 institutionnalisent l'aide aux pauvres dans le cadre de la paroisse. Mais le *Workhouse Act* de 1723 impose aux assistés de travailler dans l'atelier de la paroisse (*workhouse*).

La *New Poor Law* (1834) exige des pauvres qu'ils résident dans des *workhouses*, où les conditions de vie sont inhumaines, afin de les inciter à chercher un travail.

Le gouvernement libéral de 1906-1911 prend un train de mesures :

– 1908 : Lloyd George (libéral) introduit les premières retraites (*state pensions*) ;

– 1910 : les premiers *labour exchanges* sont institués pour aider les chômeurs à trouver du travail et pour évaluer le taux de chômage dans le pays ;

– 1911 : le *National Insurance Act* met en place un système d'allocations maladie et chômage pour les ouvriers (*sickness and unemployment benefits*).

Néanmoins, ce sont les associations caritatives (*charitable organizations*) qui assurent encore l'essentiel de l'aide aux miséreux.

Les grandes lois qui découlent du rapport Beveridge

Le *Family Allowances Act* (1945) crée un système d'allocations familiales directement versées aux mères de deux enfants et plus.

Le *National Insurance Act* (1946) pose les bases du *Welfare State*, en créant un système national de Sécurité sociale. Il institue l'allocation chômage, les pensions de retraite et de veuvage, l'allocation pour les tuteurs d'orphelins. Il établit aussi la retraite à 65 ans pour les hommes, 60 ans pour les femmes. Le système est financé par les cotisations des employeurs et des salariés, l'État assurant l'équilibre financier.

Le *National Health Service Act* (1946) établit le principe de soins médicaux gratuits pour tous. Les hôpitaux sont nationalisés et les consultations et soins deviennent gratuits. Les médecins conservent la possibilité d'exercer à titre privé dans les hôpitaux (*pay-beds*). Les collectivités locales sont chargées de mettre en place les services sociaux destinés aux handicapés, aux personnes âgées, aux familles en difficulté.

Le *National Assistance Act* (1948) remplace les *Poor Laws* et supprime le *Means Test* humiliant.

Origine et philosophie de rapport Beveridge

Commandé dès 1940 par le travailliste Ernest Bevin à William Beveridge, membre du parti libéral et économiste, et publié en 1942, le rapport Beveridge, *The Report on Social Insurance and Allied Services*, ou *Beveridge Report*, est un document fondateur de première importance.

L'objectif est d'affronter les cinq fléaux qui menacent la société : la pauvreté (*want*), la maladie (*disease*), l'ignorance (*ignorance*), les conditions de vie sordides (*squalor*) et l'oisiveté (*idleness*).

Prefab House, *Martin Parr (1994).*

GÉOGRAPHIE
HISTOIRE
INSTITUTIONS
SOCIÉTÉ
ARTS ET TECHNIQUES
LITTÉRATURE

Le système de santé

Le système de santé est issu de la création du *Welfare State* en 1946. L'action de Tony Blair a entraîné de nombreuses modifications dans l'organisation du système de santé. Le financement de l'État s'est accru sans que le mode de gestion défini par les conservateurs à partir de 1979 ne soit écarté.

L'organisation du système de santé en Angleterre

- En Angleterre, le *National Health Service* (*NHS*) est divisé en 10 *Strategic Health Authorities* (*SHA*). Chaque *SHA* est divisée en *trusts* (organismes de gestion). Chaque *trust* gère un domaine (gestion des hôpitaux, les *NHS Trusts* ; des soins de base, les *Primary Care Trusts* ; des services d'ambulances, *Ambulance Trusts*, etc.).
- Les *Primary Care Trusts* (*PCTs*) sont en charge de la prestation des services de soins au niveau local. Il y en a plus de 300. Ils gèrent les fonds alloués par le *NHS* et prennent sous contrat les services des médecins généralistes (*General Practitioners*, *GPs*), dentistes, pharmaciens, etc., dont le statut est libéral.
- Les consultations sont gratuites, comme à l'origine, mais dès 1949, il avait fallu introduire une somme forfaitaire à régler pour toute ordonnance (*prescription charge*). En 2006, elle était de 6,65 livres sterling (environ 11 euros). Chaque patient est inscrit auprès d'un des généralistes de son secteur. Il ne peut ni choisir son médecin, ni en changer.

Les réformes du *NHS* (*National Health Service*)

- Elles découlent de la loi de 1990, *The National Health Service and Community Care Act*, qui concerne les médecins de famille et les hôpitaux.
- Le *NHS* devenant un marché interne (*internal market*), le système de santé est géré selon les lois du marché. Les *GPs* disposent d'un budget, calculé en fonction du nombre de patients inscrits. Ils doivent gérer ce budget, notamment en trouvant pour tel patient l'hôpital qui offre les tarifs chirurgicaux les plus avantageux.
- De même, les hôpitaux gèrent le budget alloué par leur organisme de tutelle. Les établissements de soins sont majoritairement des *Trust Hospitals*, financés directement par l'État.
- Mais depuis le printemps 2003, les meilleurs hôpitaux sont invités à adopter le statut de *Foundation Hospitals* entièrement autonomes. Cette gestion, qui ne prévoit pas de rallonges budgétaires, entraîne la prise de certaines décisions difficiles humainement (renoncement à certains soins jugés peu efficaces ou à certains traitements trop coûteux).
- Le budget alloué aux *GPs* est désormais confié à des cabinets médicaux, afin de rationaliser l'emploi des fonds. Un contrôle des ressources (*means testing*) a été mis au point pour mieux cibler l'attribution de certaines allocations, loin du principe d'allocation universelle initial du *Welfare State*. Un consensus lié aux contraintes économiques rapproche sur ce point les principaux partis.

LES PATIENTS ANGLAIS

Le *NHS* sous le feu de la critique

Les critiques adressées au *NHS* concernent :

– les longues listes d'attente pour les consultations et les interventions chirurgicales (l'attente va de six mois à un an et plus pour de très nombreuses opérations) ;

– le fonctionnement erratique du système informatique utilisé pour les rendez-vous ;

– le taux de contamination infectieuse élevé dans les hôpitaux (le « *MRSA superbug* », staphylocoque très résistant) ;

– la restriction des soins dentaires et le fait que les dentistes n'acceptent souvent plus que les patients privés, considérant les honoraires forfaitaires insuffisants ;

– l'impossibilité d'accéder à certains traitements en raison des coûts, des listes d'attente ou bien du refus de certains professionnels de traiter les patients du *NHS* ;

– la nécessité qui en découle pour certains patients à recourir à des soins moins coûteux à l'étranger, ce que l'on appelle les « *health tourists* » (le phénomène mondial du tourisme médical) ;

– les exigences de certains membres des professions médicales, compte tenu du fait que les revenus des généralistes atteignent 125 000 livres alors qu'une infirmière doit attendre sa dixième année d'exercice pour atteindre un salaire de 30 000 livres.

Le tourisme médical (*health tourism*)

Le *Guardian* du 1er février 2005 relatait le témoignage d'un Britannique de 73 ans dont l'état requérait un pontage cardiaque. En Angleterre, il lui fallait soit attendre six mois pour être opéré dans un hôpital du *NHS*, soit débourser 19 000 livres pour une intervention immédiate dans une clinique privée. En surfant sur Internet, il trouva les coordonnées d'un hôpital spécialisé dans la chirurgie cardiaque à Bangalore, dans le Sud de l'Inde. Après des échanges de courrier électronique avec le responsable de cet établissement, il prit la décision d'y être opéré. L'opération s'est bien passée et il lui en a coûté 4 800 livres, vol inclus.

Quelques statistiques relatives à la santé

– En 2001, 19 % des hommes et 21 % des femmes étaient obèses. La Grande-Bretagne a le troisième taux le plus élevé d'Europe pour les maladies circulatoires (65 ‰ des personnes de moins de 65 ans sont concernées).

– Le budget du *NHS* en 2006-2007 était de 96 milliards de livres. Le financement du *NHS* provenait des impôts (82 %), des contributions (*National Insurance*) versées par les salariés et les employeurs (12 %), de fonds privés (*fund raising*) et des soins privés (*private patient care*) (3 %), des ordonnances et des frais de soins dentaires pour lesquels les patients paient une somme forfaitaire (2 %), de la vente de biens immobiliers (1 %).

– Un tiers des dépenses du gouvernement est consacré aux allocations pour la Sécurité sociale (*social security benefits*), soit 3 300 livres par personne.

– Avec 1,3 million de salariés, le *NHS* est le plus gros employeur d'Europe.

– Nombre de patients :
  - par médecin : 1976-1977 : 2 400 ; 1998-1999 : 1 900.
  - par dentiste : 1976-1977 : 4 100 ; 1998-1999 : 2 900.

Les médias

La presse britannique est caractérisée par l'importance de son lectorat et par le contraste entre les quotidiens « populaires », les tabloïdes, et une presse de qualité. Stations de radio et chaînes de télévision se sont multipliées mais information de qualité et culture conservent une place privilégiée.

Les origines

- Les gazettes (*news-sheets*) du XVIIe siècle imprimées à Fleet Street, à Londres, se multiplient avec la suppression de la censure à la fin du siècle (abrogation du *Licensing Act* en 1695). Dans *The Spectator* (1709), Addison et Steele commentent les mœurs de l'époque. *The Times* (1785) et *The Observer* (1791) sont les premiers journaux d'information. La taxe sur les journaux, *The Stamp Act* (1712), qui freinait le développement de la presse, est abolie en 1861. Les quotidiens se multiplient, notamment dans les régions. On en compte 138 en 1886.
- L'élargissement de l'électorat grâce à la loi de 1867 fait de nouveaux lecteurs. Une presse plus populaire naît avec le *Daily Mail* en 1896, puis le *Daily Mirror* en 1904. La distinction entre la presse de qualité (*quality papers*) et la presse à sensation (*the popular press, the tabloids*) date de cette époque.

La presse écrite

- *Quality papers* et *tabloids* se distinguent par la taille, bien que certains quotidiens comme *The Times* aient aussi adopté un format plus ramassé que celui des *broadsheets* (grand format).
- Mais la différence tient surtout au contenu. Les grands quotidiens privilégient les sujets d'intérêt national ou international, malgré une évolution vers le sensationnalisme (*The Times*). Les tabloïdes font appel au goût de leur lectorat pour l'anecdotique, le sensationnel et le salace. Cette presse populaire est majoritairement proche des conservateurs, avec l'affirmation d'un nationalisme parfois xénophobe.
- Chaque grand quotidien publie aussi un journal du dimanche (*a sunday*) avec ses nombreux suppléments spécialisés (économie, culture, sport). Ces *sundays* occupent un créneau qui correspond à celui des hebdomadaires d'information français. Les quotidiens gratuits ont fait leur apparition en 1999 (*Metro*).
- Les excès des tabloïdes, notamment envers la famille royale, ont entraîné la mise en place en 1990 d'une commission (*The Press Complaints Commission*) remplaçant le *Press Council*, destinée à assurer l'autocensure et le respect d'un code de bonne conduite.

La radio et la télévision

Trois organismes, soumis au contrôle du Parlement et sous la tutelle du *Department of National Heritage* (ministère de la Culture), chapeautent radio et télévision :
– la *BBC* (*The British Broadcasting Corporation*, surnommée « *The Beeb* », fondée en 1922) a en charge le secteur public de l'audiovisuel ;
– l'*Independant Television Commission*, ou *ITC*, qui s'occupe de la télévision privée, et la *Radio Authority*, qui gère les radios privées, sont regroupées au sein de l'*IBA* (*Independent Broadcasting Authority*).

LES GRANDS NOMS DES MÉDIAS

Les tabloïdes

Les principaux tabloïdes ont des orientations politiques diverses :
- de droite : *The Daily Mail*, *The Mail on Sunday* ; *The Daily Express*, *The Sunday Express* ; *The Sun* (populiste), *The Daily Star*, *The Daily Star Sunday* ; *News of the World* ;
- du centre/centre-droit : *The Evening Standard* ;
- de gauche : *The Daily Mirror*, *The Sunday Mirror*.

DAILY EXPRESS
40p
HAPPY WITH HIS MOTHER, THE BABY SHE NEARLY KILLED
How magnets can improve your memory
New 'smart' meters on the way
GAS AND ELECTRIC SPIES IN YOUR HOME
Madeleine's mum prays for a miracle

La une du Daily Express *du 24 mai 2007.*

La presse de qualité

Les principaux journaux d'information peuvent également être classés suivant leur orientation politique :
- conservateur : *The Daily Telegraph*, *The Sunday Telegraph* ;
- centre/centre-droit : *The Times*, *The Sunday Times* ; *The Financial Times* ;
- centre/centre gauche : *The Independent*, *The Independent on Sunday* ;
- centre gauche : *The Guardian*, *The Observer*.

Parmi les hebdomadaires, il faut citer *The Economist*, fondé en 1841, de tendance libérale, qui possède un lectorat international dans le monde des affaires, ainsi que *The New Statesman*, orienté à gauche, et la revue satirique *Private Eye*.

La télévision

- BBC1 (fondée en 1936) ; BBC 2 (1964), à vocation plus culturelle ; BBC4 (2001), chaîne culturelle et BBC3 (2002), qui cible les 18-34 ans, sont des chaînes numériques (*digital TV*).

Au Pays de Galles, S4C (*Siad Pedwar Cymru*) diffuse en gallois.
- Chaînes privées : ITV (*Independent TV*), renommée *Channel 3* depuis 1990 et divisée en 15 chaînes régionales, et *Channel 4* (1982, chaîne culturelle dont la société *Film on Four* coproduit des films avec des réalisateurs indépendants). *Channel 5* (1997) est une chaîne nationale généraliste.
- Chaînes payantes (44 % des foyers) : *British Sky Broadcasting* (*BskyB,* Rupert Murdoch).
- L'*ITC*, organisme de supervision, attribue des licences d'exploitation pour 10 ans.
- Les programmes les plus populaires de l'histoire de la télévision britannique ont été des feuilletons relevant du réalisme social comme *Coronation Street* (ITV, débuts en 1960) et *Eastenders* (BBC1, 1985).

La radio

La BBC : *Radio 1* (rock et pop), *Radio 2* (variétés), *Radio 3* (musique classique), *Radio 4* (informations et magazines), *Radio 5* (sport et émissions pour les jeunes). *Radio Scotland*, *Radio Wales* et *Radio Ulster* : émissions régionales et nationales.

BBC World Service émet en anglais et dans 42 autres langues à destination du monde entier.

Radios indépendantes (début dans les années 1960) : *Capital Radio*, basée à Londres. *Classic FM* et *Independent Music Radio*, créées en 1990, ont une audience nationale.

Le sport

L'importance attachée au sport est un trait distinctif de la civilisation britannique et de son rayonnement. La Grande-Bretagne a joué un rôle considérable dans la création et la codification de nombreux sports devenus planétaires et qui, pour certains, renforcent les liens entre les pays membres du Nouveau Commonwealth.

Les sports britanniques dans le Nouveau Commonwealth

- Les sports les plus populaires en Grande-Bretagne font partie intégrante de la culture des anciens pays de l'Empire, tels le cricket (Inde, Pakistan, Australie, Afrique du Sud, Antilles), le rugby dans les pays de peuplement britannique (Australie, Afrique du Sud, Nouvelle-Zélande).
- Des compétitions comme la Coupe du monde de cricket ou les Jeux du Commonwealth bénéficient, dans les seuls pays concernés il est vrai, d'une couverture médiatique comparable à celle des plus grandes compétitions mondiales. Les premiers jeux du Commonwealth se sont tenus en 1930 à Hamilton, au Canada ; les derniers en date à Melbourne, en Australie, en 2006. Ceux de 2010 auront lieu en Inde. C'est la seule grande compétition internationale où tous les participants parlent anglais.
- L'attribution par le CIO des jeux Olympiques de 2012 à Londres a montré l'efficacité du réseau de relations que la Grande-Bretagne entretient dans le monde du sport et de la politique.

Sport et société

- Le clivage social britannique se retrouve dans la pratique des sports, issue des siècles passés. Au sport urbain et populaire dominant qu'est le football s'opposent les sports issus de la vie rurale de l'aristocratie terrienne, pratiqués dans de vastes espaces naturels ou domestiqués (la chasse à courre, *fox hunting*, très controversée, le polo ou le golf). Le mot *sportsman* désigne celui qui pratique la chasse et la pêche.
- La passion pour les chevaux et le sport hippique, illustrée par le peintre Stubbs, rassemble la reine Élisabeth II et le peuple des parieurs, qui font la fortune des bookmakers comme Ladbrokes. Le derby d'Epsom, le *Royal Meeting* à Ascot, le *Grand National Steeplechase* à Aintree, près de Liverpool, comptent parmi les plus grandes courses du monde. La Grande-Bretagne est une nation de parieurs et les paris sportifs sont une économie florissante.

Le sport et l'éducation

Le sport occupe une place significative dans l'éducation britannique. L'institution scolaire lui fait une place considérable en termes de budget, d'infrastructures, d'emploi du temps et surtout de statut. Ceci est particulièrement perceptible dans les *Public Schools*, où le sport a pour fonction de forger un tempérament « britannique » (volonté, ténacité, courage physique, esprit de corps, etc.), et à l'université, avec pour symbole la course d'aviron opposant les deux « huits » des universités d'Oxford et de Cambridge (*The University Boat Race*), qui a lieu au printemps sur la Tamise, en amont de Londres.

LE FOOTBALL ANGLAIS : SES ORIGINES, SON SUCCÈS ET SES MYTHES

Un sport ancien

Apparu dès le XVe siècle (le mot « *football* » figure dans *King Lear* de W. Shakespeare), codifié dans l'Angleterre industrielle du XIXe siècle (règles du jeu établies en 1846), le football était perçu par les industriels et les dirigeants politiques comme une activité hygiénique susceptible d'offrir un exutoire à la frustration des ouvriers.

Le football et ses implications socio-économiques

Le football joue aujourd'hui un rôle fédérateur considérable dans les grandes villes affectées naguère par la désindustrialisation du Nord de l'Angleterre (Manchester, Liverpool). Il est source de convivialité bruyante et alcoolisée chez des supporters (*football fans*) parfois violents (les hooligans). Comme ailleurs, des rituels grégaires (chants – « *You'll Never Walk Alone* » à Liverpool – slogans, écharpes aux couleurs des clubs) caractérisent les grandes rencontres. C'est aussi une véritable industrie avec le merchandising des produits dérivés et un club côté en Bourse, Manchester United (« *Man'U* »).

Longtemps à l'origine de débordements violents, les rencontres sont désormais placées sous haute surveillance policière, grâce à la vidéosurveillance notamment, et les hooligans sont interdits de stade. En Écosse, la rivalité entre les Glasgow Rangers et le Celtic de Glasgow est mythique. Il y a 42 000 clubs de football en Grande-Bretagne, où le sommet de la saison est la finale de la « *Cup* » (*The Football Association's Cup Final*), jouée dans le nouveau Wembley.

Quatre équipes nationales

Chacune des quatre nations qui constituent la Grande-Bretagne a sa propre équipe nationale. À noter en revanche que les autres compétitions mondiales comme les jeux Olympiques voient la Grande-Bretagne (« *Britain* ») présenter des sélections dans lesquelles se retrouvent des athlètes des quatre nations.

Les héros du football anglais sont légion, mais la mémoire collective fait une place particulière à des joueurs mythiques comme Bobby Charlton (Coupe du monde 1966) et George Best, sans parler des icônes médiatiques comme David Beckham.

Steven Gerrard, vainqueur de la Champions League *avec Liverpool, le 25 mai 2005.*

The English Premier League

Le championnat anglais de première division, *The English Premier League*, est le plus télévisé au monde, particulièrement en Asie. En Chine, les matches ont une audience qui va de 100 à 360 millions de téléspectateurs.

La musique classique

Les grands compositeurs anglais des XVIe et XVIIe siècles, maîtres de la polyphonie vocale, du madrigal et du masque, n'auront de véritables pairs qu'aux XIXe et XXe siècles avec Edward Elgar, musicien national, et Benjamin Britten, au talent éclectique.

De la musique polyphonique aux œuvres instrumentales (XVIe-XVIIe siècles)

- Thomas Tallis, maître de la polyphonie vocale, est le précurseur de la riche tradition anglaise de musique sacrée (musique de cantiques, hymnes, motets et un célèbre canon).
- William Byrd, contemporain de Shakespeare, et John Dowland pratiquent le madrigal, forme polyphonique profane très populaire à la fin du XVIe siècle, chantant les joies et les tourments de l'amour. Avec Thomas Morley, William Byrd introduit la musique au théâtre, notamment dans certaines pièces de Shakespeare.
- Le «masque», ou «pantomime», est très en vogue aux XVIIe et XVIIIe siècles. Il allie musique et danse à un spectacle fastueux agrémenté d'effets de machinerie. Le poète Ben Jonson et le compositeur Henry Lawes comptent parmi les principaux créateurs de ce genre de divertissement. Mais le plus grand musicien du XVIIe est sans conteste Henry Purcell.

Le drame lyrique du XVIIIe siècle

- L'opéra, venu d'Italie (l'*Orfeo* de Monteverdi, 1607), se développe au XVIIIe siècle, de même que l'oratorio.
- Le grand maître en est Georg Friedrich Haendel (1685-1759), d'origine allemande. Il compose plus de quarante opéras, une vingtaine d'oratorios, dont *The Messiah* (*Le Messie*, 1741), des cantates, de la musique sacrée et de nombreuses pièces pour orchestre (*Water Music, Music for the Royal Fireworks*), chœur et instruments. L'Académie royale de musique est fondée sous sa houlette entre 1719 et 1728.

Post-romantisme et époque contemporaine

- Le renouveau de la musique anglaise survient avec Edward Elgar (1857-1934). Il écrit de la musique sacrée et profane et de la musique de chambre et d'orchestre. Ses grandes symphonies, deux concertos (l'un pour violon, l'autre pour violoncelle) sont célèbres, mais son œuvre la plus connue est sans doute la brillante marche *Pomp and Circumstance*.
- Gustav Holst est connu pour sa magnifique suite symphonique, *The Planets* (1914), mais le XXe siècle est dominée par le talent éclectique de Benjamin Britten (1913-1976). Il compose de nombreuses pièces vocales, instrumentales, orchestrales, des opéras: *Peter Grimes*, *Billy Budd*, d'après Melville, *Le Songe d'une nuit d'été*, d'après Shakespeare, *Albert Herring*, d'après Maupassant, ainsi que des œuvres conjuguant polyphonie et construction orchestrale, *A Ceremony of Carols*, et l'émouvant *War Requiem*.
- On citera aussi William Walton, Michael Tippett, John Tavener, dont le *Song for Athene* a été interprété lors des funérailles de la princesse Diana en septembre 1997.

HENRY PURCELL ET LA TRADITION DU CHANT CHORAL EN GRANDE-BRETAGNE

Henry Purcell

Comme l'avait été Dunstable, le premier musicien anglais à surgir des brouillards médiévaux, comme plus tard Elgar réveillera son pays du sommeil romantique, Henry Purcell (1659-1695) est une figure marquante de la musique anglaise, ultime maillon d'une brillante génération de musiciens sous la Restauration des Stuarts. Chantre de l'anglicanisme, il est devenu le symbole de la musique anglaise et a laissé une œuvre abondante de musique profane et sacrée de style baroque.

C'est en tant que choriste que Purcell commença son éducation musicale. Il n'y a rien d'exceptionnel à cela car, au cours des siècles, de nombreux musiciens britanniques ont eu la chance de recevoir cette éducation incomparable.

L'œuvre de Purcell

Son œuvre est faite de musique d'église, avec 120 ouvrages de musique sacrée, dont l'éclatant *O God, the King of Glory*, et la douloureuse lamentation maternelle *The Blessed Virgin's Expostulation*, mais aussi le fastueux *Te Deum and Jubilate* et l'angoissant *In the Midst of Life*.

Il a aussi écrit de la musique vocale profane, odes de circonstance à la gloire de Marie II, ou hommages funèbres comme *Incassum Lesbia, rogas*, mais également des œuvres légères comme *If Music Be the Food of Love* ou *Fly Swift, Ye Hours*. Il a composé de nombreux «*catches*» (canons à trois voix ou plus), qui vont de la bonne humeur (*My Wife has a Tongue*) à la joyeuse obscénité (*The Miller's Daughter Riding*). Purcell a aussi composé une riche œuvre instrumentale, notamment des sonates en trio comme la *Chacony* en sol mineur.

Purcell a enfin écrit le premier grand opéra anglais : *Dido and Aeneas* (*Didon et Enée*), en 1689, avec un livret riche en effets dramatiques. En moins d'une heure, Purcell évoque une marche hallucinée vers la mort, créant un superbe portrait musical de femme avec une concision qui décuple l'efficacité des sentiments exprimés.

La tradition chorale anglicane

La présence séculaire de plus de 60 chœurs liturgiques en Angleterre, chantant un répertoire qui va du Moyen Âge à nos jours, est un trait remarquable de la musique anglaise. Dans toutes les cathédrales, dans les chapelles des *colleges* de Cambridge et d'Oxford, dans les chapelles royales (Londres, Windsor), se perpétue un rituel musical inchangé.

Les chœurs sont en général formés de 16 à 18 enfants soprani et de 12 adultes. La place privilégiée de l'enfant dans la musique anglaise est à l'origine de la sonorité singulière de ces maîtrises.

Face à la voix de l'enfant, nettement favorisée par les chœurs anglicans, la tradition de l'alto masculin, vivace dans toute l'Europe jusqu'au début du XIXe siècle, est restée longtemps l'apanage des Anglais au XXe siècle. Appelée «*counter-tenor*», cette voix est l'équivalent de la haute-contre en France.

Alfred Deller a été l'un des plus célèbres représentants de cette forme de chant, avec, plus récemment, James Bowman.

La musique populaire jusqu'aux années 1950

La musique populaire des origines, pleine de fraîcheur, s'est métamorphosée en culture de masse sous l'effet de l'urbanisation, de la vogue de divertissements légers comme l'opéra-comique, et des techniques modernes de diffusion.

La musique populaire ancienne

- La composition la plus ancienne qui nous soit parvenue est la chanson populaire (*folk song*) *Sumer Is Icumen In* (*Summer is a-coming*, « l'Été arrive »).
- Les airs anciens préservés sont soit sacrés (*church music*), avec par exemple le *Sussex Carol* (chant de Noël), soit profanes, comme *Greensleeves*. Les mélodies ont été transmises au fil des siècles sous d'innombrables variantes.
- Aux XVe-XVIe siècles, le sujet des chansons est sentimental, politique (*Our King Went Forth to Normandy*, qui fait référence à la bataille d'Azincourt) mais aussi très souvent gaillard. À l'époque élisabéthaine, très riche, le madrigal fleurit, chantant les joies et les peines de l'amour (*Aprill is in my Mistris' Face*).

Le succès de la musique populaire au XIXe siècle

- Avec la révolution industrielle, le regroupement de populations rurales dans des centres industriels conduit à un amalgame des idiomes régionaux, désormais pratiqués dans les tavernes puis les « pubs » (*alehouses*) et enfin dans les « music halls ». Ainsi naît le music-hall, genre populaire dans les villes à partir de 1850 et pendant un siècle.
- Le librettiste William Gilbert et le compositeur Sir Arthur Sullivan, devenus un célèbre tandem, « Gilbert & Sullivan », sont le symbole du dernier tiers de l'époque victorienne. Ils connaissent un immense succès avec leurs opérettes, *The Pirates of Penzance* (1880), *The Mikado* (1885) ou *The Gondoliers* (1889).
- La musique folklorique survit dans les régions rurales. Dans les villes du Nord de l'Angleterre, les fanfares (*brass bands*) de musiciens amateurs, de mineurs notamment, se multiplient.

La vogue des musiques légères au début du XXe siècle

- Avec l'essor économique se développe, dans les classes moyennes des villes, un goût de musiques faciles comme l'opéra-comique, la musique « légère », maillon citadin entre la *folk music* des campagnes et la musique « sérieuse » des salons.
- La radio fait la popularité de la musique de danse jouée par de grands ensembles (*big bands*). C'est aussi l'âge d'or de l'opérette et de la comédie musicale, illustrée notamment par l'association du compositeur Ivor Novello et du librettiste auteur dramatique Noel Coward (le célèbre *Tea for Two*).
- La musique américaine et ses vedettes déjà planétaires envahissent l'espace sonore mais les Britanniques ont leurs chanteurs nationaux médiatisés par le disque microsillon et la radio. Parallèlement, se développent dans les pubs les « *folk clubs* » aux réunions hebdomadaires.

DEUX ASPECTS DE LA MUSIQUE POPULAIRE VICTORIENNE

Gilbert et Sullivan ou l'opéra-comique victorien

Le librettiste William Gilbert (1836-1911) et le compositeur Sir Arthur Sullivan (1842-1900) ont écrit 14 opérettes ou opéras-comiques (*operettas*, *comic operas*) entre 1871 et 1896, dans l'Angleterre victorienne fin de siècle.

Méconnues en France, les œuvres de Gilbert et Sullivan ont eu un succès considérable et font partie du patrimoine culturel du monde anglophone. L'opérette la plus réussie est *The Mikado* (1885), satire de la bureaucratie anglaise dans un contexte japonais. *HMS Pinafore* (1878) raille les fonctionnaires, la Royal Navy et l'obsession du statut social. *The Pirates of Penzance* (1879) parodie les conventions du grand opéra et remet en cause les valeurs victoriennes.

Gilbert, auteur des livrets, a créé un monde plein de fantaisie confinant à l'absurde. Les fées y côtoient les lords anglais, le flirt est un grave délit, des gondoliers deviennent rois et les pirates s'avèrent être des aristocrates qui ont mal tourné. Mais il a aussi imaginé des situations rocambolesques (*« topsy-turvy » situations*) où l'ordre social est mis sens dessus dessous. Les paroles (*lyrics*) contiennent force rimes doubles et triples, et maints jeux de mots. Les livrets de Gilbert ont servi de modèle à des librettistes de la comédie musicale du XXe siècle comme P.G. Wodehouse, Cole Porter et Ira Gershwin.

Sullivan, compositeur talentueux, auteur d'œuvres orchestrales, a créé des mélodies chantantes et entêtantes capables de susciter aussi bien le rire que l'émotion.

Les virtuoses des « *brass bands* » : de la mine au Royal Albert Hall

Les « *brass bands* » étaient à l'origine des orchestres composés d'ouvriers ou de mineurs, financés par les employeurs. Avec le déclin de ces industries, de grandes formations ont disparu. Les liens entre les fanfares et leurs origines se sont distendus et les musiciens viennent à présent d'horizons industriels et sociaux divers.

Ces grandes formations de cuivres et percussions ont un répertoire très varié, du populaire au classique. Des compétitions organisées dans tout le Royaume-Uni à la manière d'un championnat de football hiérarchisé amènent les orchestres à se rencontrer. Les vainqueurs régionaux participent à la grande finale qui a généralement lieu au Royal Albert Hall, comme dans le film de Mark Herman, *Brassed Off* (*Les Virtuoses*).

Lithographie du Mikado.

La musique populaire depuis les années 1950

Après l'irruption du rock and roll dans l'Angleterre des Teddy Boys, la musique populaire devient mouvante et variée à partir des années 1960. Son développement est lié à l'industrie musicale, aux médias et à la contre-culture des jeunes.

Le rock and roll

Au début des années 1950, le rock and roll envahit l'Angleterre des Teddy Boys, fascinés par la violente sexualité exprimée par ses rythmes et sa vocalité. L'Angleterre va se forger rapidement un langage *rock and roll* propre, avec des artistes comme Tommy Steele ou Cliff Richard, puis les Rolling Stones.

Le folk rock

- Dans les années 1960, le rock s'assouplit sous l'influence du folk-song, pour donner le folk-rock de Fairport Convention. La synthèse des genres est affinée et mondialisée par les Beatles de 1958 à 1970, avec des sonorités plus fluides, des harmonies plus chantantes. La *pop music* remplace le *rock and roll* et conquiert un public plus large, puis des courants apparaissent, liés aux mouvements idéologiques et culturels. Les hippies promeuvent folk-song, protest-song et psychédélisme.
- Le *Rock Movement* se modifie au contact du blues et du *rhythm and blues* américains, révélant John Mayall ou Eric Clapton. Le courant folk américain de Bob Dylan influence des musiciens comme Donovan, tandis que des musiciens plus intellectuels comme Pink Floyd créent un espace sonore poétique proche de William Byrd ou de Stockhausen.
- Les grandes tournées, les festivals géants (île de Wight, Woodstock) et la prolifération de groupes éphémères orientent le rock sur la voie du show business. S'amorce alors une décadence dorée avec l'inspiration à la Dickens de Genesis, l'esthétisme de David Bowie ou la virtuosité instrumentale d'Elton John et du groupe Jethro Tull. Parmi les grands groupes anglais des années 1960 et 1970, on peut aussi, outre les Beatles, citer Led Zeppelin, Black Sabbath, Deep Purple, The Who.

Une musique éclectique

- Le rock anglais se teinte parfois d'accents politiques et sociaux, intègre le reggae jamaïquain ou adopte le synthétiseur comme le groupe Emerson, Lake and Palmer, au rock coloré de jazz, de folk-song et d'hymnes de Bach.
- Les années 1970 marquent l'âge d'or du folk anglais avec des artistes comme Ralph McTell (*Streets of London*), le style folk cédant ensuite du terrain à la musique glam rock, disco, punk rock, heavy metal, lovers rock à la fin des années 1970.
- Le rock anglais connaît une période *hard* assez violente avec des chanteurs révoltés comme Joe Cocker, ou avec des punks vomissant l'*establishment rock* (les Sex Pistols), puis avec la New Wave, avatar du genre vers 1980. Vers les années 1980, le reggae jamaïquain, musique inspirée du calypso et incarnée par Bob Marley, influence un genre anglais, le ska, plus haché mais adouci ensuite par le groupe UB40.

LES BEATLES, GROUPE MYTHIQUE

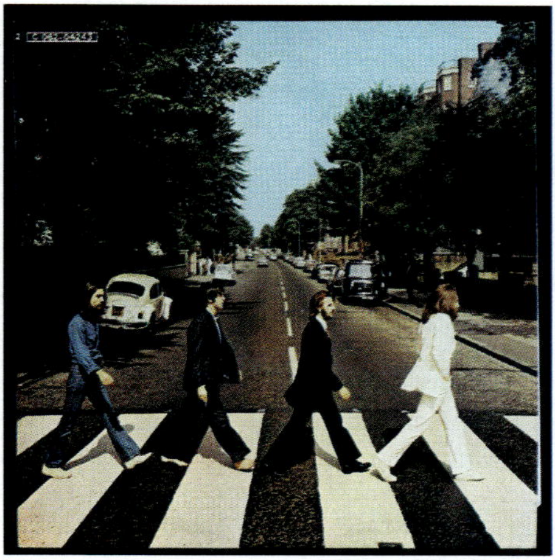

Les Beatles, pochette de l'album Abbey Road, *1969.*

Working class heroes

Partie de Liverpool, la ville du « *working class hero* » chanté par John Lennon, la musique des Beatles va déferler sur le monde. Leur style vocal n'est pas sans rappeler la tradition chorale anglaise et sert parfaitement, comme John Dowland au XVIe siècle, des thèmes comme l'amour, la tendresse et l'amitié, leurs sujets de prédilection.

La Beatlemania

Cela commence avec *Love Me Do* en 1962 puis *Twist and Shout*, *She Loves You*. La Beatlemania s'impose au monde. Les mélodies sont simples, insouciantes, presque enfantines. Dès 1964, John Lennon (1940-1980), Paul McCartney (1942-), George Harrison (1943-2001) et Ringo Starr (1940-) conquièrent le marché américain. Dans les stades où ils se produisent, on assiste à des scènes d'hystérie collective lorsqu'ils chantent *A Hard Day's Night* (1964), *Help* (1965), *Yellow Submarine* (1966) (tirés de leurs films) ou *Yesterday* (1965), *Michelle* (1965), ou encore *Can't Buy Me Love* et *Lady Madonna*.

Le premier album concept

Les sons frais du début se changent en compositions et arrangements plus complexes. En 1967, *Sergeant Pepper's Lonely Hearts Club Band*, premier album concept, révolutionne la pop. Jusqu'à l'aube des années 1970, les Beatles accumulent les succès dans un registre large : *Hey Jude*, *Get Back*, *Here Comes the Sun*.

Pairs du Royaume

Du début de leur aventure désormais légendaire à la fin de leur carrière commune en 1970, le style des Beatles a intelligemment évolué, alors que, anoblis par la reine et devenus « monument national », ils représentaient déjà l'apogée du rock and roll et d'un grand moment de la musique. Leur « son » exerce encore une influence tandis que la fraîcheur et la poésie de leurs textes, patrimoine mondial, continuent d'enchanter génération après génération.

Les Rolling Stones, ou l'antithèse des Beatles

Le groupe est fondé en 1963. Il symbolise le rock comme musique de voyous. Partis des mêmes bases du rhythm and blues américain que les Beatles, ils en sont l'antithèse. Décrits comme obscènes et sauvages, ils chantent *Can't Get No Satisfaction* en 1965. Guitares saturées, chant hurlé, le groupe assène *Get off of My Cloud*, *Sympathy for the Devil*. Mais la provocation se teinte de nuances dans des chansons mélodieuses soulignées par des violons comme *Angie*, *Lady Jane* ou *As Tears Go By*. En 35 ans de carrière, Mick Jagger, Keith Richards, Charlie Watts et Bill Wyman sont devenus des légendes du rock.

La peinture : des origines à Hogarth

Après les miniatures du XVIe siècle, les grandes œuvres réalisées en Angleterre aux XVIIe et XVIIIe siècles sont le fait d'artistes hollandais ou allemands invités à la Cour. En dehors de quelques brillants portraitistes, l'Angleterre n'a pas eu de grand peintre national avant William Hogarth.

Les prémices de la peinture anglaise

Les plus belles œuvres des XIVe et XVe siècles sont des manuscrits et des enluminures : Psautier de la reine Anne, 1380, et l'iconographie religieuse : *The Wilton Diptych*, 1394, chef-d'œuvre sur bois (National Gallery, Londres).

Nicholas Hilliard (1547-1619) exécute des portraits en miniature raffinés : *Sir Philip Sidney* (coll. priv.), *Sir Francis Drake* (National Maritime Museum, Greenwich). Son œuvre la plus connue est *An Unknown Youth*, 1580, *Jeune Homme dans la roseraie* (V & A, Londres).

Les peintres étrangers à la cour d'Angleterre aux XVIe et XVIIe siècles

Hans Holbein (1497-1543), d'origine allemande, est l'un de ces grands peintres invités par les Tudors et les Stuarts. En 1531, il s'installe en Angleterre, où il réalise des tableaux d'une exactitude détachée : *The Ambassadors*, 1533 (National Gallery, Londres) ; plusieurs portraits d'*Henri VIII*. Sa précision illusionniste dans le rendu des détails fera école.

Peter Paul Rubens, lors de son séjour d'un an à la cour de Charles Ier, réalise les *Allégories* de la Banqueting House, et *Paysage automnal avec le château de Steen*, 1635 (National Gallery, Londres).

Anthony Van Dyck (1599-1641) produit de très nombreux portraits : *Charles I on Horseback*, 1636 (National Gallery, Londres). Il aura une grande influence sur les portraitistes du XVIIIe siècle, tout comme un autre Hollandais, Sir Peter Lely (1618-1680) : *Two Ladies of the Lake Family*, 1660 (Tate Gallery, Londres), *Oliver Cromwell*, 1653 (Birmingham Museum). Sous leur influence, une école anglaise naît.

Les premiers grands peintres anglais

Les peintres les plus célèbres sont surtout des portraitistes comme William Dobson (1610-1646), Samuel Cooper (1609-1662), Sir James Thornhill (1676-1734). Le plus grand d'entre eux est Sir Godfrey Kneller (1646-1723) : *Sir Christopher Wren*, 1711 (National Gallery, Londres). Mais malgré le talent de ces peintres, l'école anglaise reste profondément marquée par l'académisme et manque de vitalité.

Ce n'est qu'avec William Hogarth (1697-1764) qu'apparaît le premier peintre d'inspiration véritablement nationale et populaire. Hogarth inaugure le genre de l'art pictural du commentaire social, prolongé par les dessins de Rowlandson à la fin du XVIIIe siècle.

Parallèlement, une tendance poétique et mystique atteint son apogée avec William Blake (1757-1827) et ses successeurs, notamment Samuel Palmer (1805-1881), qui peint un monde imaginaire annonçant le symbolisme, et Edward Calvert (1799-1883), dont les gravures portent sur des thèmes mythologiques et bucoliques.

WILLIAM HOGARTH (1697-1764)

Un nouveau regard pour une nouvelle pensée

L'émergence de la peinture anglaise et, au-delà, celle d'une culture visuelle dans la Grande-Bretagne du XVIIIe siècle sont deux des conséquences de la nouvelle pensée influencée par les œuvres philosophiques de Locke, de Newton, et plus généralement des idées issues de la société savante fondée en 1660, *The Royal Society of London for the Improving of Natural Knowledge*. La façon dont les Anglais regardaient le monde a changé à cette époque.

L'art de l'anecdote édifiante

Hogarth a joué un rôle crucial dans cette évolution. Fils d'un imprimeur et autodidacte, William Hogarth réalise notamment des huiles à partir desquelles il fait des gravures. Fin portraitiste, il doit surtout son renom aux gravures proposant des séries satiriques, anecdotes édifiantes dont les plus célèbres sont *The Harlot's Progress* (1732), *The Rake's Progress* (1735), *Marriage à la Mode* (1745). Son style réaliste est plein de vitalité et de sincérité. Ses idées en matière d'esthétique influenceront Diderot et il sera l'instigateur d'une loi protégeant la propriété artistique.

Lire la nature humaine

Ses œuvres reflètent une nouvelle façon d'observer la nature, en l'occurrence la nature humaine. Elles se présentent comme des représentations modernes de son temps (scènes de rue, scènes d'intérieur, portraits), mais l'on remarque d'emblée la profusion de détails concrets dénotant un intérêt particulier pour la matérialité de la vie, donnée à voir, et même à lire, de la façon la plus tangible.

Les vraies formes de la vie

Au-delà de l'impression de confusion pour laquelle on l'a parfois critiqué, l'une des caractéristiques de son œuvre, qui lui a valu un succès immédiat auprès du public et des différends avec l'orthodoxie académique, est cette attention véritablement démocratique qu'il prête aux formes de la vie, et notamment sa façon d'intégrer l'irrégularité, la trivialité, la prolifération, le désordre dans ses évocations du monde environnant.

Before, *gravure datant de 1736, forme avec* After *un diptyque érotico-comique dans lequel Hogarth dénonce avec humour l'influence de la littérature sur les mœurs de l'héroïne.*

La peinture au XVIIIe siècle

Le XVIIIe siècle est l'âge d'or des peintres de la réalité, paysagistes et surtout portraitistes, car les commanditaires ne manquent pas au sein des classes aisées. On observe aussi l'émergence d'artistes qui s'affranchissent de l'académisme ambiant.

Les portraitistes

- Sir Joshua Reynolds (1723-1792), peintre sensible et grand technicien, fut le portraitiste des célébrités de son temps et le premier président de la Royal Academy (1768-1791).
- Thomas Gainsborough (1727-1788) exprime les tendances sentimentales et poétiques du siècle. Portraitiste et paysagiste, il campe des personnages dotés d'une intériorité avec laquelle le paysage semble en harmonie : *Mary, Countess Howe*, 1760 (Kenwood).
- Thomas Lawrence (1769-1830), successeur naturel de Reynolds, peintre de la Cour, s'affirme par l'élégance de sa composition, sa touche puissante et sa riche palette : *Queen Charlotte*, 1789 (National Gallery, Londres).
- George Romney (1734-1802), portraitiste élégant, fut aussi illustrateur d'œuvres littéraires, *Lady Hamilton*, 1782-1786 (National Portrait Gallery, Londres), *Earl Grey*, 1784 (Eton College).
- Henry Raeburn (1756-1823), miniaturiste, devint le portraitiste de la haute société d'Édimbourg, *Reverend Robert Walker*, 1764, *Colonel A. MacDonnel*, 1812 (National Gallery, Édimbourg).

Les grands peintres de la réalité

- George Stubbs (1724-1806) est le peintre des chevaux et des grands propriétaires terriens : *A Lady and a Gentleman in a Carriage* (« L'Attelage »), 1787 (National Gallery, Londres).
- Joseph Wright (1734-1797) a peint des nocturnes caractérisés par une lumière artificielle et représentant un monde industriel : *An Experiment with the Air-Pump*, 1768 (Tate Gallery, Londres). Il fut également paysagiste et portraitiste : *Reverend D'Ewes Coke*, 1780-1782 (Derby Museums).
- John Constable (1776-1837) peint ses paysages ruraux familiers des bords de la Stour sur de grands formats. Son style rompt avec toute idéalisation et donne aux êtres et aux choses une forte densité par l'utilisation d'une riche technique de sous-couches et d'une pâte épaisse (*The Hay Wain*, « La Charrette de foin », 1821).

Vers l'imaginaire : William Blake

William Blake (1757-1827) était un grand poète mais aussi un peintre visionnaire et un graveur. Il a illustré nombre de ses poèmes de miniatures gravées (*illuminated printing*) et traduit en œuvres fantastiques ses visions dantesques. Il a perfectionné la technique de la gravure rehaussée d'aquarelle (*water-colour engraving*). Pour Blake, le livre devait être semblable au manuscrit illuminé du Moyen Âge, avec un texte et des illustrations intimement liés. Chez lui, le monde sensible est transfiguré dans une vision prophétique. *Songs of Innocence*, 1789 ; *The Marriage of Heaven and Hell*, 1793 ; *Songs of Experience*, 1794 ; illustration de la bible (*L'Échelle de Jacob*, 1800, British Museum, Londres).

DEUX GRANDS PORTRAITISTES

Joshua Reynolds (1723-1792)

Son séjour en Italie détermina son « grand style », marqué par les poses nobles de la statuaire antique et les solutions chromatiques de grands peintres italiens comme Guido Reni ou Titien. Il fut le portraitiste de couches sociales plus variées que celles pour lesquelles avait travaillé un peintre de Cour comme Van Dyck. Outre des aristocrates, *La Famille du duc de Marlborough*, 1778 (Blenheim Palace, Oxford), posèrent aussi pour lui des officiers de marine : *Commodore Keppel*, 1753 (National Maritime Museum, Greenwich), des acteurs de théâtre : *Garrick entre la Tragédie et la Comédie*, 1762 (Rushbrooke Hall, West Suffolk, Rothschild Collection) et des intellectuels : *Samuel Johnson*, 1856 (National Portrait Gallery, Londres). Certains modèles sont influencés par la peinture italienne de sujets mythologiques : Anne Fermor en Diane (Crichton Collection, Londres), historiques : Kitty Fisher en Cléopâtre, 1759 (Kenwood Park) ou religieux : Anne Harewood et son fils, 1762 (Harewood House). Il s'inspira également de Michel Ange : Sarah Siddons en Muse tragique, 1784 (Dulwich College, Londres) ou du Corrège : Mrs Crewe, 1772 (Crewe Collection, Londres) ; *Master Hare*, portrait d'enfant, 1788 (Louvres, Paris).

Thomas Gainsborough (1727-1788)

La campagne anglaise trouva en Gainsborough un interprète inspiré, dans les tableaux comme dans les dessins qui idéalisent les lieux représentés sans en altérer les caractéristiques : *La Charrette pour le marché*, 1786 (Tate Gallery [Tate Britain], Londres).
Mais les commanditaires de l'époque réclamaient presque exclusivement des portraits et Gainsborough se fit portraitiste, faisant preuve d'une grande pénétration psychologique. Il peignit d'abord des portraits en pied de dimension réduite ayant pour fond des vues de la campagne anglaise, notamment le célèbre tableau des époux Andrews (National Gallery, Londres) ou *Conversation dans un parc*.
Parmi ses portraits les plus connus figurent ceux de ses filles (V & A et National Gallery, Londres), *Ann Ford* (Cincinnatti Art Museum), *Le Garçon en rose* (Waddeston Manor), *La Duchesse de Richmond* (Ascot House, Berkshire, Rothschild Collection), *Mrs Sarah Siddons*, *La Promenade matinale* (National Gallery), œuvres raffinées et de goût aristocratique, avec des éléments architecturaux et des paysages dans le fond et une grande virtuosité dans la représentation des détails du vêtement.

Thomas Gainsborough, Conversation dans un parc, *1746.*

La peinture au XIXe siècle

La seconde moitié du XIXe siècle est marquée par la pensée de John Ruskin et l'esthétique des préraphaélites, qui ont influencé les courants artistiques ultérieurs, des *Arts and Crafts* jusqu'à l'art nouveau et au symbolisme. Mais c'est Turner qui innove le plus en percevant le primat du geste, de la matière et de la lumière.

Les préraphaélites, ou la genèse d'une esthétique

- La confrérie préraphaélite (*Preraphaelite Brotherhood*) est fondée en 1848 par les peintres John Everett Millais, William Holman Hunt et Dante Gabriel Rossetti, également poète, sous l'influence de Ford Madox Brown, dont l'intérêt pour les primitifs et l'opposition au classicisme académique font un précurseur. Il seront soutenus par John Ruskin dans *Modern Painters* (1843-1860), défense du retour à la simplicité de l'école italienne du *Quatrocento* (XVe siècle). William Morris, qui amplifie les exigences de renouvellement pictural du groupe, avec un engagement social plus marqué, en sera un membre influent.
- Ces artistes rejettent l'académisme victorien en faveur d'un art plus spontané inspiré de la nature et des primitifs italiens, antérieurs à Raphaël (1483-1520). Ils s'inspirent du style de ces peintres et de leur « sincérité à l'égard de la nature » (*truth to nature*). Cette exigence se traduit souvent par un réalisme soigné et minutieux. Le Moyen Âge évoqué par la poésie des romantiques (John Keats) ou des contemporains (Robert Browning) est présent dans leurs œuvres, ainsi que l'influence de l'œuvre poétique et picturale de William Blake.

Les principaux artistes préraphaélites

- Dante Gabriel Rossetti (1828-1882) écarte le réalisme analytique et méticuleux des autres représentants du groupe et privilégie des techniques plus libres et plus rapides (pastel, aquarelle, dessin). Dans ses figures féminines (*Beata Beatrix*) ou perverses (*Astarte Siriaca*) apparaît l'ambiguïté de son œuvre : aspiration à un monde idéal, à un passé légendaire mêlé de sensualité et d'inquiétude annonçant le décadentisme.
- Edward Burne-Jones (1833-1898) a abordé des thèmes religieux, des mythes classiques (*Histoire de Pygmalion*, 1869), des légendes médiévales, et fait de nombreux dessins pour Morris (illustrations de Chaucer, vitraux). Ses figures féminines angéliques épurées, à la sensualité un peu trouble, ont une touche d'ambiguïté et d'inquiétude qui font de son symbolisme un des plus âcres.
- William Holman Hunt (1827-1910) a peint des paysages d'un réalisme méticuleux en fond de ses tableaux. Comme tous les préraphaélites, il traita des thèmes littéraires : *Isabelle et le pot de basilic*, 1867, d'après Keats, inspiré de Boccace.

Turner, ou les prémices d'une peinture moderne

John Mallord William Turner (1775-1851), grand aquarelliste, a peint des huiles qui semblent annoncer les révolutions picturales à venir avec des paysages dramatiques et lumineux évoquant un monde transfiguré.

TURNER, LE PRÉCURSEUR (1775-1851)

Copier, créer : les premières influences

Turner travailla tout d'abord dans le sillage de la tradition topographique en reproduisant les lieux découverts lors de ses vagabondages dans la campagne anglaise. En copiant les esquisses du paysagiste J.-R. Cozens, il apprit à dépasser le détail réaliste pour aller vers une conception plus libre et plus lyrique du paysage. Ses premières œuvres portent la marque de l'esthétique du sublime (*La Cathédrale de Salisbury*, 1802). La grande admiration qu'il eut pour Claude Lorrain confirma son affinité avec la sensibilité du XVIIIe siècle : *La Fondation de Carthage par Didon*, 1815 (œuvre léguée à l'État par Turner à condition qu'elle soit accrochée entre les deux œuvres de Claude Lorrain du musée).

Au-delà du paysage

Turner élabora graduellement son propre style en étudiant de façon de plus en plus approfondie les effets atmosphériques des jeux de lumière. Même dans ses tableaux historiques ou mythologiques, l'artiste s'intéressa essentiellement au paysage, à la façon de rendre les aspects les plus dramatiques et sublimes de la nature : *La Cinquième plaie d'Égypte*, 1800 ; *Tempête de neige : Hannibal et son armée traversant les Alpes*, 1812.

La découverte de la lumière italienne

La découverte de l'intense luminosité de l'Italie fut déterminante pour l'évolution de son style. Il rapporta d'admirables vues de la lagune de Venise : *Venise vue du canal de la Giudecca*, 1840 ; *San Benedetto : vue vers Fusina*, 1843.

Vers une vision moderne

Dans un espace construit par les effets lumineux, affranchi de la perspective, les formes perdent leur contour et les couleurs deviennent l'unique sujet du tableau : *Musique à Petworth*, 1830 (Tate Britain, Londres) ; *L'Incendie du Parlement*, 1835 (Museum of Art, Cleveland). *Pluie, vapeur et vitesse*, 1844 (National Gallery, Londres), résume la conquête par Turner d'une vision réellement moderne.

John Mallord William Turner, Pluie, vapeur et vitesse, *1844, (National Gallery, Londres).*

La peinture au XXe siècle

La scène artistique britannique a été influencée par les mouvements expérimentaux européens (postimpressionnisme, cubisme, surréalisme) et a vu se faire et se défaire de nombreux mouvements et courants. La seconde moitié du siècle est marquée par le génie tourmenté de Francis Bacon et de Lucian Freud.

L'entre-deux-guerres ou l'art britannique sous influence

En 1915, apparaît un mouvement nommé «vorticisme», synthèse du cubisme, du futurisme (modernisme des machines) et du chromatisme de Delaunay. Son chef de file est le peintre Wyndham Lewis et son organe la revue *Blast*. Lewis souligne le lien entre civilisation passée et moderne, en réaction contre la fuite dans le romanesque médiéval des préraphaélites.

L'art des peintres britanniques des années 1920 reflète les influences continentales. *The Camden Town Group*, autour de Walter Sickert, s'inspire du réalisme des peintres postimpressionnistes comme Manet ou Gauguin (Augustus John: portraits de Dylan Thomas, James Joyce, Élisabeth II). Des mouvements éphémères se forment, comme *The Bloomsbury Group*, avec Sir Matthew Smith, Roger Fry, Duncan Grant, Vanessa Bell (portrait de Virginia Woolf), influencés par Matisse et le fauvisme.

Dans les années 1930, Londres est partagé entre la tentative constructiviste (retour aux bases saines d'un art au service de la société et du peuple), opposée à l'art pour l'art, et l'attraction du surréalisme.

Ben Nicholson, influencé par Cézanne puis par Mondrian, est le premier artiste britannique véritablement abstrait. En 1933, il fonde le groupe *Unit One* avec Paul Nash, qui s'inspire de l'art visionnaire de William Blake, puis des préraphaélites et des surréalistes (De Chirico).

L'après-guerre ou l'originalité affirmée

Distortion et fantaisie morbide apparaissent dans les œuvres de Stanley Spencer (*Double portrait de nu*, 1936) et de Graham Sutherland (*Écran nocturne*, 1964).

Les années 1960 et leur optimisme voient l'apogée du pop art. L'un de ses représentants les plus importants est Peter Blake, qui exploite l'imagerie de la culture populaire dont il représente les emblèmes (images publicitaires, télévisuelles et cinématographiques, images du foklore ou du Luna-Park): *Self-Portrait with Badges*, 1961.

David Hockney est influencé par l'expressionnisme de Bacon mais traite ses sujets avec humour. Dans la série des *Domestic Interiors*, il utilise des images tirées de revues populaires mélangées à des graffitis, à des signes infantiles, etc. La série des *Swimming Pools* est réalisée en Californie: *Nick Wilder*, 1966.

L'art du portrait manifeste un pessimisme exacerbé avec deux artistes majeurs, Francis Bacon (*Triptych, May-June*, 1973; *In Memory of George Dyer*, 1971) et Lucian Freud, aux nus d'une humanité poignante, comme dans les portraits de sa mère réalisés en 1971-1973 et 1982-1984.

LE GÉNIE TOURMENTÉ DE FRANCIS BACON ET DE LUCIAN FREUD

Francis Bacon (1909-1992)

Influencé par le réalisme de G. Grosz, O. Dix et M. Beckmann, découverts à Berlin, il peint des œuvres qui déconcertent par leurs silhouettes monstrueuses et inquiétantes : *Trois études pour des figures à la base d'une crucifixion*, 1944. Par la suite, Bacon approfondit son analyse, impitoyable jusqu'à l'atrocité, de la condition humaine. Les personnages de ses tableaux, comme les recompositions du pape Innocent X de Vélasquez, 1953, 1960 (W. Burden Collection, New York ; Marlborough Fine Art, Londres) sont emblématiques. Bacon se sert d'images préexistantes qu'il recompose : photographies anonymes, albums photographiques de Muybridge, photogrammes de films de Buñuel, Einsenstein ou Stroheim, images médicales de maladies de la bouche.

L'œuvre de Bacon, dont les racines culturelles s'inspirent de l'esthétique du sublime du XVIIIe siècle, est caractérisée par une violente charge expressionniste (étirement et distorsion des visages), dont la forme est dérivée de M. Grünewald, V. Van Gogh, E. Munch. Elle a exercé une grande influence sur les peintres des générations suivantes, notamment dans le milieu de la Nouvelle Figuration.

Lucian Freud (1922-)

Né à Berlin en 1922, il émigre en Angleterre en 1939. Il est d'abord influencé, comme Francis Bacon, par G. Grosz et O. Dix : *Les Réfugiés*, 1941. Il est l'ami de Bacon, dont il fait le portrait (1952). Vers 1948-1950, il est influencé par le surréalisme : *Le Salon du peintre*, 1948. Au début des années 1960, sa touche devient sèche et il tente de percer l'enveloppe des formes du visage. Il peint des séries de portraits de sa mère (1971-1973 et 1982-1984) visant davantage à créer une présence qu'un portrait. Il est devenu le plus grand peintre réaliste vivant.

Francis Bacon, détail du triptyque Trois personnages dans une pièce, *centre Georges Pompidou, Paris.*

La sculpture au XXe siècle et l'art contemporain

La sculpture est un genre majeur dans l'art anglais du XXe siècle. Après les recherches sur la forme organique d'Henry Moore, puis la déconstruction et l'abstraction des années 1960 et 1970, c'est le foisonnement de la scène artistique contemporaine, essentiellement conceptuelle et d'une grande vitalité.

La forme organique et l'influence des arts premiers

- En 1933, onze peintres, sculpteurs et architectes forment le groupe *Unit One*, qui défend le principe de la forme organique, non conceptuelle. Parmi eux, les sculpteurs Henry Moore, groupes *Mother and Child*, 1924-1925, et Dame Barbara Hepworth, influencée par Brancusi, *Perforated Form,* 1933.
- Parmi les sculpteurs de premier plan de l'après-guerre, on peut aussi citer Reginald Butler, proche de Germaine Richier et de Giacometti, Lynn Chadwick et Kenneth Armitage.
- Jusqu'aux années 1960, la sculpture britannique est dominée par l'œuvre de Jacob Epstein, influencé par «les arts premiers», qui crée des œuvres qui rappellent Brancusi: *The Rock Drill*, 1915.
- Les chefs de file sont ensuite toujours Henry Moore, *King and Queen*, 1952 (bronze) ainsi que Barbara Hepworth, série des «*Forms*», dans laquelle la nature même du matériau dicte la forme finale de l'œuvre.

La révolution contemporaine

- La tradition désormais incarnée par Henry Moore est battue en brèche dans les années 1960 par Eduardo Paolozzi (parties de voiture, pièces mécaniques coulées en bronze, etc.) et Anthony Caro (sculpture abstraite en métal).
- Richard Long est la figure de proue du land art, qui vise à utiliser ou transformer un lieu naturel en œuvre vouée à disparaître matériellement, mais qui subsiste sous la forme de photos ou de vidéos.
- Gilbert & George se mettent en scène et deviennent l'unique sujet de leur expression artistique (sculptures, photos), refusant toute distinction entre l'œuvre et la vie et raillant l'*establishment*.

La «jeune sculpture anglaise»

- Au début des années 1980, c'est l'irruption de la «jeune sculpture anglaise», d'obédience conceptuelle, qui fait voler en éclats le monde artistique établi, avec Bill Woodrow (*Electric Fire with a Yellow Fish*, 1981), Barry Flanagan (*Hospitality*, 1990), Tony Cragg (*Minster*, 1990), Richard Deacon (*Like a Snail*, 1987), Damien Hirst (*Mother and Child Divided*, 1993, quatre aquariums, vache et veau, liquide formolhyde), Rachel Whiteread (*Ghost*, 1989), Anish Kapoor (*1,000 Names*, 1980).
- De nouveaux modes d'expression, parfois provocants, sont apparus durant ces années fertiles, avec des artistes comme Damien Hirst. Son œuvre intitulée *The Physical Impossibility of Death in the Mind of Someone Living*, 1991, est une installation composée d'un immense aquarium contenant un requin préservé dans une solution chimique. On tend parfois vers l'obscène, comme chez Tracey Emin (*My Bed*, qui montre un lit défait et divers indices de l'intimité sexuelle).

LA SCÈNE ARTISTIQUE CONTEMPORAINE

Un art qui dérange

Henry Moore, Reclining Figure *(Figure allongée), 1951.*

Parmi les œuvres et les artistes marquants, loin de la majesté sereine des figures hiératiques d'un Henry Moore, on peut citer les tableaux semi-abstraits incorporant des excréments d'éléphant de Chris Ofili, les photographies à l'humour pince-sans-rire de Richard Billingham, les moulages en plâtre et les sculptures en caoutchouc d'objets de la vie courante de Rachel Whiteread, ou ses vidéos-natures mortes en décomposition, les nus sensuels et dérangeants de Jenny Savile, les peintures abstraites glacées et brillamment colorées de Gary Hume, les sculptures hyperréalistes en matière synthétique de l'artiste australien Ron Muecke, répliques gigantesques ou réduites de ses modèles, les abstractions de Fiona Rae, les œuvres controversées de Marc Quinn, notamment un moulage de sa tête fait avec son propre sang.

Un art conceptuel

L'art de Grande-Bretagne à la fin du XXe siècle, parfois qualifié d'« art néoconceptuel », est éclectique et a recours à une grande variété de techniques souvent associées. À l'instar de nombreuses œuvres montrées à l'exposition « *Sensation* » à la Royal Academy of Arts (1997), cet art à tendance philosophique et réflexive aborde les grandes questions de la vie et se révèle souvent choquant, les artistes affichant une préoccupation commune pour la mort et la décomposition du corps.

Le plus célèbre d'entre eux est l'artiste anglais Damien Hirst, dont les œuvres comprennent des tableaux pointillistes, des vitrines de produits pharmaceutiques, des animaux découpés ou entiers conservés dans du formol et montrés dans des vitrines, ou une tête de vache en décomposition.

Le Turner Prize

Décernée par la Tate Gallery et généralement attribuée à des artistes conceptuels, cette récompense est souvent controversée. Depuis 1997, les lauréats ont été Gillian Wearing (*60 minutes of Silence*, vidéo d'une heure montrant un groupe d'acteurs immobiles en uniforme de police), Chris Ofili, Steve McQueen, Glenn Brown, Martin Creed (2001, *Installation* : pièce vide dont l'éclairage s'allume et s'éteint), Fiona Banner, The Chapman Brothers (Jake and Dinos Chapman), Jeremy Deller, Simon Starling, Tomma Abts.

La Tate Modern

Grand musée d'art contemporain ouvert en mai 2000 dans une ancienne usine électrique réhabilitée façon design fin du XXe siècle, la Tate Modern est située sur la rive sud de la Tamise et relié à la cathédrale Saint-Paul par le Millenium Bridge. La vocation de la Tate Modern est l'art après 1900. Toutes les formes qu'adopte depuis un siècle l'art plastique jusqu'aux « nouvelles images » – l'art vidéo – sont représentées dans l'exposition permanente et font de la Tate Modern l'une des toutes premières collections d'art contemporain au monde.

La photographie

La photographie britannique, très riche, est d'emblée à la fois photographie d'art et, malgré un matériel peu commode, photographie documentaire *in situ* où le social est très présent. Longtemps négligée, la photographie a trouvé sa place dans le monde de l'art.

La photographie, medium artistique et documentaire

Oscar Rejlander, d'origine suédoise, fut l'un des premiers grands photographes d'art britanniques, avec Lewis Carroll, Hill & Adamson, Julia Margaret Cameron et les photographes préraphaélites. Il réalisa des nus, des portraits, des allégories moralisantes créées en superposant des négatifs, dont *The Two Ways of Life*, achetée en 1857 par la reine Victoria pour le prince Albert.

La photographie de guerre naquit avec Roger Fenton, qui couvrit la guerre de Crimée en 1853. L'enregistrement *in situ* de la vie de la classe ouvrière, ou «*Mass observation*», se développa avec Hill & Adamson (travaux sur les pêcheurs de Newhaven dans les années 1840) et John Thomson (le livre *Street Life in London*, 1876).

Les photos du mouvement documentariste sur le monde du travail devinrent populaires grâce aux magazines (*picture magazines*) des années 1930 (le *Picture Post*). Ils publièrent les travaux de Bill Brandt: *The English at Home*, 1936; *A Night in London*, 1938. Brandt se consacra ensuite au portrait et au nu féminin: *Perspective of Nudes*, 1961.

La banalité transfigurée

L'après-guerre vit la disparition des *picture magazines* mais pas de la photographie documentant la vie des gens ordinaires. Roger Mayne photographia Southam Street dans les années 1950 et, au début des années 1960, Tony Ray-Jones devint le photographe d'une banalité décalée presque surréaliste: *A Day Off*, 1974.

Cette transfiguration de scènes banales se retrouve dans les œuvres des années 1980-1990, avec des photographes de la vie quotidienne comme Homer Sykes, Tom Wood, Richard Billingham et Martin Parr. Aux débuts de la photographie documentaire en couleurs sont associés Paul Graham (*A1 – The Great North Road*, 1982 et «*Beyond Caring*», 1984-1985) et Martin Parr (*Last Resort*, 1986).

La diffusion de la photographie

Elle est notamment le fait de grands livres de photos comme ceux de Bill Brandt (*Literary Britain*, 1951), Edwin Smith (*England*, 1957), Hugo van Wadenoyen (*Wayside Snapshots*, 1957). *Creative Camera*, magazine créé en 1968, a joué un rôle essentiel, de même que The Photographer's Gallery à Londres, la Tate Modern et The Victoria & Albert Photography Gallery (300 000 photos acquises depuis 1850). Deux prix, le *Jerwood Photography Awards* et le *CitiGroup Photography Prize*, contribuent à la promotion de cet art longtemps négligé.

Les magazines sur papier glacé comme *Blitz*, *i-D*, *The Face*, mêlent sur un mode décalé le cliché modernisé du dandy anglais excentrique, le genre «people» et la veine documentariste.

LES GRANDS PHOTOGRAPHES BRITANNIQUES DE LA RÉALITÉ

Paul Graham (1956-)

Il s'est intéressé au conflit en Irlande du Nord, aux traumatismes liés à l'histoire en Europe de l'Ouest et au Japon, ainsi qu'aux États-Unis d'aujourd'hui. Graham a été le premier photographe européen à se lancer dans la photographie en couleurs et à associer ses possibilités à la photographie documentaire sociale.
Dans les années 1980, il a publié *A1 — The Great North Road* (Grey Editions, 1983), puis *Beyond Caring* (1984-1985), photos en couleurs d'agences pour l'emploi, et *Northern Ireland Troubled Land* (Grey Editions, 1986), qui montre le paysage traumatisé de l'Irlande du Nord.
Depuis les années 1980, l'œuvre de Graham porte sur l'Europe (*New Europe,* 1988-1993), le Japon (*Empty Heaven*, 1989-1995, *Scalo*, 1995), et plus récemment, l'Amérique (*American Night*, 1998-2003, *SteidlMACK* 2003).

Martin Parr (1952-)

Martin Parr est photographe documentariste et photographe de presse. Son projet photographique porte un regard critique sur la société moderne, particulièrement le consumérisme, le tourisme, la voiture, la famille et les relations humaines, la nourriture.
La publication de *Last Resort : Photographs of New Brighton* (Dewi Lewis, 1986), l'a fait connaître. Ses photographies sont caractérisées par l'emploi de couleurs saturées. Elles procurent d'abord un sentiment de platitude, source d'ennui, jusqu'à ce qu'un regard plus attentif révèle leur profondeur.

La photographie sociale des années 1970-1980

De 1975 au début des années 1980, la Fondation Calouste Gulbenkian a financé le travail documentaire de Chris Steele-Perkins et Nicholas Battye (projet « *Exit* ») sur la pauvreté dans des quartiers difficiles (*Inner Cities*). Ils ont réalisé 29 000 photos et enregistré des heures de conversation, constituant l'équivalent de *Mass Observation* des années 1930. La vie de tous les jours a aussi fait l'objet du travail de Daniel Meadows (*Living like This*, 1975). La culture des jeunes rebelles (skinheads, punks) a été le sujet de nombreux travaux, dans le sillage de ceux de Chris Steele-Perkins sur les « *teddy-boys* » (*The Teds*, 1979). Don McCullin, grand photographe de guerre, a réalisé des reportages sur les bandes de jeunes londoniens. La violence et la misère sont au cœur de son œuvre : *Hearts of Darkness,* 1980.

Martin Parr, New Brighton *(1985).*

Les arts décoratifs

Un lieu exceptionnel rassemble les chefs-d'œuvre des arts décoratifs anglais : le Victoria and Albert Museum, ou « V & A ». On peut y admirer les créations de la riche tradition de l'artisanat de luxe. Menacé par la révolution industrielle et l'éclectisme victorien, celui-ci a pris un nouvel essor grâce à William Morris et au mouvement *Arts and Crafts*.

Le V & A

Fondé en 1852, le musée de South Kensington, à Londres, fut conçu pour améliorer la qualité des produits manufacturés concurrencés par ceux d'autres pays européens, observation faite lors de l'Exposition universelle tenue à Crystal Palace à Londres, en 1851. Le musée était destiné à améliorer les critères en matière d'éducation et de design dans le secteur manufacturier. Éclairé au gaz, il ouvrait tard pour permettre aux artisans de voir ce qui se faisait de mieux dans leur domaine.

Aujourd'hui, ses 145 galeries offrent des trésors dans tous les domaines des arts décoratifs et des arts appliqués. Dans la production anglaise d'objets usuels produits de l'artisanat d'art, la céramique et la porcelaine ainsi que l'ébénisterie occupent une place à part.

La céramique et la porcelaine

La porcelaine la plus ancienne est celle de la fabrique de Chelsea, transférée à Derby, au nord de Birmingham, en 1770. Elle est caractérisée par ses bleus et ses rouges profonds, et par ses décors souvent exotiques. La fabrique rivale est la fabrique Bow, installée dans l'Est de Londres. Elle imite la porcelaine allemande de Meissen. Plus tard, la porcelaine de Worcester hérite des bleus et des blancs chinois de Chelsea.

Au XIXe siècle, l'industrie de la faïence et de la porcelaine se concentre dans le Staffordshire, dans le *Potteries district* autour de Stoke-on-Trent. Mais c'est à deux grandes familles surtout, les Minton et les Wedgwood, que la porcelaine anglaise doit sa notoriété.

L'ébénisterie

La tradition de l'ébénisterie remonte au Moyen Âge, avec des coffres richement décorés. L'ameublement se développe sous les Tudors, dans un style massif orné de sculptures et de marqueterie. Sous les Stuarts, décors exotiques et laque japonaise font leur apparition.

Au XVIIIe siècle, après un retour à un style plus dépouillé et à des lignes incurvées rappelant le style Louis XV, ce sont le gothique, le rococo ou le chinois qui ont la faveur du public. Thomas Chippendale publie, en 1753, un guide pour les ébénistes (*cabinet makers*), *The Gentleman and Cabinet Maker's Director*, qui rencontre un immense succès et participe à la diffusion de ces styles.

Vers 1760, un retour du classique a lieu avec le designer Robert Adam (1728-1792). L'art léger et élégant de Sheraton (1751-1806) marque l'âge d'or de l'ébénisterie. Mais Sheraton lui-même cède à la mode du style Empire. C'est ensuite le règne d'un style victorien hybride et pompeux, jusqu'au renouveau de l'artisanat d'art lié au mouvement *Arts and Crafts* (« arts et métiers »), lancé par William Morris en 1888.

WILLIAM MORRIS ET LE MOUVEMENT ARTS AND CRAFTS

Le mouvement *Arts and Crafts :* vers l'Art nouveau

Au XIXe siècle, l'emprunt à des styles antérieurs mêlés aboutit à l'éclectisme du style Napoléon III en France et du style victorien en Angleterre. La réaction vient du théoricien anglais John Ruskin. Dans *The Stones of Venice* (1853), ce dernier oppose l'harmonie organique de l'artisanat médiéval à la standardisation industrielle. Mais c'est l'artiste-entrepreneur William Morris (1834-1896) qui renoue avec la grande tradition de l'artisanat anglais.

William Morris et l'unification des styles

Morris donne notamment une nouvelle impulsion à l'art de la céramique et du vitrail, qu'il emploie dans l'architecture profane. Sa volonté d'unifier le style de tous les éléments de l'habitation et de créer des formes en rapport avec la fonction des objets et les techniques de fabrication exerça une influence considérable sur l'ensemble des mouvements européens regroupés sous l'appellation d'« Art nouveau ».

Un entrepreneur socialiste

Fidèle aux théories du socialisme utopique anglais, William Morris vit dans le retour au travail artisanal le moyen de dépasser l'aliénation de l'art par l'industrie. En 1874, il fonde sa fabrique avec deux associés (Morris, Marshall, Faulkner & Company). De la conception à la diffusion, recourant aux meilleurs artisans pour la fabrication, l'entreprise produit papiers peints et objets d'ameublement (carreaux de faïence, meubles, tissus, imprimés, tapis et tapisseries). Morris fait appel à des artistes comme W. Crane, E. Burne-Jones, Ford Madox Brown, D.G. Rossetti, P. Webb, pour dessiner cartons de vitraux, de tapisseries, etc.

William Morris, Salle à manger verte, *1866-1867, V&A, Londres.*

Rayonnement et diffusion restreinte

À travers cette activité, puis par des expositions *Arts and Crafts* à partir de 1888, Morris diffusa ses inventions décoratives où domine l'arabesque florale en Angleterre et sur le continent. S'il se réclamait du Moyen Âge quant aux méthodes, Morris créa en fait le premier style original apparu depuis le rococo du XVIIIe siècle. Mais, en réalité, le retour au travail artisanal se traduisit par une production très chère et quantitativement limitée, qui eut la faveur d'une élite internationale, bourgeoise et esthète.

Une inlassable activité

L'influence de William Morris a été considérable. Peintre, écrivain et décorateur, il fut le pionnier du mouvement de conservation des bâtiments anciens et de la nature, et le partisan d'une vaste diffusion de l'art. Il contribua durant vingt ans au choix des acquisitions du South Kensington Museum, le futur V & A. Morris renouvela aussi l'art typographique en fondant la *Kelmscott Press* (1890). Ses éditions raffinées tirées à la main répandirent le goût de la page gothique illustrée de riches motifs ornementaux (*Œuvres complètes de Chaucer*).

L'architecture : de l'art gothique au XVIIIe siècle

L'architecture anglaise a interprété les influences européennes, trouvant son identité avec le style Tudor, qui marque les vrais débuts de l'architecture civile, puis avec les styles palladien, baroque et géorgien, imprégnés avant tout de classicisme antique.

L'art gothique

Le gothique anglais marque une première étape vers une singularité croissante. On distingue ainsi le gothique primitif (*early English*), au XIIIe siècle, illustré par la cathédrale de Salisbury (1220-1260) ; le gothique décoré (*decorated*), au XIVe siècle, de la cathédrale d'Exeter (1280-1369) ; le gothique perpendiculaire (*perpendicular*), au XVe siècle, de la nef de la cathédrale de Canterbury ou de la chapelle de King's College à Cambridge.

Le style Tudor

L'architecture civile prend son essor sous les Tudors. La lumière est reine, comme à Hampton Court (1515), de style tudor primitif (*early Tudor*), et à Harwick Hall, dans le Derbyshire, aux multiples fenêtres (*Tudor-Elizabethan style*). On construit en fonction des matériaux locaux, et la brique ou le colombage suppléent parfois la pierre. Les architectures élisabéthaine et jacobéenne sont illustrées par Little Moreton Hall, Cheshire (1559-1580), et par Hatfield House, Hertfordshire (1607-1612).

Le style classique palladien et le baroque anglais

- Les concepts architecturaux du classicisme de la Renaissance sont introduits en Angleterre par Inigo Jones (1573-1652). Il s'inspire de l'Italien Andrea Palladio, lui-même imprégné du classicisme antique du Romain Vitruve (colonnes, arcs, frontons). Jones construit Banqueting Hall à Londres (1622), à l'extérieur simple et compact mais aux riches décorations intérieures, et Queen's House à Greenwhich (1635). Le classicisme marque l'architecture anglaise avec l'œuvre de Christopher Wren, qui allie noblesse classique et mouvement baroque (cathédrale Saint-Paul, Londres).
- Alors qu'une variété gracieuse et foisonnante du baroque, le rococo, fleurit en Europe, les Anglais pratiquent un baroque anglican sévère. John Vanbrugh et Nicholas Hawksmoor construisent Castle Howard, premier édifice baroque, et Blenheim Palace. Vers 1720, on revient au classicisme palladien avec William Kent, Holkham Castle. Les châteaux ont pour écrin des parcs paysagés à l'anglaise, dessinés notamment par « Capability » Brown, jardinier de George III.

Le style géorgien

Le style géorgien, évolution du style classique palladien, mais plus orné, marque tout le XVIIIe siècle anglais. L'Écossais Robert Adam, architecte et décorateur, en est un des maîtres. Avec le développement urbain, l'urbanisme concerté apparaît : places (*squares*), enfilades de façades rectilignes (*terraces*) ou incurvées (*crescents*) comme le Royal Crescent à Bath (1767-1774), joyau de l'architecture géorgienne, construit par John Wood et son fils.

L'ART DU JARDIN ANGLAIS

Le refus de la symétrie

Au XVIIIe siècle, se développe l'art du « jardin à l'anglaise » : recherche de la variété des essences, cheminements courbes, refus de la symétrie, relief vallonné, pièces d'eau d'apparence naturelle, introduction de fausses ruines ou édifices de style antique ou même chinois, folies, ruines, rochers, statues, bancs... Ce type de jardin est paysage et œuvre d'art.

Le « jardin à l'anglaise » est souvent opposé au « jardin à la française », dont il prend le contrepied esthétiquement et symboliquement. La vogue des compositions « à la française » extrêmement structurées, aux parterres jouant sur la symétrie et la perspective, prend fin en Angleterre sous l'influence d'une esthétique privilégiant la redécouverte de la nature sous son aspect sauvage et poétique. L'objectif n'est plus de contrôler la nature, de la domestiquer, mais d'en jouir.

Le jardin paysage

Les jardins à l'anglaise offrent des cheminements sinueux ouvrant sur des points de vue « pittoresques », au sens étymologique, où un peintre aimerait poser son chevalet, et leurs concepteurs sont fréquemment des peintres. Loin de la froide géométrie des jardins classiques conçus par des architectes, ils mettent en valeur, à travers les points de vue, un élément naturel remarquable : arbre rare au feuillage coloré, tronc torturé, étang, prairie... William Kent (1685-1748) crée les premiers jardins paysagés. La composition du point de vue répond aux règles du tableau. On recherche l'équilibre des volumes, la variété et l'accord des coloris et des matières végétales.

La symbolique du jardin à l'anglaise

Derrière l'esthétique s'inscrit une symbolique du jardin, à la fois paysage et peinture, chargé de significations. Son agencement irrégulier, opposé à l'ordonnancement du jardin à la française, le pare d'une symbolique de liberté : au carcan du jardin à la française s'oppose la libre conception anglaise de tradition *whig*. Le refus de la symétrie s'apparente alors à un refus des codes. Il devient le symbole d'une émancipation vis-à-vis de la monarchie absolue et de ses représentants.

Le parc de Stourhead près de Stourton, Wiltshire, est l'un des sommets de l'art paysagé au XVIIIe siècle.

L'architecture : XIXe et XXe siècles

Au XIXe siècle, les genres architecturaux se succèdent, du style néoclassique au néogothique en passant par l'éclectisme victorien. Au XXe siècle, le style dérivé des *Arts and Crafts* fait place à des tendances modernes contrastées qui font la variété du paysage urbain britannique.

Le XIXe siècle : du style néoclassique à l'éclectisme

La première moitié du XIXe siècle prolonge le mouvement néoclassique de la fin du XVIIIe siècle. C'est dans le style classique de Wren que John Nash construit Buckingham Palace, vers 1825. Mais des incursions romantiques dans le Moyen Âge ou dans l'exotisme indien ou chinois se font jour avec le Royal Pavilion à Brighton et la pagode de Kew Gardens.

La seconde moitié du XIXe siècle généralise le recours aux styles anciens les plus variés. C'est l'éclectisme victorien dont l'esthétique douteuse est dénoncée par John Ruskin.

La vogue du néogothique

La seconde moitié du XIXe siècle marque un retour à un vocabulaire architectural gothique avec le style néogothique (*Neo Gothic, Gothic revival*). Le Parlement, conçu par John Barry et Augustin Pugin (habillage de la façade dans le style gothique perpendiculaire), est une illustration de ce style, de même que les Law Courts (G.E. Green) et l'hôtel Midland de la gare Saint-Pancras achevé en 1876 (George Gilbert Scott). L'Angleterre se couvre de gares et même d'usines de style néogothique.

On peut noter l'influence de nombreux architectes anglais dans les pays de l'Empire : Sir George Gilbert Scott pour l'Université de Bombay, Edwin Lutyens pour la demeure du vice-roi à Delhi, William Butterfield pour la cathédrale Saint-Pierre d'Adelaïde, en Australie.

L'architecture au XXe siècle

Le tournant du siècle est marqué par l'application à l'architecture des idées du mouvement *Arts and Craft* de William Morris (1888), mises en œuvre par Charles Rennie Mackintosh en Écosse, Charles Devey, puis Edwin Lutyens. Ils recourent à un vocabulaire vernaculaire d'autrefois (fenêtres à meneaux ou à croisillons, multiples pignons, hautes cheminées dans le style Tudor). Ce style, décliné avec plus ou moins d'éclat selon les moyens financiers du commanditaire, s'est perpétué jusqu'à la Seconde Guerre mondiale, du manoir à la maison plus humble.

Après la Seconde Guerre mondiale, la reconstruction connaît diverses phases, influencée par le modernisme de Le Corbusier, des années 1950 aux années 1970. Ce style dépouillé a comme avatars le style abrupt du *British New Brutalism* illustré par l'Economist Building d'Alison et Peter Smithson, la Hayward Gallery, le Barbican Arts Centre, le National Film Theatre et le Royal Festival Hall de Denys Lasdun.

Mais c'est aussi dans les années de l'immédiat après-guerre que sont bâtis des dizaines de milliers de logements sociaux (maisons individuelles) dans un style pseudo-vernaculaire, offrant aux ouvriers leur première expérience du jardin privé et de la salle de bains.

ARCHITECTURE ET URBANISME : LES TENDANCES AU XXe SIÈCLE

Les cités-jardins

Le concept de cité-jardin fut l'idée d'Ebenezer Howard, réformateur social, exprimée dans son ouvrage *Tomorrow: A Peaceful Path to Real Reform* (1898). William Morris évoque un projet semblable dans son utopie *News from Nowhere* (1891), mais le projet d'Howard est fermement lié aux aspects pratiques de la vie au tournant du siècle.

Howard estimait que la solution aux problèmes urbains de la fin de l'ère victorienne était la création d'une série de villes nouvelles. Celles-ci fourniraient une alternative à la pression des villes en offrant à leurs habitants toutes les facilités de la vie urbaine et les plaisirs d'une communauté semi-rurale équilibrée.

Les principes d'Howard furent mis en œuvre avec la collaboration des architectes Barry Parker et Raymond Unwin, qui réalisèrent la cité de Letchworth, Hertfordshire (1906).

L'urbanisme social

De grands industriels philanthropes, comme le magnat du chocolat Joseph Rowntree ou Lord Leverhulme, fondateur de la savonnerie Lever, firent aménager des domaines en villages ouvriers (New Earswick, près de York, pour le premier ; Port Sunlight, Merseyside, pour le second).

Des villes nouvelles aux « *eco towns* »

Les villes nouvelles britanniques de l'après-guerre découlent de cette philosophie, de même que les « *expanded towns* », villes moyennes au développement planifié, comme Cambridge, qui complètent le dispositif de décongestionnement des grandes agglomérations selon un principe de dispersion (*overspilling*). Les « *eco villages* » proposés par le prince de Galles en Cornouailles et le projet de Gordon Brown de construire cinq « *eco towns* » (« villes écologiques ») sur des anciens sites industriels sont dans le droit-fil de cette philosophie.

Modernisme,postmodernisme et architecture contemporaine

L'architecture postmoderne qui a débuté dans les années 1970 a été en vogue dans les années 1980 : centres commerciaux, complexes de bureaux conçus par des architectes comme James Stirling et Terry Farrell. Mais le modernisme inspiré de Le Corbusier est resté vivace dans les édifices autres que domestiques. Ses deux principaux tenants ont été Lord Rogers of Riverside et Lord Foster of Thames Bank (concepteur du viaduc de Millau en France). Les réalisations emblématiques de Rogers sont le Lloyd's Building et le Millennium Dome, tandis que Foster a créé les Swiss Re Buildings (surnommé « *The Gherkin* », « le cornichon ») et le QG de l'Administration du Grand Londres (Greater London Authority H.Q.).

Richard Rogers, Lloyd's building, *Londres, 1979-1984.*

La mode classique

L'image de la mode masculine anglaise classique est en partie associée à celle du gentleman, dont la tenue symbolise l'excellence vestimentaire. C'est un grand couturier anglais, Frederick Worth, qui fut le premier à dicter la mode féminine et qui lança la tradition de la grande couture.

L'évolution des influences

L'évolution de la mode est le reflet de l'évolution des mœurs. Ainsi, à la rigueur monotone du costume victorien va succéder, à la fin du XIXe siècle, une complexification des codes vestimentaires, la femme de la bonne société arrivant à changer plusieurs fois de tenue dans la journée, selon les divers moments du rituel de la vie quotidienne.

La même exigence s'impose aux hommes dans leur vie professionnelle ou dans leurs loisirs, notamment en matière d'accessoires (cannes, gants et chapeaux), d'où le développement d'une économie florissante de la mode (tailleurs, chausseurs, chapeliers, etc.) qui en vient à faire de l'Angleterre le symbole de l'excellence vestimentaire associée à l'image du gentleman.

Les codes vestimentaires masculins classiques

La Grande-Bretagne est toujours le pays d'une mode masculine traditionnelle de luxe, avec ses vêtements faits sur mesure dans les meilleurs tissus (tweed, velours, lin), ou pour le moins avec un prêt-à-porter de luxe proposé par des marques célèbres comme les chaussures Church's, les vêtements Burberry, Fred Perry, Barbour, etc. Savile Row est restée une rue mythique de magasins de luxe pour hommes.

Les costumes trois-pièces stricts à fines rayures (*pinstripe suits*) sont encore portés dans le milieu de la City et le style «anglais» du gentleman-farmer est prisé à l'étranger, notamment par les intellectuels des classes moyennes aisées.

Les débuts de la haute couture

Le premier styliste de mode à ne pas avoir été un simple couturier fut l'Anglais Charles Frederick Worth (1826-1895). Avant lui, le dessin et la création étaient le fait de couturières, anonymes pour la plupart, et la grande couture émanait des styles portés à la Cour. Le succès de Worth fut tel qu'il put dicter aux clientes ce qu'elles devaient porter au lieu de se conformer à leurs attentes. Le terme «couturier» fut en fait forgé pour lui.

C'est à cette époque que de nombreuses maisons de couture commencèrent à engager des artistes pour dessiner ou peindre des projets de vêtements. On pouvait ainsi ne présenter au client que le dessin en couleur du modèle et non plus un prototype du vêtement. Si le dessin plaisait, la cliente passait commande. C'est pour faire cette économie que débuta donc la tradition qui consiste à présenter des esquisses de projets.

Dans les années 1920, Norman Hartnell se fit un nom grâce à ses créations de robes de soirée. C'est lui qui conçut les robes de cérémonie de la reine Élisabeth.

LE RÔLE DES MAGAZINES DE MODE

Des magazines illustrés à la main pour une clientèle privilégiée

Au milieu du XVIIIe siècle, les *ladies' pocket books*, sortes d'almanachs annuels, répondent à la demande des femmes des milieux aisés en matière d'illustrations de mode. *The Ladies Complete Pocket Book*, publié pour l'année 1758-1759 par John Newbery à Londres, en est un exemple.

À la fin du XVIIIe siècle, apparaissent les premiers magazines mensuels comme *Gallery of Fashion*, avec des planches coloriées à la main, accompagnées d'un texte abondant proposant des descriptions de la dernière mode à Londres et à Paris, ainsi que des conseils. Ces magazines prennent de l'ampleur et abordent d'autres sujets, ainsi *The Repository of Arts, Literature, Commerce, Manufactures, Fashions and Politics* de Rudolph Ackermann entre 1809 et 1828.

Les magazines reflets de la mode parisienne

À l'époque victorienne, la mode est, pour les femmes de la bonne société, un sujet de préoccupation majeur. Les magazines informent et conseillent une clientèle qui voit en Paris le centre de la mode. La bible est alors *The Englishwoman's Domestic Magazine* (années 1850-1860), puis *Myra's Journal of Dress and Fashion* (années 1870-1880), qui vise un lectorat plus vaste et moins fortuné. *The Queen* et *The Season* s'adressent à des femmes de la haute société qui peuvent s'acheter les robes de couturiers parisiens comme Worth ou Doucet dessinées dans ces magazines.

Image parisienne et savoir-faire anglais

Mais si l'image est parisienne, la façon, les tissus et les accessoires sont anglais, et les magasins et boutiques ne manquent pas pour satisfaire les besoins. Les couturières du West End savent travailler la soie, le velours et la dentelle, et confectionnent les robes portées lors des soirées brillantes. Le prêt-à-porter est encore à venir mais les grands magasins de Londres attirent des foules de clients (Peter Robinson sur Oxford Street, Harrods sur Brompton Road, Whiteley's sur Bayswater, Liberty sur Regent Street). Vers le début du XXe siècle, les magazines de mode commencent à inclure des photos et leur influence s'accroît encore.

Les grandes marques anglaises

Les chaussures Church's ont été longtemps l'emblème de la haute qualité destinée à une clientèle fortunée. Récemment, le rachat de cette ancienne maison par l'Italien Prada semble avoir marqué une évolution. Les vêtements Burberry, les imperméables notamment, et les vêtements de chasse Barbour, dont les tissus, la couleur et la coupe sont immédiatement reconnaissables, et qui sont portés par les membres de la famille royale en résidence à Balmoral (voir le film de Stephen Frears, *The Queen*), sont d'autres icônes de la qualité anglaise.

Le célèbre motif de Burberry, le Nova Check, *tartan écossais blanc, noir et beige, devenu l'objet de multiples contrefaçons.*

La mode moderne

Si le ton fut donné à Paris jusqu'aux années 1950, la tendance va s'inverser dans les années 1960, mais dans un autre registre. Londres devient la ville où la mode se crée, en étroite liaison avec la culture pop, l'émancipation des jeunes et l'évolution globale de la société dans un monde qui se mondialise déjà.

Mary Quant, Vivienne Westwood et la révolution des années 1960

Les années 1960 ont été une décennie de changement radical dans l'univers de la mode. Deux jeunes femmes, Mary Quant et Vivienne Westwood, auront une influence considérable. Mary Quant opère une réelle rupture, créant des modèles qui s'inspirent de la rue (*Street style*). Dans sa boutique londonienne, Bazaar, à Knightsbridge, elle vend des petites robes tabliers, sans manches, portées sur de simples chemisiers. Leur tissu facile à entretenir, leur prix relativement abordable entraînent un changement de clientèle.

Le pas est réellement franchi avec Barbara Hulanicki, dont la boutique Biba convient au budget des jeunes. Des centaines de boutiques de ce style voient le jour à Londres. La consécration de la musique pop amplifie ce mouvement. Pour de nombreux adolescents, les magasins de disques deviennent des lieux d'échange sur la musique et la mode.

Mode et société

À l'exemple de Mary Quant, qui, dès 1963, a découvert le genou, les robes raccourcissent. La minijupe est un signe de libération sexuelle et de désinvolture pour les jeunes femmes dans le vent. Elles veulent ressembler au mannequin Twiggy, dont le corps d'adolescente, la raie sur le côté à la garçonne et l'allure d'elfe ont la faveur des magazines.

Des vêtements près du corps aux couleurs vives se vendent bon marché dans les boutiques du «*Swinging London*». Ils ont une influence considérable en Europe et aux États-Unis.

La mode masculine évolue aussi avec *The Peacock Revolution* (peacock: «perroquet»). Depuis plus d'un siècle, les hommes portaient des vêtements sobres et sombres. Sous l'influence de la mode «gay», la fantaisie fait son apparition (vestes sans col, chemises imprimées aux couleurs éclatantes, revers démesurés, pantalons «pattes d'éléphant»).

Tissus et diffusion

Les tissus évoluent aussi avec des marques comme Conran Fabrics, qui achètent leurs modèles à de jeunes designers freelance qui puisent leur inspiration chez Andy Warhol et dans les œuvres *Op art* de Bridget Riley.

Des quartiers entiers de Londres se métamorphosent, comme The King's Road et Carnaby Street, envahis par les boutiques qui jouent un rôle dans la diffusion des nouvelles tendances. Ces magasins vendent des gammes bon marché de vêtements qui évoluent sans cesse, dans un cadre informel.

Aujourd'hui, les Anglais John Galliano et Alexander McQueen règnent sur la haute couture parisienne, tandis que Londres demeure un vivier de jeunes créateurs imaginatifs.

LES JEUNES CRÉATEURS CONTEMPORAINS

Londres, centre d'une mode excentrique

Face à l'uniformisation imposée par les grandes marques à diffusion planétaire dans une économie mondialisée, l'industrie de la mode britannique a produit de jeunes créateurs excentriques, innovateurs et stimulants. Ils ont fait de Londres un des grands centres de la mode depuis quarante ans.

High-tech et savoir-faire traditionnel

La ville est réputée pour sa tradition de confection de haute qualité. Les créateurs de mode britanniques contemporains exploitent à la fois les innovations de la haute technologie dans le domaine textile (nouveaux matériaux façonnables sans coutures, traitement laser pour graver des motifs à la surface du matériau, etc.) et le savoir-faire traditionnel britannique (tricot, broderie), indien ou bangladais (insertions de perles et de fragments de miroir). Le succès tient aussi à l'étroite collaboration entre stylistes et designers de tissus.

Une inspiration sans bornes

La finition se combine à une inspiration fertile (la scène urbaine, les cartes météo, des couleurs du Rajasthan, etc.) de type conceptuel. On peut citer quelques grands noms : *i.e. uniform*, *B.Earley*, *Hussein Chalayan*, *Vexed Generation*, *Hikaru Noguchi*, *Jo Gordon*, Shelley Fox, qui a remporté le très convoité *Jerwood Fashion Prize* en 1999.

Les *fashion design schools*

La plupart des créateurs de mode britanniques (*fashion designers*) en activité ont étudié dans une école d'art. La plus renommée est le Central Saint Martins College of Art and Design à Londres. Parmi les anciens élèves de Saint Martins : John Galliano, Stella McCartney, Alexander McQueen et Hussein Chalayan. Autres écoles prestigieuses : The London College of Fashion, The Royal College of Arts, à Londres, et l'Université de Westminster, d'où sont sortis Vivienne Westwood, Christopher Bailey et Stuart Vevers.

Un Anglais chez Dior

John Galliano (né en 1960) est l'un des créateurs les plus influents de notre époque. Né à Gibraltar, il a grandi à Londres où il a étudié au célèbre Central Saint Martins College of Art and Design. Il a créé sa propre marque avant de devenir le créateur attitré de la maison de haute couture Christian Dior, à Paris. John Galliano a créé les défilés de mode les plus spectaculaires que l'on n'ait jamais vus, à commencer par la collection qu'il avait conçue pour son examen final, intitulée « Les Incroyables », lors d'une présentation qui, le temps d'un défilé, transforma son école d'art londonienne en une scène de rue de la Révolution française.

John Galliano, mars 2007.

Le cinéma

Le cinéma britannique, dans l'ombre du cinéma américain, est un art aux multiples facettes qui s'est forgé une forte identité avec le genre du réalisme social, mais qui a également produit aussi bien des films historiques à grand spectacle qu'un cinéma d'auteur talentueux.

Les débuts du cinéma britannique

- Le cinéma britannique entretient d'abord une rivalité complice avec le cinéma américain. À l'époque du muet, Charles Chaplin triomphe outre-atlantique. Les années 1930 sont fertiles, en partie grâce au *Cinematograph Film Act* qui définit des quotas pour limiter l'influence du cinéma américain.
- Les grands noms sont Alfred Hitchcock (*The Lodger*, 1926), Michael Powell (*The Spy in Black*, 1939; *Peeping Tom*, 1960) et le Hongrois Alexander Korda (*The Private Life of Henry VIII*, 1933). En 1934 naît une école documentaire qui influencera le cinéma social des années 1950.

Cinéma et réalisme social

- Dans les années 1950-1960, le «*free cinema*» adapte des œuvres d'écrivains contestataires, les «*angry young men*». Les réalisateurs sont Tony Richardson (*Look back in Anger*, 1958, d'après la pièce de John Osborne, (*The Loneliness of the Long-Distance Runner*, 1962, d'après Alan Sillitoe); Jack Clayton (*Room at the Top*, 1958, d'après le roman de John Brain); Karel Reisz (*Saturday Night and Sunday Morning*, 1960); Lindsay Anderson (*If*, 1968, palme d'or à Cannes; *This Sporting Life*, 1963, d'après David Storey).
- Dans les années 1970-1980, les auteurs du cinéma social, héritiers du «*free cinema*», sont soutenus par la BBC et Channel Four (*Film on Four*), qui coproduisent des films à thèmes sociaux et encouragent de jeunes talents comme John Schlesinger (*Sunday, Bloody Sunday*, 1971). La compagnie Zenith produit des films satiriques (*Prick Up yours Ears*, 1987, de Stephen Frears).
- Le cinéma d'auteur est aussi servi par des réalisateurs souvent caustiques tels Mike Leigh avec *Naked* (1993, l'univers de la drogue) ou Mark Herman avec *Brassed Off* (1996).

Des succès commerciaux dans divers registres

Le cinéma shakespearien de Laurence Olivier (*Henry V*, 1944; *Hamlet*, 1948) sera renouvelé par Kenneth Branagh dans les années 1990. Dans les années 1960, c'est la Beatlemania avec *Hard Day's Night*, de Richard Lester, mais aussi les grands films de Joseph Losey, dont *The Servant* (1963), écrit par Harold Pinter. Guy Hamilton réalise *Goldfinger* (1964), l'un des «*James Bond films*», avec Sean Connery. *Lawrence of Arabia*, de David Lean (1962), *Ghandi* de Richard Attenborough (1982) sont des films historiques de grande ampleur. Le comique décapant des «*Monthy Python*» s'impose avec *Monty Python, Holy Grail* (1975). Des comédies populaires triomphent avec *Four Weddings and a Funeral* (1994) de Mike Newell, *The Full Monty* (1997) de Peter Cattaneo.

TROIS RÉALISATEURS, TROIS ÉCRITURES

Ken Loach

Né en 1936, Ken Loach est petit-fils de mineur et fils d'électricien. C'est dans l'observation du sort que la société réserve aux exclus que naît la révolte fondatrice de son art. Dès 1965, le style Loach (films mêlant documentaire et fiction) est créé. Son premier long-métrage est *The Poor Cow* en 1967. *Kes* (1969) est son premier grand succès, suivi par un film dérangeant, *Family Life* (1971).

Son engagement politique se radicalise après l'arrivée au pouvoir de Margaret Thatcher en 1979. Dans *Ladybird* (1994), il décrit le calvaire d'une mère à qui la garde de ses enfants a été enlevée. Parmi ses nombreux autres films, *Land and Freedom* (la guerre civile en Espagne), *Raining Stones* (la débrouille des sans-grade), *Bread and Roses* (une grève de Latinos en Californie), *Just a Kiss* (un amour difficile entre un Pakistanais et une Britannique), *The Navigators* (les méfaits de la privatisation des chemins de fer).

Plusieurs de ses films ont été primés à Cannes : *Hidden Agenda,* prix du jury en 1990 ; *Sweet Sixteen,* prix du meilleur scénario en 2002 ; *The Wind that Shakes the Barley* (*Le Vent se lève*), palme d'or en 2006.

Affiche de Le Vent se lève *(2006).*

Stephen Frears

Né en 1941, Stephen Frears est un réalisateur éclectique, auteur notamment d'un cinéma d'action souvent ironique. Dans *Gunshoe* (1972), il fait la satire du film noir américain. Dans *The Grifters* (1990), il reprend la veine du film policier plein d'humour. *Prick up your Ears* (1987) évoque la vie de l'auteur assassiné Joe Orton, *Dangerous Liaisons* (1988) est tiré de la pièce de Christopher Hampton, inspirée de C. de Laclos.

L'œuvre de Stephen Frears aborde aussi la critique sociale. *My Beautiful Launderette* (1985), sur un scénario de Hanif Kureishi, dénonce le racisme anti-pakistanais à Londres et stigmatise le chômage et la violence ambiante. *Sammy and Rosie Get Laid* (1987) est un film savoureux en faveur des couples libérés, ethniquement mixtes. *Accidental Hero* (1993) dénonce l'hypocrisie et le pouvoir des médias. *The Snapper* (1993) décrit la vie des classes populaires de Dublin. *The Van* (1996) traite du chômage et des petits boulots.

Parmi ses autres films : *The Hi-Lo Country* (1998), *High Fidelity*, *Liam* (2000), *Dirty Pretty Things* (2002), *Mrs Henderson Presents* (2005), *The Queen* (2006), magistralement interprété par Helen Mirren dans le rôle de la reine Élisabeth.

Peter Greenaway ou le cinéma d'auteur

Il a réalisé des films d'auteur subtils et dérangeants, pleins d'un humour morbide et proposant un jeu culturel sur fond d'esthétisme raffiné : *The Draughtsman's Contract* (*Meurtre dans un jardin anglais*, 1982), *Drowning by Numbers* (1988), *Prospero's Books* (1996), (d'après *La Tempête* de W. Shakespeare), *The Belly of the Architect* (1987), *The Baby of Macon* (1994).

Les techniques industrielles

De nombreuses innovations techniques, particulièrement dans la métallurgie et les textiles, et l'invention de la machine à vapeur, puis de la locomotive, ont contribué dès le XVIIIe siècle à faire de la Grande-Bretagne la première nation industrielle du monde.

Énergie et métallurgie

- La fonte, matériau indispensable pour la fabrication des machines, est produite pour la première fois en 1709 par Abraham Darby I, maître de forges à Ironbridge, dans les Midlands. Il inaugure l'usage du coke, meilleur marché que le charbon de bois, pour fondre le minerai de fer. On lui doit la métallurgie moderne. En 1735, son fils Abraham Darby II conçoit le premier haut-fourneau industriel à coke. Entre 1775 et 1779, Abraham Darby III construit le premier pont en fonte du monde.
- Le fer forgé, plus résistant, permet de réaliser des rails et des matériaux de construction. Les progrès dans la métallurgie et la sidérurgie permettent de construire des ouvrages d'art et des navires. Ironbridge Gorge devient l'un des grands centres sidérurgiques du monde. En 1856, Henry Bessemer inventera le four Bessemer, procédé permettant de produire un acier résistant.

La propulsion mécanique et son application aux transports

- La première machine à propulsion mécanique qui remplace la traction animale est la machine à piston et à vapeur inventée par Thomas Newcomen et Thomas Savery en 1712. C'est dès 1698 que Thomas Savery a fait breveter une pompe à eau utilisant de la vapeur sous pression.
- James Watt perfectionne l'une de ces machines, qu'il réparait. Il dépose son premier brevet d'utilisation industrielle de la vapeur en 1769, à Birmingham. Il lance ensuite la fabrication industrielle de sa machine. Dès 1785, la machine à vapeur devient un élément clé de la révolution industrielle, notamment du transport ferroviaire.
- L'invention, en 1803, par le Gallois Richard Trevithick, d'une chaudière à chambre de combustion interne conduit à la conception par George Stephenson de la première locomotive, la *Blucher*, qui se déplace sur des rails en fer, en 1814.

L'industrie textile

L'industrie textile se développe grâce à des inventions déterminantes. En 1760, John Kay met au point la navette volante (*flying shuttle*) pour la fabrication de larges pièces d'étoffe avec peu de main-d'œuvre. En 1765, James Hargreaves invente une machine à filer, la *spinning jenny*, qui permet d'industrialiser l'activité des filatures. En 1768, Richard Arkwright met au point une machine à filer à énergie hydraulique, le *waterframe*, pour le tissage du coton pur. Cette invention entraîne, dans le Nord de l'Angleterre, la création de manufactures qui supplantent les ateliers familiaux (*cottage industry*). En 1785, Edmund Cartwright invente le métier à tisser (*power loom*).

PROGRÈS TECHNIQUES ET TRANSPORTS

La première locomotive à vapeur

Le précurseur de tous les constructeurs de locomotives est le Gallois Richard Trevithick (1771-1833). En 1803, on lui suggère de construire une locomotive à vapeur capable de relier les forges de Penydarran à la localité d'Abercynon, distante d'une quinzaine de kilomètres. Trevithrick réalise une locomotive de 5 tonnes, la *South Wales*.

À son premier essai, le 24 février 1804, la locomotive tire une charge de 20 tonnes à la vitesse de 8 km/h. Elle remorquera jusqu'à 25 tonnes. Mais, trop lourde, elle provoque des ruptures de rail (alors en fonte), ce qui met fin aux essais. Du moins la preuve est-elle apportée que des charges importantes peuvent être tractées grâce à l'adhérence des roues au rail par le seul poids de l'engin tracteur.

Le chemin de fer

Le chemin de fer fut l'élément vital de la révolution industrielle. En 1825 est ouverte la première ligne de chemin de fer utilisant une locomotive à vapeur entre Stockton et Darlington. En 1830, la ligne de chemin de fer entre Manchester et Liverpool est inaugurée grâce aux efforts de George Stephenson, qui perfectionnera ensuite la locomotive à vapeur avec la célèbre « fusée », *The Rocket*, employée en 1825 sur la ligne Stockton-Darlington, la première au monde à transporter des passagers.

Les canaux, les routes et les ponts

– Le creusement des canaux fut mis au point par James Brindley (1716-1772). C'était le moyen de transport le plus économique pour les marchandises en vrac. Le canal de Bridgewater, le premier canal, ouvert en 1761, reliait Worsley à Manchester.

– En 1783, John McAdam, un ingénieur de l'Ayrshire en Écosse, crée une révolution dans la construction des routes. Le macadam (couches successives de pierre concassée) se généralise dès la première moitié du XIXe siècle.

– Isambard Kingdom Brunel (1806-1859), ingénieur en chef du Great Western Railway, conçut le pont suspendu de Clifton. Il conçut également le premier navire à vapeur qui réussit, en 1837, la traversée de l'Atlantique, le *Great Western*.

Old Bess, *machine à vapeur dessinée par James Watt, et installée dans son usine de Birmingham en 1778.*

La science

La Grande-Bretagne a donné au monde quelques-uns de ses plus grands hommes de science dans tous les domaines. Les travaux de Newton en physique et la théorie de l'évolution de Darwin ont fait date dans le développement de la connaissance.

Quelques grands noms de la chimie et de la physique

En chimie, Robert Boyle définit en 1660 l'élément chimique comme « ce qui n'est pas décomposable » et distingue corps simples et corps composés. C'est une avancée fondamentale. Au XVIIIe siècle, sont découverts le gaz carbonique (Joseph Black, 1754) et l'hydrogène (Henry Cavendish, 1783).

En 1807, Humphry Davy découvre et isole par électrolyse le sodium et le potassium. On lui doit la lampe de sécurité des mineurs (1812) et l'arc électrique (1813). En 1898, James Dewar liquéfie l'hydrogène.

Michael Faraday (1791-1867) formule la théorie de l'électrolyse, découvre le benzène, l'induction électromagnétique, élucide la notion d'énergie électrostatique et parvient à liquéfier tous les gaz. Ses travaux sur l'électromagnétisme conduiront à la conception de la dynamo et du moteur électrique.

En physique, les théories de Newton auront une influence considérable sur la pensée scientifique et philosophique. Parmi les autres physiciens de renom, on citera James Clerk Maxwell (théorie électromagnétique de la lumière), Ernest Rutherford et Frederick Soddy (travaux sur la radioactivité naturelle), James Chadwick (découverte du neutron).

Médecine, sciences de la vie et sciences de la terre

On doit à des Britanniques la découverte des principes de la circulation du sang (William Harvey, 1628), la première vaccination antivariolique (Edward Jenner, 1796), la première anesthésie générale au chloroforme (James Young Simpson, 1847), la découverte des effets de la pénicilline sur les bactéries (Alexander Fleming, 1928).

Le traité de géologie *A Theory of the Earth* (1785), de James Hutton (1726-1797), est la base de la géologie moderne. On doit la théorie de l'évolution à Charles Darwin (1809-1882).

En 1953, la structure « en double hélice » de l'ADN est découverte par Francis Crick et son collègue américain James Watson. Le clonage de la brebis Dolly par l'institut écossais de Roslin, en 1996, marque une nouvelle étape dans la technique génétique.

Astronomie, mathématiques et cybernétique

L'observatoire de Greenwich est fondé en 1675. Edmund Halley effectue des calculs relatifs à la comète qui porte son nom et découvre en 1718 le mouvement propre des étoiles. En 1968, Anthony Hewish découvre les pulsars, sources de rayonnement radioastronomique. Stephen Hawking, auteur d'*Une brève histoire du temps,* étudie les trous noirs.

En 1950, paraît le premier ouvrage ayant trait à l'intelligence artificielle : *Les Machines à calculer et l'intelligence*, du Britannique Alan Mathison Turing (1912-1954).

ISAAC NEWTON ET CHARLES DARWIN

Isaac Newton (1643-1727)

Il n'a que 22 ans lorsqu'il élabore, à Trinity College, Cambridge, les concepts qui vont le mener à ses trois découvertes fondamentales : la théorie de la lumière, le calcul infinitésimal et la gravitation universelle.

Newton établit que la lumière blanche est constituée d'ondes lumineuses colorées que l'œil ne peut distinguer les unes des autres. Pour les mettre en évidence, il fait passer un faisceau de lumière blanche à travers un prisme en verre qui dévie plus ou moins chaque lumière colorée. Les couleurs s'étalent alors en un spectre aux couleurs de l'arc-en-ciel : c'est la dispersion de la lumière blanche par le prisme.

Vers 1660-1670, Newton et Leibniz élaborent chacun de leur côté les bases du calcul infinitésimal (calcul différentiel et intégral).

En mécanique, Newton distingue la masse du poids. Cela lui permet d'énoncer les trois lois fondamentales de la dynamique : la loi sur l'inertie (trouvée par Galilée), l'égalité de l'action et de la réaction, la loi (dite « de la dynamique ») selon laquelle les changements de la quantité de mouvement (produit de la masse par la vitesse) sont proportionnels à la force motrice. Cette dernière loi définit ainsi la force comme le produit de la masse par l'accélération.

Il formule surtout la loi de l'attraction universelle, dont la puissance prédictive est unique dans l'histoire de la physique. Dans le cadre de la gravitation universelle, il démontre que tous les objets chutent à la même vitesse dans le vide, calcule la densité de la Terre et la masse de la Lune, et explique le mécanisme des marées et l'aplatissement de la Terre aux pôles. Il calcule aussi la précession des équinoxes, la variation de l'accélération de la pesanteur avec la latitude et il explique la trajectoire des comètes.

Charles Darwin (1809-1882)

Inventeur de la théorie de l'évolution des espèces par la sélection naturelle, c'est au cours d'un voyage long de cinq ans autour de l'Amérique du Sud, jusqu'aux îles Galapagos, qu'il observe les faunes d'Amérique du Sud et lit *Les Principes de géologie* de Charles Lyell, parus en 1833, où l'auteur s'interroge sur l'apparition de nouvelles espèces.

La lecture du philosophe Malthus amène Darwin, de retour en Angleterre, à penser que le principe de sélection s'applique dans la nature. Cela le conduit, en 1838, à imaginer que de nouvelles races pourraient se développer au sein d'une espèce par le jeu d'une sélection d'individus mieux adaptés à de nouvelles conditions de milieu (climat, etc.). Cette différentiation pourrait produire une espèce différente de l'espèce souche par ses caractères morphologiques et ses exigences écologiques. C'est la théorie que Darwin formule dans son livre publié en 1859, *The Origin of Species* (L'Origine des espèces).

La notion selon laquelle des espèces ancestrales ont pu engendrer de nouvelles espèces est rapidement acceptée par la majorité des biologistes, mais suscite l'opposition virulente des tenants du créationnisme, qu'on évoque aujourd'hui sous le nom d'« *intelligent design* », le « dessein intelligent ».

Caricature de Charles Darwin, parue dans le Hormet, *journal humoristique de l'époque.*

La langue anglaise

Dérivé de l'indo-européen, l'anglais est une langue germanique qui a aussi été marquée par l'influence des langues scandinaves, puis du français. L'anglais moderne de Shakespeare (XVIe-XVIIe siècles) diffère relativement peu de l'anglais contemporain parlé aujourd'hui.

Une langue indo-européenne

Comme toutes les langues européennes (excepté le finnois, le hongrois et le basque), l'anglais est dérivé de l'indo-européen (géographiquement l'Inde d'aujourd'hui). L'anglais appartient à la même famille que l'allemand moderne, le hollandais, le flamand ou l'afrikaans parlé en Afrique du Sud. Le français, lui, est dérivé de l'indo-européen par le latin (de même que l'italien, l'espagnol, le portugais, le roumain).

Une langue germanique sous influence

- L'anglais n'est pas la langue indigène de la Grande-Bretagne. La langue anglaise apparut sur l'île au milieu du Ve siècle de notre ère, introduite par des peuples germaniques qui repoussèrent les Celtes qui l'habitaient vers la périphérie (Cornouailles, pays de Galles).
- Des Saxons, des Angles venus du Schleswig (*cf.* les mots «anglo-saxon» et «anglais») et des Jutes (Danemark) conquirent ensuite le pays. Les Vikings en provenance du Danemark (IXe siècle) et de la Norvège (première moitié du Xe siècle) colonisèrent respectivement l'Est de l'Angleterre et le Nord-Ouest. Ils influencèrent considérablement la langue anglaise dans les domaines morphologique (forme des mots), syntaxique (ordre des mots) et lexical.

Du vieil anglais à l'anglais contemporain

- On distingue la période du vieil-anglais (*Old English*, 450-1150, bien que les premiers écrits ne datent que du VIIIe siècle), la période du moyen anglais (*Middle English*, 1150-1500) et l'anglais moderne (*Modern English*, attesté à partir du XVIe siècle).
- On différencie l'anglais moderne (XVIe et XVIIe siècles), la langue de Shakespeare, de l'anglais contemporain (parlé de nos jours). Le passage du vieil anglais au moyen anglais illustre la transition progressive entre une langue synthétique – où la morphologie (la forme des mots) joue un rôle important (présence de déclinaisons, comme en latin et en allemand) – et une langue analytique dans laquelle la syntaxe (l'ordre des mots) acquiert de plus en plus d'importance. Le scandinave d'abord, le français ensuite ont laissé des traces indélébiles sur le lexique anglais, au départ germanique.

L'anglais dans le monde

C'est la langue maternelle et officielle en Grande-Bretagne, aux États-Unis, au Canada, en Australie et en Nouvelle-Zélande. C'est également la langue officielle ou bien la langue seconde dans tout l'ancien Empire. L'anglais est devenu la langue véhiculaire de notre époque, comme le latin autrefois. Il comprend de très nombreuses variétés, les principales étant le *BBC English*, ou «*RP*» (*Received Pronunciation*), et le *General American*.

DU VIEIL ANGLAIS À L'ANGLAIS CONTEMPORAIN

Vieil anglais, moyen anglais et anglais contemporain

Voici les premiers vers de *Beowulf*, poème épique composé entre le milieu du VIIe siècle et la fin du Xe siècle, en anglo-saxon, ou vieil anglais :

> *"Hwæt wē Gār-Dena in geārdagum,*
> *þēodcyninga þrym gefrūnon,*
> *Hū ðā æþelingas ellen fremedon."*

Voici à présent le même poème traduit en anglais contemporain (1999) par le grand poète irlandais Seamus Heaney, prix Nobel de littérature :

> *"So. The Spear-Danes in days gone by*
> *And the kings who ruled them had courage and greatness.*
> *We have heard of those princes' heroic campaigns."*

Voici maintenant un extrait de *The Canterbury Tales*, « The Nonne Preestes Tale of the Cock and Hen, Chauntecleer and Pertelote », c. 1380, de Geoffrey Chaucer :

> *"This Chauntecleer gan gronen in his throte, This Chanteclear began to groan in his throat,*
> *As man in his dreem is drecched sore. Like a man who is deeply troubled in his dream."*

De « *Thou* » à « *you* » : la fin du tutoiement

Le tutoiement, bien qu'encore employé par Shakespeare à la fin du XVIe siècle (anglais moderne), a commencé à décliner au XIIIe siècle. Le vouvoiement a été le fait de l'imitation généralisée des classes supérieures, influencées par le français.

> *"Wilt thou [will you] be gone? It is not yet near day:*
> *It was the nightingale, and not the lark,*
> *That pierced the fearful hollows of thine ear [your ear]"*

William Shakespeare, *Romeo and Juliet*, III, 5, v. 1-3 (1595).

Les origines diverses du vocabulaire anglais

Le verbe courant *take* ne vient pas de l'allemand (*cf.* vieil anglais *niman*, allemand *nehmen*), mais du vieux norvégien *taka*, comme ces autres mots d'origine scandinave : *leg*, *skin*, *skull* ; *bull, egg* ; *knife*, *score*, *scrap*, *slaughter*, *window* ; *awkward*, *weak*, *wrong*.
Le suffixe *-by* vient d'un mot danois qui signifie « village », d'où Rugby, Derby, Whitby.
Les emprunts au scandinave sont essentiellement dus au contact linguistique. Ceux du français s'expliquent davantage par le prestige de cette langue et l'influence de la littérature française à la fin du Moyen Âge et à la Renaissance.
Les origines différentes apparaissent clairement dans des mots comme *prince*, *duke* (du français) et *king*, *queen* (origine germanique). Plus un texte anglais est formel et technique, plus il y a de chances qu'il contienne de nombreux mots dérivés du français, du latin et du grec. Plus l'anglais est courant, plus il diffère du français.

William Shakespeare : la poésie

Grand poète avant tout, Shakespeare (1564-1616) a publié des œuvres poétiques de valeur inégale d'où ressort l'admirable séquence de 154 sonnets autobiographiques où l'auteur se démarque d'un genre pétrarquisant convenu et affirme la singularité de son talent.

Les poèmes narratifs

- *Venus and Adonis* et *The Rape of Lucrece* (*Le Viol de Lucrèce*) sont deux longs poèmes narratifs d'inspiration érotico-mythologique, tous deux dédiés au comte de Southampton, Henry Wriothesley, protecteur du poète. Écrits pendant le long intervalle où les théâtres durent rester fermés à cause de l'épidémie de peste qui sévit à Londres, causant plus de 10000 morts, ils furent publiés en 1593 et 1594.
- *The Phoenix and the Turtle* (*Le Phénix et la Colombe*) est une élégie qui évoque l'union dans la mort de deux oiseaux apparemment mal assortis, métaphore dans laquelle Shakespeare a concentré tout son sentiment de la passion pure, toute sa foi en l'amour humain.
- *A Lover's Complaint* (*Les Plaintes d'une amante*) est un beau poème sous-estimé par la critique, évoquant une jeune femme séduite par un amant sans cœur, et dont on surprend les plaintes.

Les sonnets

- Les 154 sonnets offrent ce que l'œuvre poétique de Shakespeare a de plus remarquable. Publiés en 1609, ils constituent un cycle, ou une «séquence», avec une histoire où interviennent successivement l'ami, le poète rival et la maîtresse brune.
- L'ami est à l'évidence un jeune homme que le poète invite à se marier pour engendrer des enfants, mais dont la beauté l'émeut au point qu'il lui déclare, dans le sonnet 20 par exemple, une affection et même un amour qui, sans être ouvertement physique, n'en est pas pour autant simplement platonique.
- Les sonnets à la maîtresse brune (à laquelle ne sont consacrés que les 27 derniers sonnets du recueil) disent les délices et les tortures d'une passion intensément physique ponctuée par la jalousie et le dégoût de soi (le sonnet 129 par exemple). Le poète y viole toutes les conventions établies ou respectées par ses prédécesseurs.

Universalité et singularité

- Publiés bien après la fin de la vogue des sonnets, dont l'apogée se situe au début des années 1590, ces sonnets prennent à rebours le thème pétrarquisant de la maîtresse inaccessible ; le poète vit une amitié amoureuse avec un jeune homme, tout en connaissant la passion pour une femme volage qu'il soupçonne de lui être infidèle avec ce même jeune homme, lui-même sensible au talent du poète rival.
- Mais la force des sonnets réside dans la richesse thématique, rhétorique et prosodique exceptionnelle de ces vers subtils et intenses dont les thèmes sont l'amour et le culte de la beauté, l'obsession du passage du temps, l'expérience de la finitude et l'angoisse de la mort, l'opposition de l'art et de la nature, l'immortalité conférée par la poésie-monument.

LES SONNETS OU L'INTIMITÉ D'UN POÈTE

L'autoportrait entre les lignes

Une lecture attentive des poèmes nous fait entrer dans l'intimité de l'auteur. Le sonnet 20 brosse de façon oblique le portrait d'un locuteur d'humeur assez badine, faisant preuve d'humour et ne craignant pas la grivoiserie. Il évoque en effet clairement l'attribut viril du destinataire, et sa beauté qui séduit le poète comme les femmes qui, elles, ne sont guère constantes – pointe misogyne récurrente chez Shakespeare. L'attirance pour le jeune homme est exprimée avec une franchise qui finit par faire implicitement de ce poème un sonnet anti-pétrarquin, implicitement méta-littéraire, sinon subversif. Le ton du sonnet 71 est tout autre. La morbidité baroque et le pessimisme font songer à l'archétype du poète maudit. C'est le « *malcontent* » qui parle ici et dit son amertume. À la mort du poète, l'amant devra taire son chagrin et l'oublier s'il ne veut pas encourir la moquerie d'un monde qui verrait d'un mauvais œil une liaison, fût-elle platonique, entre un grand aristocrate et un homme de théâtre, dans un poème « monument » qui rend précisément l'oubli impossible.

Sonnet 20

A woman's face, with Nature's own hand painted,
Hast thou, the master-mistress of my passion;
A woman's gentle's heart, but not acquainted
With shifting change, as is false women's fashion

An eye more bright than theirs, less false in rolling,
Gilding the object whereupon it gazeth;
A man in hue all hues in his controlling,
Which steals men's eyes and women's souls amazeth.

And for a woman wert thou first created,
Till Nature as she wrought thee fell a-doting,
And by addition of me of thee defeated,
By adding one thing to my purpose nothing.

But since she pricked thee out for women's pleasure,
Mine be thy love, and thy love's use their treasure.

Sonnet 71

No longer mourn for me when I am dead
Than you shall hear the surly sullen bell
Give warning to the world that I am fled
From this vile world with vilest worms to dwell.

Nay, if you read this line, remember not
The had that writ it, for I love you so
That I in your sweet thoughts would be forgot
If thinking on me then should make you woe.

O, if, I say, you look upon this verse,
When I, perhaps, compounded am with clay,
Do not so much as my poor name rehearse,
But let yor love even with my life decay;

Lest the wise world should look into your moan,
And mok you with me after I am gone.

Portrait de William Shakespeare dit « Chandos portrait », National Portrait Gallery, Londres.

GÉOGRAPHIE
HISTOIRE
INSTITUTIONS
SOCIÉTÉ
ARTS ET TECHNIQUES
LITTÉRATURE

William Shakespeare : le théâtre

Le plus grand poète dramatique anglais fut également acteur et directeur de troupe. Son théâtre, varié et vigoureux, où l'on passe aisément du tragique au comique, explore l'âme humaine avec un mélange de subtilité et de verve.

Les douze pièces historiques

- Les *chronicle plays*, ou *history plays*, retracent l'histoire nationale du XIVe siècle au règne d'Henri VIII, avec *King John* (1596), *Henry VIII* (1613) et deux tétralogies, décrites ci-après.
- *Henry VI* (*parts 1, 2, 3*;1590-1592) et *Richard III* (1593) évoquent la période la plus proche et mettent en scène la tragédie des rois aux prises avec la guerre civile (la guerre des Deux-Roses).
- *Richard II* (1596), *Henry IV* (*parts 1, 2*; 1598) et *Henry V* (1599) concernent une période plus lointaine.
- Les pièces romaines sont à la fois pièces historiques et tragiques : *Titus Andronicus* (1593-1594), théâtralisation de l'horreur *Julius Caesar* (1599), théâtralisation du conflit entre politique et morale ; *Antony and Cleopatra* (1606-1607) ou le triangle amour-honneur-pouvoir ; *Coriolanus* (1608), drame du héros solitaire qui méprise la populace et la démagogie.

Les douze comédies

- Certaines confinent au tragique : *The Merchant of Venice* (1596) campe la figure ambiguë de l'usurier juif Shylock. Dans *All's Well That Ends Well* (1602) et *Measure For Measure* (1604), jeux de l'amour et moralisme se mêlent ; la résolution comique est chargée d'amertume, voire de cynisme.
- Les comédies joyeuses sont proches de la farce : *The Comedy of Errors* (1591), *The Taming of the Shrew* (1594), à la misogynie ambiguë, *The Merry Wives of Windsor* (1600). *A Midsummer Night's Dream* (1596), ou amour, burlesque et féerie, *The Two Gentlemen of Verona* et *Love's Labour Lost* (1595), comédies romanesques.
- Les dernières pièces abordent des problèmes graves, mais avec un dénouement optimiste. Ce sont *Much Ado About Nothing* (1598), *As You Like It* (1599) et *Twelfth Night* (1602), les trois grandes comédies romanesques (*romantic comedies*).
- Nommés « drames romanesques » (*romances*) ou « tragi-comédies », *Pericles and Cymbeline* (1609), *A Winter's Tale* et *The Tempest* (1611) font appel à la légende, au surnaturel, à la musique, à la danse, avec une dramaturgie plus orientée vers le spectaculaire.

Les quinze tragédies

Les personnages qu'elles évoquent deviennent des symboles de l'humanité tout entière : l'amour contrarié par la rivalité des clans, *Romeo and Juliet* (v. 1595) ; la dissimulation, la duplicité et la folie, *Hamlet* (1602) ; la jalousie et la manipulation machiavélique, *Othello* (1604) ; la fragilité des puissants et l'aveuglement, *King Lear* (1606), la quête effrénée du pouvoir, *Macbeth* (1606).

QUELQUES CLÉS D'UNE ŒUVRE THÉÂTRALE

La langue

L'œuvre dramatique de Shakespeare est la quintessence des tendances théâtrales de la fin du XVIe siècle. C'est une œuvre exceptionnelle parce que l'écrivain est un poète dramatique (*dramatic poet*), à la fois poète et dramaturge de génie. Ses pièces sont écrites en vers blanc (*blank verse*), pentamètre iambique non rimé. La prose est souvent employée pour les personnages de l'intrigue secondaire ou les traîtres. Le poète dramaturge allie une langue imagée, riche d'effets de sens, à la connaissance technique de l'homme de théâtre. Il écrit pour un public varié, soucieux à la fois d'amuser ceux du parterre, les « *groundlings* », et de séduire les beaux esprits des galeries.

Le comique chez Shakespeare

Chez Shakespeare, l'élément comique n'est pas réservé aux seules comédies. Le comique de situation ou le comique verbal peuvent surgir au plus intense d'une scène tragique et le recours à certains personnages types comme le fou du roi (dans *King Lear*) ou l'un de ses avatars (le fossoyeur maître du jeu de mots dans *Hamlet*) est destiné à créer un moment de « détente comique » (*comic relief*) entre deux scènes tragiques. Dans les comédies comme dans les tragédies, le fou qui peut tout dire (« *the all licensed fool* ») est celui qui détient la sagesse. Ses facéties débridées dévoilent de profondes vérités sur la nature humaine et sur le langage. Shakespeare campe souvent des personnages risibles, comme Polonius, figure du vieux radoteur dans *Hamlet*, ou Rodrigo, amoureux transi berné par Iago dans *Othello*.

Théâtralisation et théâtralité

Shakespeare excelle à théâtraliser des concepts. La jalousie et le mal, incarnés respectivement par Othello et Iago, dans *Othello*, le désir pathologique du pouvoir dans *Richard III*, héritier des vices du théâtre médiéval, l'amour passion dans *Romeo and Juliet*.

Shakespeare, pour qui « le monde entier est une scène » (« *All the world's a stage* »), met constamment en évidence le jeu illusion-réalité, au cœur de la problématique théâtrale. De nombreuses pièces sont par ailleurs riches en méta-théâtralité, proposant une réflexion sur le théâtre lui-même, avec notamment le procédé de la pièce dans la pièce (mise en abîme) dans *Hamlet*.

Répétition de King Lear *au Globe Theatre, mai 2001.*

Le roman au XVIIIe siècle

Le XVIIIe siècle a vu l'éclosion d'un genre porté en quelques décennies à un exceptionnel degré de maturité. Des écrivains de génie ont contribué, chacun avec sa singularité propre, à poser les fondements de ce qui sera la plus grande tradition littéraire du monde : le roman anglais.

Daniel Defoe (1660-1731)

Journaliste puis écrivain, il invente le roman moderne avec *Robinson Crusoe* (1719) et *Moll Flanders* (1722), dont les personnages pleins de ressources ont en commun une farouche énergie. Le sens du détail factuel, souvent chiffré, donne l'illusion de l'authenticité, comme *Journal of the Plague Year* (1722).

Jonathan Swift (1667-1745)

Il est le maître de la satire indirecte. *Gulliver's Travels* (1726) adopte le mode du récit de voyage (*travelogue*) et y associe le merveilleux. Swift y dénonce les travers de l'homme, déraisonnable bien que capable de raison.

Samuel Richardson (1689-1761)

Il doit son renom à son premier roman, *Pamela, or Virtue Rewarded* (1740), hymne à la vertu d'une jeune fille. L'écriture subtile tient à la technique épistolaire et au recours au journal intime. L'intrigue passe par le prisme d'une subjectivité qui aiguise l'analyse psychologique et se prête à l'expression de la conscience de soi, d'où la modernité étonnante du roman. L'écriture épistolaire de type polyphonique, avec confrontations de points de vue, est systématisée dans *Clarissa* (1747), qui retrace la tragédie de l'héroïne, souillée par un ignoble amant, mais dont les épreuves et la mort font une sainte.

Henry Fielding (1707-1754)

Il qualifiait ses romans « d'épopées comiques en prose » (*comic epics in prose*). Dans *Tom Jones* (1749), il présente, au-delà des aventures cocasses de son héros éponyme, une coupe transversale de l'Angleterre du XVIIIe siècle. Truculence, étude des mœurs, incursions dans l'intériorité des êtres caractérisent aussi *Joseph Andrews* (1742), récit sur le mode picaresque au comique parfois salace. *Shamela* (1741) est une parodie de la *Pamela* de Richardson, dans laquelle Fielding dénonce les fausses vertus.

Laurence Sterne (1713-1768)

Il est considéré comme un précurseur grâce à son œuvre majeure, *The Life and Opinions of Tristram Shandy, Gentleman* (1759-1767). Rabelaisien par sa verve fantaisiste et ambiguë, voire graveleuse, le roman est aussi un anti-roman de par sa méta-littérarité. Sterne subvertit les règles du genre et en dévoile les codes. Il multiplie les digressions qui brisent la linéarité du récit, suggérant les méandres de la conscience aux prises avec la diversité chaotique du réel. *A Sentimental Journey through France and Italy* (1768) narre les pérégrinations du pasteur Yorick. À la fois récit de voyage et confession, l'ouvrage illustre ce que l'on a appelé « *the literature of sentiment* » et propose une leçon de tolérance et d'altruisme.

DEUX ŒUVRES DE FICTION MYTHIQUES

Gulliver's Travels (Les Voyages de Gulliver) (1726)

Mi-roman dans le genre du récit de voyage, mi-satire indirecte entre utopie et dystopie, l'œuvre entraîne le lecteur chez les minuscules habitants de l'île de Lilliput qui se consument en vaines querelles, puis chez les géants qui peuplent Brobdingnag et qui jugent insensées les coutumes de son pays telles qu'il les leur rapporte. C'est ensuite la rencontre avec les philosophes délirants de Laputa qui, comme les devins de Glubbdubdrib, lui apprennent que tout repose sur l'illusion et le mensonge. Enfin, ce sont les Houyhnhnms, sages chevaux rencontrés dans le dernier de ses voyages, qui tiennent en esclavage les très humains mais très bestiaux Yahoos. Le chirurgien Gulliver, observateur minutieux mais candide, rapporte scrupuleusement ce qu'il a vu, et c'est au lecteur de tirer les conclusions qui s'imposent quant à la nature humaine vue à travers le système optique mis en place par Swift.

Lithographie de Karl Offterdinger illustrant Les Voyages de Gulliver*, 1882.*

Robinson Crusoe (1719)

L'origine historique est connue : c'est l'aventure du marin Alexander Selkirk, abandonné en 1705 sur l'île de Juan Fernandez, au large du Chili, et secouru quatre ans plus tard, alors qu'il était presque revenu à l'état sauvage, par un navigateur anglais, le capitaine Rogers. Ce dernier avait ensuite publié le récit de son voyage. Daniel Defoe comprit le parti qu'il pouvait tirer de cette histoire et proposa à un éditeur un récit amenant le lecteur à croire à des mémoires authentiques.

Robinson immortalise le personnage du naufragé plein d'ardeur et de ressources, et incarne l'individualisme et l'esprit d'entreprise prônés par Defoe. Le personnage a acquis la dimension d'un véritable mythe et le roman est l'un des plus célèbres de toute la littérature mondiale.

Il fallut *L'Émile* de Rousseau pour attirer l'attention sur ce qui est l'idée maîtresse de l'œuvre : la lutte de l'homme seul contre la nature, la reconstitution des premiers rudiments de la civilisation humaine, sans autre témoin que sa propre conscience, sans autre moyen que son énergie, son adresse, son ingéniosité.

Société et lecteurs

L'éclosion du roman au XVIIIe siècle s'explique en partie par les mutations sociologiques que connaît l'Angleterre, notamment le développement des classes moyennes, l'essor de la lecture, l'apparition d'une industrie du livre, l'implication croissante des femmes dans le domaine de la culture.

Né à cette époque, le roman moderne évoque l'individu plongé dans le réel. Par le truchement du personnage fictif, le lecteur rencontre lieux et hommes dans leur diversité. Sympathie et empathie, voire identification naïve mais gratifiante, amènent à partager intensément, par procuration, la vie du protagoniste campé avec réalisme.

GÉOGRAPHIE
HISTOIRE
INSTITUTIONS
SOCIÉTÉ
ARTS ET TECHNIQUES
LITTÉRATURE

Le roman au XIXe siècle (1)

Le roman du XIXe siècle offre toute une gamme d'œuvres, récits gothiques, romans historiques, contes fantastiques ou absurdes, qui invitent à l'évasion, explorent l'âme humaine et reflètent la société de l'époque.

Roman et évasion

- Vers la fin du XVIIIe siècle, les romans gothiques d'Horace Walpole et d'Ann Radcliffe visent avant tout à provoquer la jouissance de l'effroi synonyme d'évasion radicale. De même, de grands romans du XIXe siècle offrent une échappée dans des mondes reculés, lointains ou irréels.
- C'est le cas des romans historiques de Walter Scott (1771-1832), chargés d'une grande puissance évocatrice, d'un exotisme suranné envoûtant et d'une riche thématique sous-jacente (quête d'identité culturelle, rapports de l'homme avec son propre passé). *Ivanhoe* (1819) et *Kenilworth* (1821) évoquent l'Angleterre des siècles passés tandis que *Waverley* (1814), *Old Mortality* (1816), *The Heart of Midlothian* (1818) et *The Bride of Lammermoor* (1819) rendent hommage à l'histoire écossaise.
- Robert Louis Stevenson (1850-1894) nous offre aussi l'évasion, entre aventures (*Treasure Island*, 1883) et psychanalyse (*The Strange Case of Dr Jekyll and Mr Hyde*, 1886), de même qu'Oscar Wilde (1854-1900), qui explore le fantastique philosophique dans *The Picture of Dorian Gray* (1891).
- À la fin du siècle, la fuite du réel, c'est le «*nonsense*», avec Lewis Carroll (1832-1898), maître du merveilleux et de la logique absurde : *Alice's Adventures in Wonderland* (1865), *Through the Looking Glass* (1872).

Le roman psychologique

- Jane Austen (1775-1817) dépeint avec une grande finesse psychologique la société provinciale qu'elle connaît bien et qu'elle observe avec lucidité et humour. Son sujet de prédilection semble être le mariage, qu'elle analyse d'un point de vue économique. Elle va au-delà du simple roman domestique pour atteindre une dimension plus universelle. Ses principaux romans sont *Sense and Sensibility* (1811), *Pride and Prejudice* (1813), *Mansfield Park* (1814), *Emma* (1815) et *Persuasion* (1818). *Northanger Abbey* (1818) est une délicieuse parodie du roman gothique.
- Héritières du romantisme, Emily Brontë (1818-1848) : *Wuthering Heights* (*Les Hauts de Hurlevent*, 1847), et Charlotte Brontë (1816-1855) : *Jane Eyre* (1847), s'intéressent à l'amour-passion en butte aux interdits d'une société bourgeoise.
- George Eliot (pseudonyme de Mary Ann Evans) (1819-1880) associe réalisme et étude morale et sociale et, comme Jane Austen, dépeint la société provinciale ou rurale de l'époque avec acuité : *The Mill on the Floss* (1860), *Middlemarch* (1871), *Daniel Deronda* (1876)…
- Chez George Meredith (1828-1909), avec *The Egoist* (1879), apparaît une conscience assez peu victorienne des conflits entre l'individu et la société, et entre l'homme et la femme.

LES PRÉCURSEURS DU ROMAN NOIR ET DU FILM D'HORREUR

Le roman gothique et le récit fantastique

Aux antipodes de l'univers familier et douillet invoqué dans les romans de Jane Austen, tel *Pride and Prejudice*, le roman gothique fait partager à un lectorat de plus en plus nombreux, et majoritairement féminin, les aventures haletantes d'un personnage auquel il est amené à s'identifier en raison des stratégies narratives employées.

Le cadre médiéval de châteaux ou de monastères, d'impitoyables antagonistes, des événements improbables ou bien relevant du surnaturel contribuent au dépaysement qu'offre cette littérature d'évasion. C'est l'ancêtre du roman fantastique et du roman noir (« *thriller* ») ainsi que des films d'horreur du cinéma contemporain.

Les principaux auteurs sont Horace Walpole (1717-1797), *The Castle of Otranto* (1765) ; Ann Radcliffe (1764-1823), *The Mysteries of Udolpho* (1794), *The Italian* (1797) et Matthew Gregory Lewis (1775-1818), *The Monk* (1796).

Les ficelles du genre sont dévoilées avec humour et brio par Jane Austen dans son roman parodique *Northanger Abbey* (1818).

The Strange Case of Dr Jekyll and Mr Hyde (1886)

C'est un récit fantastique devenu mythique dans lequel R.L. Stevenson campe un médecin qui expérimente sur lui-même une drogue qui, en lui donnant les traits hideux de Mr Hyde, révèle la soif de domination et la violence sexuelle refoulées au fond de l'âme du philanthrope qu'il semble être.

D'abord révocable à volonté, le double maléfique, dont les crimes atroces font trembler Londres, prend le pas sur la personnalité du docteur Jekyll. Ce dernier finit par se suicider pour tuer le mal en lui. Cette longue nouvelle – genre éminemment anglo-saxon – met en scène de façon magistrale l'idée du dédoublement comme projection de l'inconscient.

Le mythe de Frankenstein

Frankenstein, or the Modern Prometheus (1818), de Mary Shelley, est l'un de ces récits que leur puissance allégorique a fait accéder au statut de mythe. Victor Frankenstein, savant fou, apprenti sorcier victime d'une monomanie prométhéenne, acharné à découvrir le secret de la vie, crée à partir de morceaux de cadavres un être vivant mais monstrueux qui devient exterminateur. La portée du récit tient au fait qu'il suggère un lien intrinsèque entre la volonté de savoir, la transgression et la violence.

Jennifer Ehle et Colin Firth dans Pride and Prejudice*, série produite par BBC One (septembre-octobre 1995).*

Le roman au XIXe siècle (2)

Au-delà de leur intérêt proprement littéraire, les écrits intimes, le roman de mœurs et le roman social constituent une somme de documents précieux. Les visions contrastées de la société qu'offrent les œuvres de la fin du siècle montrent le désarroi d'une époque.

L'essai et l'autobiographie

Charles Lamb (1775-1834) publie *The Essays of Elia* (1823), série d'essais d'une subjectivité narcissique, subtils et cultivés, pleins d'ironie et d'une autodérision profondément anglaise.

Thomas de Quincey (1785-1859) évoque brillamment, dans *The Confessions of an English opium Eater* (1821), les effets oniriques induits par la drogue. Sa prose fulgurante et passionnée inspirera à Baudelaire ses *Paradis artificiels*.

Samuel Butler (1835-1902) a laissé un témoignage précieux sur l'époque victorienne dans *The Way of All Flesh* (1885), à la fois roman d'éducation et dénonciation du monde victorien : tyrannie familiale, système d'éducation, prétentions sociales et missionnaires de la religion, coupure entre les classes.

Roman social et roman de mœurs

Le passage d'une Angleterre rurale (« *merry old England* ») à un pays industrialisé divisé entre riches et pauvres est reflété chez de nombreux auteurs. Benjamin Disraeli (1804-1881), brillant Premier ministre, est aussi l'auteur d'un roman, *Sybil, or the Two Nations*, célèbre pour le constat social qu'il fait du clivage entre riches et pauvres.

William Makepeace Thackeray (1811-1863) évoque la haute bourgeoisie et l'aristocratie dans *Vanity Fair* (1848) ou *The Memoirs of Barry Lyndon* (1856). On compare souvent cet auteur anti-romantique et cynique à l'écrivain romantique et généreux que fut Charles Dickens (1812-1870), sans doute le plus grand des conteurs victoriens malgré ses faiblesses.

La fin du victorianisme

Alors que Walter Pater et Oscar Wilde prônent l'hédonisme et l'art pour l'art (*Art for art's sake*), la littérature prend des accents pessimistes.

Thomas Hardy (1840-1928), dans *Far from the Madding Crowd* (1874), *Tess of the d'Urbervilles* (1891), *Jude the Obscure* (1896), évoque un mode de vie rural ancestral menacé par la civilisation moderne. Ses personnages sont souvent soumis au destin ou à un déterminisme qui annonce le naturalisme en littérature.

Dans *Erewhon* (1872), anagramme de « *nowhere* » (« nulle part »), et *Erewhon Revisited* (1901), Samuel Butler renoue avec le genre de l'utopie pour dénoncer le pharisaïsme victorien.

À l'inverse, Rudyard Kipling (1865-1936) est le chantre de l'Empire britannique dans *The Jungle Book* (1894) et *The Second Jungle Book* (1895). *Kim* (1901) est un beau roman d'apprentissage situé en Inde. *Just So Stories* (1902), contes animaliers, annoncent un genre prolifique au siècle suivant.

CHARLES DICKENS (1812-1870)

La période du pittoresque et du picaresque

D'abord reporter des débats au Parlement et grand amateur de théâtre, Dickens acquiert le sens de la voix et de l'art oratoire dont il tirera parti dans ses romans. Dans *Sketches by Boz* (1836), il fait une série de croquis de scènes de la vie quotidienne. *The Pickwick Papers* (1837) est une suite d'aventures décousues rappelant les romans picaresques du XVIIIe siècle. C'est une œuvre pleine de verve et de fantaisie, où il ébauche la critique des élections, de la prison pour dettes, des injustices, et dans laquelle il propose un panorama pittoresque des classes moyennes.

Dickens et le sort des enfants dans une société impitoyable

Dans *Oliver Twist* (1838), le décor se déplace vers les bas-fonds de Londres et l'on sent percer les préoccupations sociales de Dickens, notamment l'idée que la pauvreté engendre le crime. *Nicholas Nickleby* (1839) dénonce le traitement infligé aux enfants dans les écoles privées. Dickens y révèle, comme souvent, sa capacité à comprendre l'âme de l'enfant.
Dickens écrit ensuite des romans aux intrigues moins décousues : *Dombey and Son* (1846) et surtout *David Copperfield* (1850), roman autobiographique où la narration subjective est mise au service d'un émouvant voyage dans le temps, souvent teinté d'humour, riche en portraits savoureux.

Des romans à charge

Dans *Bleak House* (1853), véritable document sur les insuffisances du système juridique anglais, Dickens mêle roman policier, mélodrame sentimental et critique sociale. *Hard Times* (1854) dénonce avec virulence les méfaits de l'industrialisation. *Great Expectations* (1861), une grande œuvre, explore le mystère de l'identité derrière les apparences d'un roman d'éducation. Comme beaucoup d'autres romans, l'œuvre fut publiée sous la forme d'un feuilleton dans un quotidien, *All the Year Round*, ce qui explique le découpage des chapitres et la structure en épisodes dont la fin crée une attente. *Our Mutual Friend* (1865) fait de l'argent la source de toutes les corruptions et l'agent destructeur du tissu social.

Tonalité et vision du monde chez Dickens

Dickens dénonce avec une ironie parfois virulente, mais toujours mêlée d'humour et de fantaisie débridée, les insuffisances d'une société victorienne urbaine, industrialisée et mercantile, qui maltraite les faibles. Sa vision nostalgique d'un monde révolu se mêle à une foi optimiste dans le progrès social et la philanthropie, et à un profond humanisme.
Son génie est moins celui d'un réaliste que celui d'un homme de théâtre et d'un poète, profondément influencé par l'écriture de William Shakespeare. Il est le maître du grotesque et ses personnages sont souvent des « caractères », des « *humours* » dans le style de Ben Jonson, lorsqu'il exagère un trait particulier jusqu'à la caricature. Cette verve de caricaturiste peut tout aussi bien s'exercer à propos d'un objet ou d'un lieu.
Le monde de Dickens est souvent fou, et ses personnages secondaires sont régis par une idée fixe et caractérisés par un tic de langage, telle une étiquette (*tagged characters*).
Écrivain prolifique, Dickens ne craignait ni la vulgarité ni le sentimentalisme et son écriture généreuse dégage un extraordinaire sentiment de vitalité et de bienveillance.

GÉOGRAPHIE
HISTOIRE
INSTITUTIONS
SOCIÉTÉ
ARTS ET TECHNIQUES
LITTÉRATURE

Le roman de 1900 à 1950

La première moitié du XXe siècle est d'abord caractérisée par des œuvres qui sondent le mystère des êtres et des forces qui les gouvernent, puis par l'émergence d'une forme romanesque novatrice, mais annoncée, qui plonge le lecteur dans l'intimité des personnages par le biais du monologue intérieur.

La transition : les précurseurs du modernisme

- Joseph Conrad (1857-1924) a écrit des récits d'aventures exotiques où la nature et les motivations du héros sont révélées graduellement par un narrateur qui l'a connu (le « narrateur conradien »). Conrad annonce les expérimentations modernistes (dislocations chronologiques, montage des points de vue) : *The Nigger of the Narcissus* (1897), *Heart of Darkness* (1899), *Lord Jim* (1900).
- Chez E.M. Forster (1879-1970), une crise met des individus à l'épreuve et révèle leurs faiblesses : *Howards End* (1910). Dans *A Passage to India* (1924), Forster oppose l'ouverture au mysticisme de la civilisation indienne à la fermeture du pragmatisme britannique face au sacré.
- D.H. Lawrence (1885-1930) aborde le thème d'une sexualité mutilée par les conventions sociales et familiales. Entre Thomas Hardy et la révolution moderniste, il fut un explorateur inspiré du mystère des êtres et de l'amour humain : *Sons and Lovers,* autobiographique (1913), *The Rainbow* (1915), chronique de trois générations, *Women in Love* (1921), *Lady Chatterley's Lover* (1928).

Les expérimentateurs : James Joyce, Virginia Woolf et le courant de pensée

- L'Irlandais James Joyce (1882-1941) a révolutionné l'art de la prose avec deux œuvres majeures, *Ulysses* (1922) et *Finnegan's Wake* (1937).
- Virginia Woolf (1882-1941) a elle aussi exploré les possibilités offertes au romancier par la technique du monologue intérieur : *Mrs Dalloway* (1925), *To the Lighthouse* (1927), *The Waves* (1931).

Les romanciers de l'entre-deux-guerres

- *Brave New World* (*Le Meilleur des mondes*, 1932), d'Aldous Huxley (1894-1963), est une fable d'anticipation évoquant un monde conditionné par la science.
- *Nineteen Eighty-Four* (*1984*, 1949), roman dystopique de George Orwell (1903-1950), dépeint un monde totalitaire verrouillé par un parti tout-puissant, surveillé jour et nuit par les caméras omniprésentes de Big Brother – figure métaphorique devenue concept universel.
- Graham Greene (1904-1991), hanté par le problème du bien et du mal, évoque la lutte spirituelle de ses personnages sur un arrière-plan de vie urbaine glauque (*Brighton Rock,* 1947), de jungle mexicaine (*The Power and the Glory*, 1939) ou de colonie anglaise corrompue en Afrique de l'Ouest, pendant la guerre (*The Heart of the Matter*, 1948). Ses œuvres sont des allégories de la corruption et du péché dont les héros tourmentés finissent par accéder à la grâce.
- De même, Malcolm Lowry (1909-57), dans *Under the Volcano* (1947), opère une plongée dans l'âme torturée de son protagoniste alcoolique qui se damne lui-même.

À LA RENCONTRE D'UN GÉNIE UNIVERSEL : JAMES JOYCE

La fiction autobiographique

Né à Dublin en 1882, James Joyce subit l'influence de l'enseignement jésuite dont la rigueur et la méthode marqueront son œuvre.
Dubliners (1914), recueil de nouvelles, est une chronique assez sombre de la vie dublinoise qui laisse affleurer, derrière le détachement flaubertien de l'écriture, des réseaux symboliques très denses où la mort est omniprésente.
Dans *A Portrait of the Artist as a Young Man* (1915), roman autobiographique, Stephen Dedalus passe par toute une série d'épreuves initiatiques, échappant à l'influence de la famille, de la religion catholique, du nationalisme, des femmes, pour finalement découvrir sa vocation d'artiste. Le recours au courant de pensée et à la prose poétique annonce le chef-d'œuvre qu'est *Ulysses*.

Le roman-monument

On retrouve Stephen dans *Ulysses* (1922), où il devient personnage secondaire. Le héros est Leopold Bloom, juif hongrois installé depuis longtemps à Dublin. Le roman, sans intrigue, évoque la déambulation de Bloom dans Dublin, le 16 juin 1904. C'est un écho de l'errance de l'Ulysse d'Homère. L'Ulysse citadin rencontre finalement son Télémaque, un possible fils spirituel, en la personne de Stephen Dedalus, image de l'auteur jeune, puis il s'endort auprès de Molly, son infidèle Pénélope.
Un résumé du parcours dublinois de Leopold Bloom, ponctué qu'il est d'événements qui n'ont rien d'héroïque, paraîtrait des plus prosaïques. Les 800 pages du roman sont pourtant d'une extraordinaire densité et d'une invraisemblable richesse littéraire, langagière notamment. Dans l'épisode à la maternité, par exemple, la prose imite tous les styles littéraires de *Beowulf* à Carlyle, l'évolution de la langue symbolisant le développement régulier du fœtus. Le roman recèle tout un réseau de correspondances complexes, analogies avec le corps humain, la rhétorique, et l'œuvre d'Homère. Chaque chapitre correspond en effet à un chapitre de l'*Odyssée* et est écrit dans un style distinct.

Les limites de l'expérimentation littéraire

Dans *Finnegans Wake* (1939), Joyce a tenté de présenter toute l'histoire de l'humanité comme un rêve dans l'esprit d'un aubergiste de Dublin, H.C. Earwicker. Le mélange des mots, notamment les « mots-valises » (*portmanteau words*) suggère l'enchevêtrement des images dans le rêve.
Dans ces deux monuments de la littérature mondiale, ouvrages difficiles qui marquent sans doute les limites de l'expérimentation littéraire, Joyce a exploité en la portant à ses limites la technique du courant de pensée (*stream of consciousness*).
Joyce semble signifier que tout change de façon circulaire, que rien n'est détruit, que tout se transforme, que la vie renaît sans cesse, comme l'art. La fin d'*Ulysses* est un triomphal « *Yes* » et celle de *Finnegans Wake* est le début d'une phrase dont la suite est le début du livre.

Le roman de 1950 à nos jours

La production romanesque semble s'enrichir sans cesse de nouveaux talents dans les genres les plus variés, du roman à thèse aux expérimentations formelles en passant par le roman policier et la littérature d'anticipation. L'apport considérable de la littérature « post-coloniale » est le trait marquant de la fin du XXe siècle.

Romans à thèse, intellectualisme et expérimentation

- William Golding (1911-1993) a écrit, avec *Lord of the Flies* (1954), une fable morale sur la frontière fragile entre civilisation et sauvagerie. Également *Rites of Passage* (1980), *The Inheritors* (1955), *Free Fall* (1959).
- Alan Sillitoe (1928-) est l'un des « *angry young men* » des années 1950. *Saturday Night and Sunday Morning* (1958) est l'épitome du « *working class novel* ».
- Les œuvres d'Iris Murdoch, *The Sandcastle* (1957), *The Unicorn* (1963), et d'A.S. Byatt, *The Virgin in the Garden* (1978), *The Matisse Stories* (1993), sont des romans à thèse cultivés où les intrigues servent à explorer des idées.
- *The Alexandria Quartet* (1957-1960), de Lawrence Durrell (1912-1990), est un roman nostalgique avec quatre livres pour quatre points de vue. Anthony Burgess (1917-1993) est un virtuose de l'inventivité verbale et de la provocation féconde : *A Clockwork Orange* (1962), adapté par Stanley Kubrick. John Fowles (1926-), *The Collector* (1963), propose un jeu intertextuel derrière une reconstruction du monde victorien dans *The French Lieutenant's Woman* (1969).
- Plus récemment, Jonathan Coe (1961-), *What a Carve Up!* (1994), *The Closed Circle* (2004), fait une satire féroce du monde économique et politique britannique d'aujourd'hui.

Science-fiction, fantastique et romans policier et d'espionnage

- J.R.R. Tolkien (1892-1973), *The Lord of the Rings* (1950-1954), est le maître du réalisme magique. J.-R. Rowling (1965-), auteur de la série des *Harry Potter*, lui doit beaucoup.
- Le récit d'anticipation, redevable à H.G. Wells (1866-1946), *The War of the Worlds*, 1898, est servi par J.-G. Ballard (1930-), *Crash* (1973), et Will Self (1961-), *Tough, Tough Toys for Tough, Tough Boys* et *Dr Mukti and Other Tales of Woe* (nouvelles, 1998 et 2004).
- P.D. James (1920-), *A Mind to Murder*, et Ruth Rendell (1930-), *The Killing Doll*, sont deux virtuoses du roman policier inauguré par Arthur Conan Doyle (1859-1930), *Les Aventures de Sherlock Holmes* (1887-1927), et poursuivi notamment par Agatha Christie, *Murder on the Orient Express* (1934), *Ten Little Niggers* (1939). Le roman d'espionnage a aussi fourni des œuvres de grande qualité, très documentées, avec John Le Carré (1931-) et Len Deighton (1929-).

Les héritières de Jane Austen et de Charlotte Brontë

Anita Brookner (1928-), *Hotel du Lac* (1985), et Penelope Lively (1933-), *Moontiger* (1988), incarnent la grande tradition de la littérature féminine britannique comme bien d'autres avant elles : Muriel Spark (1918-2006), *The Prime of Miss Jean Brodie*, Daphne du Maurier (1907-1989), *Rebecca*, et Jean Rhys (1880-1979), *Wide Sargasso Sea* (deux réécritures de *Jane Eyre*), Margaret Drabble (1939-), *The Realms of Gold*, etc.

LES GRANDS ROMANCIERS D'AUJOURD'HUI À L'AUNE DU BOOKER PRIZE

La littérature post-coloniale

De grands écrivains anglophones du nouveau Commonwealth ont enrichi la littérature anglaise de leur double culture. La littérature post-coloniale est incarnée par V.S. Naipaul, *A House for M. Biswas*, Salman Rushdie, lauréat en 1993 du *« Booker of Booker » Prize* pour *Midnight's Children* (primé en 1981), mais aussi par Hanif Kureishi, d'origine pakistanaise, *The Buddha of Suburbia* (1990). Le nombre de lauréats du *Booker Prize* ressortissants de pays du Commonwealth est révélateur de la richesse de la littérature post-coloniale.

Les lauréats du Booker Prize depuis 1977

Le palmarès du plus prestigieux des prix littéraires britanniques, le *Booker Prize*, présente une pléiade d'écrivains de talents. Parmi les autres prix littéraires, le *Costa Book Awards*, naguère nommé *Whitbread Book Awards*, et *The Orange Broadband Prize for Fiction*, qui récompense un auteur féminin, ainsi que le *British Book Awards* (prix de l'industrie de l'édition) font connaître les nouveaux talents.

1977 : Paul Scott, pour *Staying On* ;
1978 : Iris Murdoch, pour *The Sea, the Sea* ;
1979 : Penelope Fitzgerald, pour *Offshore* ;
1980 : William Golding, pour *Rites of Passage* ;
1981 : Salman Rushdie (Inde), pour *Midnight's Children* ;
1982 : Thomas Keneally, pour *Schindler's Ark* ;
1983 : J. M. Coetzee, pour *Life & Times of Michael K* ;
1984 : Anita Brookner, pour *Hotel du Lac* ;
1985 : Keri Hulme (Nouvelle-Zélande), pour *The Bone People* ;
1986 : Kingsley Amis, pour *The Old Devils* ;
1987 : Penelope Lively, pour *Moon Tiger* ;
1988 : Peter Carey (Australie), pour *Oscar and Lucinda* ;
1989 : Kazuo Ishiguro (GB et Japon), pour *The Remains of the Day* ;
1990 : A.S. Byatt, pour *Possession: A Romance* ;
1991 : Ben Okri (Nigeria), pour *The Famished Road* ;
1992 : Michael Ondaatje (Canada et Sri Lanka), pour *The English Patient*, et Barry Unsworth, pour *Sacred Hunger* ;
1993 : Roddy Doyle, pour *Paddy Clarke Ha Ha Ha* ;
1994 : James Kelman, pour *How late it was, how late* ;
1995 : Pat Barker, pour *The Ghost Road* ;
1996 : Graham Swift, pour *Last Orders* ;
1997 : Arundhati Roy (Inde), pour *The God of Small Things* ;
1998 : Ian McEwan (Écosse), pour *Amsterdam* ;
1999 : J.-M. Coetzee (Afrique du Sud), pour *Disgrace* ;
2000 : Margaret Atwood (Canada), pour *The Blind Assassin* ;
2001 : Peter Carey (Australie), pour *True History of the Kelly Gang* ;
2002 : Yann Martel (Canada), pour *Life of Pi* ;
2003 : DBC Pierre (Australie), pour *Vernon God Little* ;
2004 : Alan Hollinghurst, pour *The Line of Beauty* ;
2005 : John Banville (Irlande), pour *The Sea* ;
2006 : Kiran Desai (Inde), pour *The Inheritance of Loss*.

La poésie du XVIe au XVIIIe siècle

Après la poésie érotico-mythologique et le sonnet pétrarquin du XVIe siècle, la grande poésie anglaise du XVIIe siècle est religieuse et « métaphysique ». Le langage poétique prend une ampleur inégalée avec Milton, puis avec la diction poétique de Pope, avant la révolution lyrique amorcée par les préromantiques.

L'âge du sonnet

- Au XVIe siècle, l'expression poétique la plus élevée demeure l'épopée allégorique, avec *The Faerie Queene* d'Edmund Spenser (1552-1599), riche de merveilleux, mais avec une dimension nationale et protestante. L'art du sonnet est enrichi par Thomas Wyatt (1503-1542) et le comte de Surrey (1517-1547), pères des grands sonnetistes élisabéthains (Sidney, Spenser, Shakespeare) et disciples de Pétrarque (les ardeurs de l'amant sont vaines devant une maîtresse inaccessible). L'*Astrophel and Stella* de Sir Philip Sidney (1554-1586) est un recueil de sonnets d'amour pétrarquins plus directs et sincères dans la forme et le ton.
- Le genre du poème narratif mythologique et érotique, inspiré d'Ovide, est pratiqué par Christopher Marlowe (1564-1593), *Hero and Leander*, et William Shakespeare, *Venus and Adonis*. On y dit la beauté physique et le plaisir des sens pour convenir au goût d'un public raffiné.

La poésie religieuse et la poésie « métaphysique »

- Au XVIIe siècle, la poésie est avant tout religieuse (*devotional*) et « métaphysique » (*metaphysical*), fusion du passionnel, d'une argumentation subtile pleine de paradoxes et d'images inattendues, les *conceits* (« concetti »).
- John Donne (1572-1631) illustre ces deux pôles dans ses *Holy Sonnets* (*Sonnets sacrés*), ainsi que dans sa poésie érotique. George Herbert (1593-1633), Henry Vaughan (1621-1695) et Richard Crashaw (1612-1649), au style baroque, sont eux aussi de grands poètes religieux.
- Les poètes dits « cavaliers », Suckling, Lovelace, Herrick, Carew, disciples de Ben Jonson (1572-1637), mettent l'accent sur la concision et le raffinement de la forme. Andrew Marvell (1621-1678), comme Donne, mêle profondeur et ironie : *To His coy Mistress* (1681).
- John Milton (1608-1674) écrit *Paradise Lost* (1667), vaste fresque biblique en vers blanc, évoquant dans une langue somptueuse le drame du péché originel et de la chute.

Du classicisme aux premiers rebelles

- Au XVIIIe siècle, « *the age of reason* », le classicisme règne avec Alexander Pope, chantre de l'ordre dans l'univers, *The Essay on Man* (1734). Néanmoins, la poésie de la mélancolie apparaît avec James Thomson (1700-1748), *The Seasons*, Thomas Gray, *Elegy, Written in a Country Churchyard* (1751), William Collins (1721-1759), *Ode to Evening* (1748).
- Le premier « rebelle » est un Écossais, Robert Burns (1759-1796). Il ose écrire dans une langue dialectale qui annonce le projet de Wordsworth et Coleridge de recourir à une langue parlée par tous.
- William Blake, lui aussi, est un rebelle. Poète et peintre inclassable, il illustre ses *Songs of Innocence* et *Songs of Experience*.

WILLIAM BLAKE (1757-1827), POÈTE ET GRAVEUR

Blake et le mystère de la Création

Poète, mais aussi peintre et graveur, Blake rejette les canons de l'esthétique classique. Avec une écriture de type symboliste au service d'une imagination qu'il juge d'essence divine, il assigne à la poésie une véritable mission d'exploration métaphysique, religieuse, mais aussi politique. Blake, qui croit à la présence conjointe du bien et du mal, proclame cette dualité fondamentale dans *Songs of Innocence* (1789), où il exalte la pureté de l'enfance, et dans *Songs of Experience* (1794), où il explore, comme dans « *The Tyger* », le mystère de la Création. La vision blakienne est sous-tendue par la conscience de contradictions, nécessaires parce que, selon ses termes, « *Without Contraries is no progression* ».

La fougue contestataire

Ses idées avancées le poussent à prendre parti pour les révolutions américaines et françaises, dans lesquelles il voit une victoire des forces de l'esprit. Mais sa fougue contestataire s'en prend aussi à la morale répressive qu'il veut renverser au profit d'une sexualité libérée placée sous le signe de l'énergie et de l'instinct. Certains poèmes, tel « *The Chimney Sweeper* » (dans *Songs of Innocence*) préfigurent le concept marxiste de la religion comme opium du peuple.

Vers un hermétisme visionnaire et prophétique

Sous le titre de *Proverbs of Hell*, 70 aphorismes insérés dans *The Marriage of Heaven and Hell* définissent l'éthique paradoxale de Blake. Ses *Prophetic Books,* qui incluent notamment « *America* » et « *Jerusalem* » (paroles d'un hymne célèbre), peuvent déconcerter par leur éloquence hermétique et par leur exubérance visionnaire. Ils permettent à Blake d'exprimer une pensée dont la richesse mystique et libertaire s'apparente étroitement à l'esprit du romantisme.

The Tyger

Tyger! Tyger! Burning bright
In the forests of the night,
What immortal hand or eye
Could frame thy fearful symmetry?

In what distant deep or skies
Burnt the fire of thine eyes?
On what wings dare he aspire?
What the hand dare seize the fire?

And what shoulder, & what heart,
Could twist the sinews of thy heart?
And when thy heart began to beat,
What dread hand & what dread feet?

What the hammer? What the chain?
In what furnace was thy brain?
What the anvil? What dread grasp
Dare its deadly terrors clasp?

When the stars threw down their spears,
And water'd heaven with their tears,
Did he smile his work to see?
Did he who made the Lamb make thee?

Tyger! Tyger! Burning bright
In the forests of the night,
What immortal hand or eye
Dare frame thy fearful symmetry?

La poésie du XIXe et du XXe siècle

Le génie novateur des romantiques anglais n'a pas eu d'équivalent à la fin du XIXe siècle, marqué par l'éclectisme. Le XXe siècle est riche en artistes sensibles aux traumatismes du monde jusqu'en 1939, la fin du siècle étant un foisonnement d'individualités d'où émergent quelques figures comme Larkin, Hughes ou Heaney.

Les romantiques

En 1798, William Wordsworth (1770-1850) et Samuel Taylor Coleridge (1772-1834) publient un recueil-manifeste, *The Lyrical Ballads*, qui défend une poésie lyrique faite de simplicité formelle. Coleridge écrit des ballades et de puissants poèmes démoniques, *The Rime of the Ancient Mariner*, *Kubla Khan*. *The Prelude* est l'autobiographie poétique de Wordsworth.

Les grandes odes de John Keats (1795-1821), poète romantique de la deuxième génération, «*On Melancholy*», «*To a Nightingale*», «*On a Grecian Urn*», «*To Autumn*» (1819), sont une réflexion angoissée sur le temps, la mort et l'art, gage de permanence.

De Lord Byron (1788-1824), on retiendra *Don Juan* et *Childe Harold's Pilgrimage*. De Percy Bysshe Shelley (1792-1822), «*Ozymandias*» (1818) et *Prometheus Unbound* (1820).

Les poètes de la transition romantisme/époque moderne

Alfred Lord Tennyson (1809-1892) s'inspire des mythes antiques et des légendes médiévales, *The Princess* (1847). Robert Browning écrit de grands monologues dramatiques, *Dramatic Lyrics* (1842).

Gerald Manley Hopkins (1844-1889) associe foi religieuse et génie poétique, «*The Windhover*» (1918). Thomas Hardy (1840-1928) écrit de très beaux poèmes autobiographiques, *Selected Poems* (1916). Rudyard Kipling (1865-1936) chante l'Empire et sa grandeur, «*The White Man's Burden*» (1899).

William Butler Yeats (1865-1939) est la grande figure du renouveau poétique anglo-irlandais, *The Tower* (1928). Ce fut aussi un artiste engagé dans son théâtre et sa poésie, «*Easter 1916*».

Poésie et traumatismes

Les souffrances physiques et morales de la Grande Guerre donnent lieu à l'écriture de chefs-d'œuvre. Les «poètes de guerre» (*war poets*) sont, entre autres, Wilfred Owen, Rupert Brooke, Siegfried Sassoon, Isaac Rosenberg.

T.S. Eliot (1888-1965) et Ezra Pound (1885-1972), Américains installés en Europe, dénoncent le matérialisme et le pharisaïsme d'une époque qu'ils jugent décadente, Pound dans *Hugh Selwyn Mauberley*, manifeste autobiographique, Eliot dans les 400 vers de *The Waste Land* (1922), qui fourmillent de références érudites à maintes œuvres, poème-phare.

W.H. Auden (1907-1973) passe d'un hermétisme anti-romantique à une poésie engagée face à la montée des périls, puis à une poésie religieuse plus accessible. Stephen Spender, autre poète des années 1930, est en prise avec les enjeux sociaux et politiques du monde moderne. Dylan Thomas (1914-1953) est l'auteur d'une poésie lyrique, nostalgique et sombre d'inspiration chrétienne, imprégnée de son amour de la nature et du Pays de Galles.

TROIS GRANDS POÈTES CONTEMPORAINS

Philip Larkin (1922-1985)

C'est l'auteur d'une poésie dont l'intensité ne naît pas d'expériences hors du commun mais de la profondeur du regard porté sur le quotidien, et de la méditation sur les choses de la vie. Il est très influencé par Yeats dans *The North Ship* (1945) puis par l'amertume ironique et le stoïcisme sans illusions de Hardy dans *The Less Deceived* (1955). Il participe à la publication d'une anthologie qui réagit contre le néo-romantisme de Dylan Thomas, l'engagement politique de Auden et de Spender, ou les élaborations mytho-poétiques d'Eliot et de Pound. *The Whitsun Weddings* (1964), *High Windows* (1974) évoquent la frustration de l'inaccomplissement dans des paysages de solitude et de banalité. Employant la langue de la vie de tous les jours, il écrit une poésie sobre et maîtrisée.

Ted Hughes (1930-1998)

Il a été fasciné par les animaux et leur dimension symbolique et mythique : *The Hawk in the Rain* (1957), *Crow* (1970), *Season Sings* (1974), *Gaudete* (1977), *Cave Birds* (1978). Il a dit de ses poèmes qu'ils sont comme des décharges d'énergie.

Seamus Heaney (1939-)

Ce grand poète irlandais originaire de Belfast, prix Nobel de littérature, écrit une poésie fortement enracinée dans le passé archéologique de la terre irlandaise et inspirée par son attachement à la ferme de son enfance : *Death of a Naturalist* (1966), *Door into the Dark* (1969), *North* (1975), *Field Work* (1979). Mais il est aussi en phase avec son époque : *District and Circle* (2006), recueil dans lequel le poème « *Anything Can Happen* », d'après Horace, évoque les attentats du 11 septembre 2001 situés dans une perspective historique. « *Strange Fruit* », poème emblématique de l'une des facettes de Heaney, évoque la découverte de la tête d'une jeune femme décapitée jadis, préservée par la tourbe. Le titre est aussi celui d'une chanson interprétée par Billie Holiday (1939) évoquant les corps pendus aux arbres de Noirs lynchés dans le Sud des États-Unis.

Strange Fruit

Here is the girl's head like an exhumed gourd.
Oval-faced, prune-skinned, prune-stones for teeth.
They unswaddled the wet fern of her hair
And made an exhibition of its coil,
Let the air at her leathery beauty.
Pash of tallow, perishable treasure:
Her broken nose is dark as a turf clod,
Her eyeholes blank as pools in the old workings.
Diodorus Siculus confessed
His gradual ease among the likes of this:
Murdered, forgotten, nameless, terrible
Beheaded girl, outstaring axe
And beatification, outstaring
What had begun to feel like reverence.

Seamus Heaney,
in Selected Poems, *1965-1975,*
faber and faber.

Le théâtre

La création est florissante au XVIe siècle, avec Shakespeare et ses contemporains, puis à la Restauration (1660) et à la fin du XVIIIe siècle, âge d'or de la comédie, ainsi qu'à l'époque contemporaine, empreinte de gravité. La continuité et la vitalité du théâtre ont toujours été étroitement dépendantes du contexte politique et social.

L'âge d'or du théâtre élisabéthain

- La tragédie de la vengeance est très prisée (*Hamlet*). Hormis Shakespeare, les grands auteurs tragiques sont John Webster (*The Duchess of Malfi*) et Christopher Marlowe, qui campe des héros damnés : conquérant mégalomane dans *Tamburlaine*, Juif avide de richesse dans *The Jew of Malta*, ou savant maudit dans *The Tragical History of Doctor Faustus*. Sa tragédie historique *Edward II* (1592) évoque un roi faible dominé par son favori.
- Dans les comédies de Ben Jonson, chaque personnage illustre un travers particulier (*humour*). Ainsi *Volpone, or the Fox* (1606) dénonce-t-il la cupidité aveugle.

La comédie de mœurs, de la Restauration à la fin du XVIIIe siècle

- La comédie de mœurs (*comedy of manners*), spirituelle et cynique, fleurit au début et à la fin du XVIIIe siècle avec Sir George Etherege (*The Man of Mode*, 1676) et William Congreve (*The Way of the World*, 1700). John Gay prend le contre-pied de l'idéologie bourgeoise, exprimée dans des pièces moins corrosives, avec son opéra-ballade situé dans les bas-fonds de Londres, *The Beggar's Opera* (1728), qui inspirera à Kurt Weil son *Opéra de Quat' Sous*.
- Après la retraite de Garrick, grand acteur shakespearien qui avait régné sur Drury Lane et Covent Garden, Oliver Goldsmith, avec *She Stoops to Conquer* (1773), impose la comédie joviale (*laughing comedy*).

Vers un théâtre moderne

La comédie de mœurs renaît à la fin du XIXe siècle en réaction contre le mélodrame, avec William S. Gilbert, librettiste d'opérettes : *The Mikado* (1885). Oscar Wilde, dans *The Importance of Being Ernest* (1895), *An Ideal Husband* (1895), *Lady Windermere's Fan* (1892), combine ironie, bons sentiments et brio linguistique, et préfigure le modernisme de Beckett où le mot devient preuve de l'existence.

Le renouveau théâtral (1900-1956) et le théâtre contemporain

- Les pièces à thèse de George Bernard Shaw inaugurent le genre du théâtre « engagé » et font entrer le théâtre anglais dans le modernisme : *Man and Superman* (1903).
- Le théâtre irlandais est riche de grands auteurs nationaux comme W.B. Yeats, Sean O'Casey et J.-M. Synge. Le théâtre de Yeats est expérimental, Synge annonce Beckett avec ses protagonistes marginaux déshérités (*The Playboy of the Western World*, 1907) et O'Casey écrit un théâtre politique nationaliste (*The Shadow of a Gunman*, 1923).
- La seconde moitié du XXe siècle est marquée par divers courants à tendance philosophique et politique : théâtre de l'absurde, de la révolte, de la menace, de la violence ; théâtre auto-référentiel aussi avec Tom Stoppard, qui cultive le mot d'esprit à la Wilde et le clin d'œil culturel, notamment dans *Rosencrantz and Guildenstern Are Dead* (1967), réécriture de *Hamlet*.

LE THÉÂTRE POLITIQUE ET PHILOSOPHIQUE DU XXe SIÈCLE

Le théâtre politique de G.B. Shaw

George Bernard Shaw (1856-1950), socialiste réformiste, croit que les mots peuvent changer le monde. Héritier de la « *wit comedy* » de Sheridan (*The Critic*, 1779), il emploie le bon mot pour dynamiser la pièce à thèse, comme dans *Arms and the Man* (1894), dénonciation d'une vision romantique de la guerre. Il invente « l'historicisation », montrant une situation historique voisine de celle à laquelle le spectateur est confronté quotidiennement, et annonce Brecht.

Le théâtre de l'absurde

Samuel Beckett (1906-1989) conjugue l'influence des existentialistes, de Joyce (rapport au langage), de Yeats (rapport à l'image scénique inspirée du théâtre japonais Nô), de Synge (les clochards). Ses principales pièces, écrites en anglais et en français, sont *Waiting for Godot* (1952), *Happy Days* (1961), *Endgame* (1957). Elles proposent une réflexion de nature existentielle, métaphysique et linguistique, avec une dramaturgie qui déconstruit la dynamique de l'intrigue inhérente à toute pièce « bien faite » avec un début, un milieu et une fin. Chez Beckett, on tourne en rond et cette circularité signifie une perte du sens. Les pièces de Beckett suggèrent un chaos universel dans lequel l'homme est une abstraction et où rien n'existe que par le mot, le verbe.

Le théâtre de la menace et le théâtre de la révolte

Dans les pièces d'Harold Pinter, entre absurde et réalisme, on retrouve les composantes du théâtre de l'absurde : la vanité de la situation humaine, la circularité comme seul itinéraire, qui contamine le langage envahi par la répétition, des personnages qui deviennent incarnation du genre humain : *The Room* et *The Dumb Waiter* (1957), *The Birthday Party* (1958), *The Caretaker* (1960), *The Homecoming* (1965). Appelées « *comedies of menace* », ses pièces montrent une relation dominant-dominé qui s'instaure dans des huis clos dérangeants.
Pinter fait partie des « *angry young men* » qui utilisent le médium théâtral pour crier leur colère face à une société inégalitaire, raciste et suicidaire : John Osborne (*Look Back in Anger*, 1956), Arnold Wesker, défenseur d'un théâtre didactique (*Chicken Soup with Barley*, 1958 ; *Chips with Everything*, 1962), John Arden (*Live Like Pigs*, 1958), qui pense, comme Robert Bolt (*A Man for All Seasons*, 1960), que le théâtre doit être à la communauté laïque ce que l'Église est à la communauté religieuse.

Le théâtre visionnaire et le théâtre de la cruauté

Edward Bond dit la violence dans ses œuvres provocatrices et subversives au texte symbolique, *Saved* (1965), *Lear* (1971). Le public est agressé par le biais d'« *aggro-effects* » (*aggressivity effects*) qui finissent par créer une distanciation ironique.
Des dramaturges comme Peter Barnes, David Rudkin, Howard Baker, Sarah Kane écrivent un théâtre dit « de la cruauté » inspiré d'Antonin Artaud, où l'on fait subir un choc au spectateur pour l'affranchir de l'emprise de la logique et lui redonner accès à la vie immédiate en accédant au sens autrement que par les mots. Ce théâtre favorise d'autres modes d'expression comme le son (incantation), le langage du corps, etc.

Les théâtres alternatifs

L'abolition de la censure en 1968 (*Stage Licensing Act* de 1737) entraîne une radicalisation du théâtre politique dans son propos comme dans ses formes dramatiques, et une prolifération de troupes d'amateurs fait descendre le théâtre dans la rue. C'est l'époque du « *fringe theatre* », le théâtre « *off* » (festival d'Édimbourg) et du théâtre féministe.

Brève histoire des idées politiques

Un survol de l'histoire des idées en Angleterre du XVIe au XIXe siècle fait apparaître l'évolution des idéologies, depuis la vision des Élisabéthains dans un univers ptolémaïque figé, jusqu'au modèle libéral des Victoriens fondé sur le pragmatisme et l'utilitarisme.

De l'idéologie ptolémaïque des Élisabéthains à la révolution copernicienne

Dans la cosmogonie élisabéthaine ptolémaïque, l'ordre et la justice, principes de nature divine, gouvernent l'univers. Le roi règne par la volonté de Dieu. Il doit donc maintenir ces principes et se conformer au droit coutumier du royaume. Le devoir du peuple se réduit au mot « obéissance ».

Dès 1516, pourtant, Thomas More avait proposé une critique de l'absolutisme et de la propriété dans *Utopia*, fiction philosophique en latin inspirée de Platon, qui évoque une île imaginaire à la société idéale, démocratique et humaniste.

En 1594, dans *The Laws of Ecclesiastical Polity,* Hooker se situe dans l'univers en mouvement copernicien de Galilée. Rien n'est figé. Ainsi, le pouvoir législatif peut-il être modifié s'il échoit à un tyran. Le souverain ne saurait être que le roi à la tête d'un Parlement et non pas un roi solitaire. Hooker jette un pont entre l'idéologie politique médiévale et les systèmes modernes en introduisant la notion de relativité historique, marque de la modernité.

Du modèle politique de Hobbes à celui de Locke

Thomas Hobbes est le premier à exposer, dans le *Leviathan* (1651), que la source et la légitimité du pouvoir de l'État sont dans le consentement des citoyens, selon un contrat social originel implicite, non assignable historiquement.

En 1690, avec les mêmes prémices quant au contrat social, John Locke élabore, dans *Second Treatise of Government* (1690), la doctrine de la pluralité des pouvoirs et de leur limitation mutuelle.

De l'empirisme de Hume et Locke à un pragmatisme matérialiste contesté

L'empirisme et le positivisme de David Hume et de John Locke, selon lesquels tout procède de l'expérience, de la connaissance des faits, ont marqué l'évolution de l'idéologie politique et économique, et favorisé l'épanouissement de l'utilitarisme de Jeremy Bentham et du libéralisme d'Adam Smith.

Adam Smith (1723-1790), s'inspirant du positivisme de Hume, applique la méthode scientifique à l'économie politique. Son ouvrage *The Wealth of Nations* (1776) prône le libéralisme économique. Jeremy Bentham (1748-1832) fonde la morale sur l'intérêt personnel : l'utile est le principe de toutes les valeurs dans le domaine de la connaissance (pragmatisme) et dans le domaine de l'action (utilitarisme moral et économique).

Les penseurs victoriens (John Ruskin, Matthew Arnold) dénonceront le matérialisme, le puritanisme et le pharisaïsme de la société industrielle, avatars de ces conceptions, et John Stuart Mill, parti de l'utilitarisme, aboutira à un réformisme humaniste teinté de socialisme.

THOMAS HOBBES ET JOHN LOCKE, EN ATTENDANT ROUSSEAU

Le contrat social selon Hobbes

Le philosophe Thomas Hobbes (1588-1679) développe l'idée selon laquelle, en l'absence d'un contrat qui fonde la « société civile », les hommes sont dans « l'état de nature », c'est-à-dire de la « guerre de tous contre tous », le célèbre « *homo homini lupus* » (l'homme est un loup pour l'homme). Ce contrat est supposé conclu entre tous ceux qui deviendront sujets de l'État. Ils sont tous égaux en droit et abandonnent leur souveraineté au profit de la protection assurée par l'État. À partir de ces éléments, trois conceptions des institutions politiques, trois modèles, sont ensuite développés.

Le premier modèle est celui d'Hobbes lui-même. Hobbes est absolutiste et veut que les citoyens abandonnent complètement le pouvoir au souverain-despote. À noter qu'au XIXe siècle, Thomas Carlyle (1795-1881) exprimera lui aussi sa méfiance envers la démocratie égalitaire et, comme Hobbes, mettra son espoir dans des héros charismatiques, faisant songer à Nietzsche.

Le modèle politique de Locke et celui de Rousseau

Le deuxième modèle est celui de Locke, à la base du parlementarisme libéral. Dans *Second Treatise of Government* (1690), Locke suggère que le pacte social doit se limiter à l'établissement d'une autorité commune capable de protéger les droits naturels. En conséquence, l'État est le gardien de la société civile et lui est subordonné. Parmi les droits supérieurs à l'État, le droit de propriété joue un rôle fondamental. Cette doctrine inspirera la Révolution anglaise de 1688, *The Glorious Revolution*, et les rédacteurs de la Constitution américaine.

Le troisième modèle de contrat social est celui de Jean-Jacques Rousseau (1712-1778), qui a un attachement beaucoup plus fort à l'égalité (*Du contrat social*, 1762).

L'influence de John Locke sur le parlementarisme libéral

Pour Locke, la société est faite d'individus qui ont des intérêts particuliers, dont le respect est favorable à la collectivité. Le rôle de l'État est non seulement de protéger leur vie, ce qui pour Hobbes suffisait à justifier l'obéissance, mais aussi leur propriété, ainsi que de leur permettre de développer leurs initiatives, notamment économiques. D'où deux points forts : une définition positive et limitative des interventions de l'État dans la vie et l'activité des citoyens ; une justification de l'inégalité acquise par l'enrichissement individuel, qui conviendra bien à l'esprit du capitalisme. C'est la base du parlementarisme libéral.

Quelques brèves citations

Thomas Hobbes, *Léviathan*, 1651 :
« *La valeur ou l'importance d'un homme, c'est comme pour tout autre objet, son prix, c'est-à-dire ce qu'on donnerait pour disposer de son pouvoir.* »
« *Aussi longtemps que les hommes vivent sans un pouvoir commun qui les tient en respect, ils sont dans cette condition qui se nomme guerre, la guerre de chacun contre chacun.* »

John Locke, *Deuxième traité du gouvernement civil*, 1690 :
« *Aucune société politique ne peut exister, ni subsister, sans détenir le pouvoir d'assurer la conservation de la propriété, donc celui de punir, à cet effet, les infractions commises par tous ses membres.* »
« *Le peuple ne peut déléguer au gouvernement le droit de faire quoi que ce soit que les individus n'auraient pas le droit de faire eux-mêmes.* »

Du Ve au XVe siècles

Règnes	Vie politique	Littérature	Arts
Celtes			**Architecture** 1090-1130 : cathédrale d'Ely 1093-1133 : cathédrale de Durham 1174 : cathédrale de Canterbury 1192-1205 : cathédrale de Lincoln 1245 : abbaye de Westminster 1258-1266 : cathédrale de Salisbury 1337-1360 : cathédrale de Gloucester 1338 : cathédrale de Wells 1446-1515 : chapelle de King's College, Cambridge
Occupation romaine (55 av. JC-407)	407 : départ des Romains 449 : début des invasions anglo-saxonnes (Allemagne du Nord)		
Petits royaumes anglo-saxons	VIe s : évangélisation 789 : début des incursions danoises	VIIe s : *Beowulf* (poème épique anonyme en prose, en vieil anglais) VIIe-Xe s : poésie et prose religieuses	
Royaume du Wessex **Alfred le Grand** (871-899)			
Rois anglo-saxons **King Cnut** (danois) (1016-1035) **Harold I Harefoot** (1035-1042) **Édouard le Confesseur** (1042-1066) **Harold II** (1066)	1017 : début de la domination danoise (Danelaw)		**Musique** XIIe s : fondation de la Chapel Royal XIVe-XVe s : musique sacrée, John Dunstable, Robert Fayrfax, John Taverner ; musique profane, Robert Parsons
Normands Guillaume Ier (1066-1087) Guillaume II (1087-1100) Henri I (1100-1135) Stephen (1135-1154)	1066 : conquête de l'Angleterre par Guillaume de Normandie (William the Conqueror, ou William I)	1140 : *History of the Britons*, G. de Monmouth	
Plantagenêts **Henri II** (1154-1189) **Richard I** (Cœur de Lion) (1189-1199) **John Lackland** (Jean sans Terre) (1199-1216) **Henri III** (1216-1272) **Édouard I** (1272-1307) **Édouard II** (1307-1327) **Édouard III** (1327-1377) **Richard II** (1377-1399)	1204 : perte de la Normandie 1215 : Grande Charte (*Magna Carta*) 1231 : Charte de l'université de Cambridge 1248 : Charte de l'université d'Oxford 1338 : début de la guerre de Cent Ans 1346 : bataille de Crécy 1349 : peste noire 1350 : l'anglais langue scolaire officielle	XIIIe-XVe s : ballades populaires (cycle de Robin Hood) ; théâtre populaire (moralités religieuses, farces) 1360 env. : *Pearl. The Owl and the Nightingale, Sir Gawayne and the Grene Knight* (anon.) 1362 : *Piers Plowman*, William Langland 1377 : *The Travels of Sir John Mandeville* 1384 : *Confessio Amantis*, John Gower 1387 : *Les Canterbury Tales*, Geoffrey Chaucer	
Lancastre **Henri IV** Bolingbroke (1399-1413) **Henri V** (1413-1422) **Henri VI** (1422-1461 et 1470-71)	1415 : bataille d'Azincourt 1453 : fin de la guerre de Cent Ans 1455 : début de la guerre des Deux-Roses	1412 : *Governail of Princes*, Thomas Hoccleve	
York **Édouard IV** (1461-1470 et 1471-1483) **Édouard V** (2 mois de règne) **Richard III** (1483-1485)	1477 : imprimerie en Angleterre (Caxton)	1485 : *Morte d'Arthur*, Sir Thomas Malory	
Tudor Henri VII (1485-1509)			

XVIe siècle

Règnes	Vie politique	Littérature	Arts
Tudor **Henri VII** (1485-1509) **Henri VIII** (1509-1547)	1520 : camp du Drap d'Or (Henri VIII-François Ier) 1534 : fondation de l'Église d'Angleterre	1516 : *Utopia*, Thomas More 1519 : *Colyn Cloute*, J. Skelton (poèmes) 1525 : trad. du *Nouveau Testament* par Tyndale	**Architecture** 1523 : Sutton Place, Guilford 1539-40 : palais de Hampton Court 1568 : château de Longbeat
Édouard VI (1547-1553)	1554 : rétablissement du catholicisme romain	1535 : trad. de *l'Ancien Testament* par Coverdale	**Peinture** 1533 : *The Ambassadors*, Hans Holbein 1580 : *Elizabeth* I, N. Hilliard.
Marie Tudor (1553-1558)	1559 : rétablissement de l'Église d'Angleterre	1549 : *Book of Common Prayer*	
Élisabeth I (1558-1603)	1560 : réforme en Écosse (J. Knox) 1570 : la reine Élisabeth est excommuniée 1580 : retour de F. Drake de son premier périple autour du monde 1587 : exécution de Mary Queen of Scots 1588 : défaite de l'Invincible Armada	1557 : *Tottel's Miscellany* (poèmes de Wyatt et Surrey) 1579 : *Euphues*, J. Lyly ; *The Shepherd's Calendar*, E. Spenser ; traduction des *Vies*, de Plutarque, par North 1581 : *Astrophel and Stella*, P. Sidney 1582 : *Divers Voyages*, Hakluyt 1587 : *The Spanish Tragedy*, T. Kyd ; *Tamburlaine*, C. Marlowe ; *Chronicles*, R. Holinshed 1588 : *Dr Faustus*, Christopher Marlowe 1590 : *Arcadia*, Sir Philip Sidney ; *The Faerie Queene*, Edmund Spenser 1591 : *Romeo and Juliet*, W. Shakespeare 1592 : *Edward II*, C. Marlowe 1598 : *Henry V*, W. Shakespeare ; *Every Man in his Humour*, B. Jonson 1 599 : *Every Man out of his Humour*, B. Jonson	**Musique** 1573 : *Spes in alium*, T. Thalis 1588 : *Psalms, Sonnets and Songs*, W. Byrd 1594 : *Madrigals*, T. Morley 1597 : *The First Book of Songs*, J. Dowland 1612 : *A Pilgrim's Solace*, J. Dowland

XVIIe siècle

Règnes	Vie politique	Littérature	Arts
Tudor Mort d'Élisabeth I (1603)	1600 : fondation de la Compagnie des Indes orientales 1601 : complot et exécution d'Essex, favori de la Reine	1600 : *Julius Caesar*, 1602 : *Hamlet*, 1604 : *Othello*, 1605 : *Macbeth*, *King Lear*, W. Shakespeare ; *Volpone*, Ben Jonson	**Musique** 1601 : *The Triumph of Oriana*, Thomas Weekles 1607, 1613 : *Masques*, Thomas Campion
Stuart **Jacques Ier** (1603-1625)	1604 : la paix est signée entre l'Angleterre et l'Espagne 1605 : le *Gunpowder Plot* (Guy Fawkes) 1620 : départ des *Pilgrim Fathers* pour l'Amérique	1606 : *The Revenger's Tragedy*, C. Tourneur 1609 : *Sonnets*, W. Shakespeare 1610 : *The Alchemist*, B. Jonson 1611 : *Authorized Version of the Bible ; The Tempest*, W. Shakespeare ; *The White Devil*, J. Webster	1611 : *Psalms, Songs and Sonnets*, W. Byrd 1614 : *The Tears of a Sorrowful Soul*, John Wilbye 1622 : *Songs*, Thomas Tomkins 1689 : *Dido and Aeneas*, Henry Purcell 1696 : *Ode on the Death of H. Purcell*, J. Blow
Charles I (1625-1649)	1628 : *Petition of Rights* (rappel des limites du pouvoir royal) 1629 : Charles I dissout le Parlement (jusqu'en 1640) 1640 : le « Long Parlement » 1641 : *The Grand Remonstrance* (erreurs du roi dénoncées) 1642 : début de la Guerre civile 1645 : exécution de l'archevêque Laud qui soutenait le roi ; Cromwell victorieux à Naseby 1647 : Charles I se soumet au Parlement	1612 : *Essays II*, F. Bacon 1614 : *The Duchess of Malfi*, Webster 1621 : *The Anatomy of Melancholy*, Burton 1625 : *Essays III*, Bacon 1632 : *Allegro et Penseroso*, J. Milton 1633 : *Poems*, J. Donne, *The Temple*, G. Herbert 1634 : *Comus* (masque), J. Milton 1637 : *Lycidas*, J. Milton	**Peinture** 1610-15 : *Edward Herbert*, Isaac Oliver 1635 : *Charles I on Horseback*, A. Van Dyck 1645 : *Endymion Porter*, W. Dobson 1654 : *The Music Lesson*, Sir Peter Lely **Architecture** 1559-80 : Little Moreton Hall 1607-12 : Hatfield House 1615-35 : Queen's House, Christopher Wren 1619-22 : Banqueting Hall, Inigo Jones
Instauration du Commonwealth (1649-1653). **Cromwell**, Lord Protecteur (1653-1658)	1649 : exécution de Charles Ier. Début du Commonwealth 1651 : Charles II s'enfuit en France ; écrasement de révoltes en Irlande et en Écosse 1653 : Cromwell Lord Protecteur 1657 : Cromwell refuse la couronne 1658 : mort de Cromwell ; son fils gouverne, puis le Parlement	1642 : fermeture des théâtres 1644 *Aeropagitica*, J. Milton 1650 : *Poems*, H. Marvell 1651 : *Leviathan*, T. Hobbes 1652 : *The Compleat Angler*, I. Walton 1660 : réouverture des théâtres ; début du *Journal (Diary)* S. Pepys 1666 : *Annus Mirabilis*, J. Dryden	1675-1710 : cathédrale Saint Paul, C. Wren 1680 : Saint Bride Church (Fleet Street), C. Wren 1695 : Greenwich Hospital, C. Wren 1699 : Castle Howard, John Vanbrugh
Charles II (1660-1685)	1660 : Restauration ; retour de Charles II 1662 : Licensing Act (censure de la presse) 1665 : la Grande Peste 1666 : le Grand Incendie de Londres 1679 : loi sur l'*Habeas Corpus*	1667 : *Paradise Lost*, J. Milton 1669 : fin du *Journal* de S. Pepys 1671 : *Paradise Regained*, *Samson Agonistes*, J. Milton 1672 : *Marriage À-la-Mode*, J. Dryden 1677 : *The Plain Dealer*, W. Wycherley	
Jacques II (1685-1688)	1688 : Glorieuse Révolution ; Toleration Act. Bill of Rights.	1678 : *The Pilgrim's Progress* I, J. Buyan ; *Hudibras* S. Butler ; *All for Love*, J. Dryden 1684 : *The Pilgrim's Progress II*, J. Bunyan 1695 : *Love for Love*, W. Congreve	

XVIIIe siècle

Règnes/Premiers ministres

Hanovre
Guillaume d'Orange et Marie Stuart (1688-1702)
La reine Anne (1702-1714)

Georges Ier (1714-1727)
R. Walpole (Whig) 1721-1742
Georges II (1727-1760)
Earl of Wilmington (*whig*) 1742-1743
Henry Pelham (*whig*) 1743-1754
Thomas Pelham (*whig*) 1754-1756
W. Cavendish (*whig*) 1756-1757
W. Pitt the Elder (*whig*) 1757-1761
Thomas Pelham (*whig*)
Georges III (1760-1820)
1761-1762
Earl of Bute (*tory*) 1762-1763
G. Grenville (*tory*) 1763-1765
C. Wentworth (*whig*) 1765-1766
W. Pitt the Elder (*whig*) 1766-1767
Duke of Grafton (*whig*) 1767-1770
F. North (*tory*) 1770-1782
C. Wentworth (*whig*) 1782
W. Petty (*whig*) 1782-1783
W. Cavendish (coalition) 1783
W. Pitt the Younger (*tory*) 1783-1801

Vie politique

1701 : Settlement Act (officialisation des Hanovre et de l'anglicanisme) ; début de la guerre de Succession d'Espagne
1707 : Act of Union (de l'Écosse et de l'Angleterre)
1713 : traité d'Utrecht
1715 : premier soulèvement jacobite (pro-Stuart)
1718 : guerre avec l'Espagne
1740 : montée du méthodisme
1742 : début de la guerre de Succession d'Autriche
1745 : bataille de Fontenoy ; 2e soulèvement jacobite (Charles Edward, prétendant Stuart)
1746 : bataille de Culloden, défaite du Prétendant Stuart
1747 : traité d'Aix-la-Chapelle
1756-63 : guerre de 7 ans
1757 : bataille de Plassey. Établissement des Anglais en Inde
1759 : prise de Québec ; établissement au Canada
1763 : traité de Paris
1775 : début de la guerre d'Indépendance américaine
1776 : indépendance américaine
1779-80 : émeutes ouvrières
1783 : traité de Versailles ; indépendance des 13 colonies d'Amérique
1793 : début de la guerre contre la France
1798 : rébellion irlandaise

Littérature

1700 : *The Way of the World*, W. Congreve
1709 : débuts de *The Tatler* (gazette)

1711 : *The Spectator* (gazette), 1re série, Addison et Steele
1714 : *The Rape of the Lock*, A. Pope
1719 : *Robinson Crusoe*, D. Defoe

1726 : *Gulliver's Travels*, J. Swift
1728 : *The Beggar's Opera*, J. Gay

1730 : *The Seasons*, J. Thomson
1733 : *Essay on Man*, A. Pope

1740 : *Pamela*, de Richardson ; *Treatise on Human Nature*, D. Hume
1742 : *Joseph Andrews*, H. Fielding
1748 : *Clarissa*, S. Richardson
1749 : *Tom Jones*, H. Fielding

1750 : *Elegy...*, T. Gray
1757 : *Dictionary*, Dr Johnson ; *The Sublime and the Beautiful*, E. Burke

1764 : *The Castle of Otranto*, H. Walpole
1766 : *The Vicar of Wakefield*, O. Goldsmith
1767 : *Tristram Shandy*, L. Sterne
1768 : *A Sentimental Journey*, L. Sterne

1771 : Humphrey Clinker, T. Smollett
1773 : *She Stoops to Conquer*, O. Goldsmith
1777 : *The School for Scandal*, R.B. Sheridan

1789 : *Songs of Innocence*, *The Book of Thel*, W. Blake

1792 : *The Rights of Woman*, M. Wollestonecraft
1793 : *The Marriage of Heaven and Hell*, W. Blake
1794 : *The Mysteries of Udolpho*, A. Radcliffe ; *Songs of Experience*, W. Blake
1796 : *The Monk*, M.G. Lewis
1798 : *The Lyrical Ballads*, W. Wordsworth et S.T. Coleridge

Arts

Musique
1717 : *Water Music*,
1724 : *Tamerlano*,
1727 : *Anthem* (couronnement de George II),
1733 : *Orlando* (opéra),
1742 : *The Messiah* (*Le Messie*),
1745 : *Belshazzar*,
G.F. Haendel

Peinture
1711 : *Sir C. Wren*, G. Kneller
1725 : *A Conversation Piece*, Philip Mercier
1732 : *The Harlot's Progress*,
1735 : *A Rake's Progress*,
1743 : *Marriage À-la-Mode*,
1750 : *Gin Lane*,
1753 : *The Analysis of Beauty*,
W. Hogarth
M. & Mrs Andrews, T. Gainsborough
1761 : *Georgiana, Countess Spencer and her Daughter*,
1780 : *Admiral Keppel*,
Joshua Reynolds
1789 : *Queen Charlotte*, Sir Thomas Lawrence
1798 : *Buttermere Lake*, J.M.W. Turner

Architecture
- Baroque et néoclassique :
1705-22 : Blenheim Palace, J. Vanbrugh et N. Hawksmoor
1725-29 : Chiswick House, R.B. Burlington et W. Kent
1734 : Holkham Hall, R.B. Burlington et W. Kent
1767 : Kenwood House, R. Adam
1767-74 : Royal Crescent, Bath, J. Wood le Jeune
1795-1807 : Fonthill Abbey, J. Wyatt

- Néogothique :
1748-77 : Strawberry Hill, H. Walpole

Jardins anglais
1748 : parc de Stowe, W. Kent
1764 : parc de Blenheim, L. « Capability » Brown
1744-65 : parc de Stourhead, H. Flitcroft & H. Hoare

XIXe siècle

Règnes/Premiers ministres

(Georges III, 1760-1820)
Henry Addington (*tory*) 1801-1804
W. Pitt the Younger (Tory, 1804-1806)
W. Grenville (*whig*) 1806-1807
W. Cavendish (*tory*) 1807-1809
Perceval (*tory*) 1809-1812
R. Jenkinson (*tory*) 1812-1827

Georges IV (1820-1830)
G. Canning (*tory*), 1827 ; F. Robinson (*tory*) 1827-1828
A. Wellesley (*tory*) 1828-1830

Guillaume IV (1830-1837)
C. Grey (*whig*) 1830-1834
W. Lamb (*whig*) 1834; Robert Peel (*tory*) 1834-1835
W. Lamb (*whig*) 1835-1841

Victoria (1837-1901)
R. Peel (*tory*) 1841-1846
Lord John Russell (*whig*) 1846-1852
G. Gordon (*tory*) 1852-1855
Palmerston (*whig*) 1855-1858
E. Stanley (C)* 1858-1859
Palmerston (*whig*) 1859-1865
Lord John Russell 1865-1866
E. Stanley (C) 1866-1868
B. Disraeli (C) 1868; W.E. Gladstone (L)* 1868-1874
B. Disraeli (C) 1874-1880
W.E. Gladstone (L) 1880-1885
R. Cecil (C) 1885-1886
W.E. Gladstone (L) 1886 ; R. Cecil (C) 1886-1892
W.E. Gladstone (L) 1892-1894
A. Primrose (L) 1894-1895
R. Cecil (C) 1895-1902

* (C) : conservateur.
* (L) : libéral.

Vie politique

1801 : union avec l'Irlande
1802 : paix d'Amiens entre l'Angleterre et la France
1805 : Trafalgar
1807 : abolition de la traite des Noirs
1815 : Waterloo, fin des guerres napoléoniennes
1819 : émeutes ouvrières de Manchester (Peterloo massacre)
1829 : Catholic Emancipation Act
1830 : premiers chemins de fer
1832 : 1re réforme électorale
1833 : abolition de l'esclavage
1838 : mouvement chartiste
1839 : émeutes à Birmingham et Sheffield
1846 : abolition des Corn Laws
1847-53 : Factory Act (travail des femmes et des enfants)
1851 : Great Exhibition (Crystal Palace)
1854 : guerre de Crimée (1854-1856)
1857 : révolte des Cipayes en Inde
1861 : guerre de Sécession aux États-Unis
1867 : 2e réforme électorale
1870 : Forster's Education Act (école élémentaire gratuite)
1871 : Trade Union Act (légalise les syndicats)
1875 : Public Health Act
1876 : Victoria couronnée impératrice des Indes
1884 : 3e réforme électorale
1891 : fondation du parti travailliste
1898 : Fachoda

Littérature

1812 : *Childe Harold I et II*, Lord Byron
1813 : *Pride and Prejudice*, J. Austen
1814 : *Waverley*, W. Scott
1815 : *Emma*, J. Austen
1816 : *Kubla Khan*, *Christabel*, Coleridge;
1818 : *Endymion*, J. Keats
1819 : *Don Juan*, Byron; *Odes*, J. Keats

1820 : *Prometheus Unbound*, P.B. Shelley ; *Ivanhoe*, W. Scott
1821 : *Confessions of an English Opium Eater*, T. De Quincey
1823 : *Essays of Elia*, C. Lamb

1830 : *Poems*, Lord Tennyson
1836 : *The Pickwick Papers*, C Dickens
1838 : *Oliver Twist*, C. Dickens

1847 : *Vanity Fair*, W.M. Thackeray ; *Jane Eyre*, Charlotte Brontë
1848 : *Wuthering Heights*, Emily Brontë;
1849 : *David Copperfield*, C. Dickens;

1850 : Publ. *du Prelude*, W. Wordsworth ; *In Memoriam*, Lord Tennyson; *David Copperfield*, C. Dickens
1855 : *Men and Women*, de R. Browning

1860 : *The Mill on the Floss*, G. Eliot
1861 : *Great Expectations*, C. Dickens;
1865 : *Alice in Wonderland*, L. Carroll
1866 : *Poems and Ballads*, A.C. Swinburne

1872 : *Erewhon*, S. Butler; *Middlemarch*, G. Eliot; *Through the Looking-Glass*, L. Carroll
1874 : *Far from the Madding Crowd*, T. Hardy

1883 : *Treasure Island*, R.L. Stevenson
1886 : *Dr Jekyll and Mr Hyde*, R.L. Stevenson

1891 : *News from Nowhere*, W. Morris; *Tess of the d'Urbervilles*, T. Hardy; *The Picture of Dorian Gray*, O. Wilde
1895 : *Jude the Obscure*, T. Hardy;
1898 : *Plays Pleasant and Unplesant*, G.B. Shaw
1899 : *The Importance of Being Earnest*, O. Wilde

Arts

Peinture
1808 : *Satan Arousing the Rebel Angels*, W. Blake
1812 : *Lady Macbeth*, H. Fuseli
1821 : *The Hay Wain*, J. Constable
1842 : *Snowstorm*, J.M. Turner
1852 : *Ophelia*, J.E. Millais
1871 : *Dante's Dream*, D.G. Rossetti
1877 : *Nocturnes*, J.A. Whistler
1879 : *Pygmalion*, E. Burne-Jones
1893 : *La Belle Dame Sans Merci*, J.W. Waterhouse
1894 : *Salome*, A. Beardsley

Architecture
- Néogothique :
1836-68 : Houses of Parliament, C. Barry & A.W. Pugin
1849-59 : All Saints Church, W. Butterfield
1860 : Red House, W. Morris

- Néoclassique :
1812-30 : Regent's Street, Regent's Park, John Nash

- Exotique :
1815-23 : Royal Pavilion, Brighton, J. Nash

- Art nouveau :
1896-99 : école d'art de Glasgow, C.R. Mackintosh

Cités-jardins
1905 : Hampstead, R. Unwin & B. Parker

Ponts
1882-89 : Forth Bridge, B. Baker
1886-94 : Tower Bridge, J.W. Barry & H. Jones

Première moitié du XXe siècle

Règnes

Édouard VII (1901-1910)
R. Cecil (C)* 1886-92
W.E. Gladstone (L) 1892-94
A. Primrose (L) 1894-1895
R. Cecil (C) 1895-1902
A. Balfour (C) 1902-1905
H. Campbell-Bannerman (L) 1905-1908
H. Asquith (L) 1908-1916

Georges V (1910-1936)
(WINDSOR en 1914)

D. Lloyd George Cabinet de guerre 1916-1922
A. Bonar Law (C) 1922-1923
S. Baldwin (C) 1923-1924
R. MacDonald (T) 1924
S. Baldwin (C) 1924-1929
R. MacDonald Gouv. de coalition 1929-1935
S. Baldwin (C) 1935-1937

Abdication d'Édouard VIII (janv. -déc. 1936)
Georges VI (1936-1952)

N. Chamberlain (C) 1937-1940
W. Churchill Cabinet de guerre 1940-1945

* (C) : conservateur.
* (L) : libéral.

Vie politique

1899 : début de la guerre des Boers
1900 : Commonwealth australien
1901 : mort de la reine Victoria.
1902 : fin de la guerre des Boers
1905 : Entente cordiale
1906 : premiers députés travaillistes
1908 : loi sur les retraites
1911 : limitation des pouvoirs de la Chambre des lords
1913 : Home Rule Bill (autonomie de l'Irlande)
1914 : début de la 1re Guerre mondiale
1916 : Easter Rising (soulèvement à Dublin) ; création de la République d'Irlande.
1918 : fin de la 1re Guerre mondiale
1920 : partition de l'Irlande
1921 : guerre civile en Irlande ; autonomie de l'Irlande du Sud
1924 : premier gouvernement travailliste (R. MacDonald)
1926 : grève générale
1929 : crise économique mondiale
1932 : conférence d'Ottawa
1935 : Constitution de l'Inde
1937 : indépendance de l'Irlande du Sud
1939 : début de la 2e Guerre mondiale
1940 : « The Battle of Britain » ; cabinet de guerre (Winston Churchill)
1944 : Butler Act (généralisation de l'enseignement secondaire)
1945 : fin de la 2e Guerre mondiale

Littérature

1900 : *Lord Jim*, J. Conrad ; *Caesar and Cleopatra*, G.B. Shaw
1901 : *Heart of Darkness*, J. Conrad; *Kim*, R. Kipling
1903 : *The Way of All Flesh*, S. Butler; *Typhoon*, J. Conrad
1905 : *Man and Superman*, Shaw;
1906 : *The Man of Property* (1er vol. de *The Forsyte Saga*, J. Galsworthy)
1907 : *The Playboy of the Western World*, Synge

1913 : *Pygmalion*, G.B. Shaw; *Sons and Lovers*, D.H. Lawrence
1914 : *Dubliners*, J. Joyce *A Portrait of the Artist*, J. Joyce *The Wild Swans at Coole*, W.B. Yeats
1914 : *Poems*, G.M. Hopkins
1915 : *The Rainbow*, D.H. Lawrence;
1916 : *A Portrait of the Artist as a Young Man*, J. Joyce
1918 : *Collected Poems*, R. Brooke
1919 : *War Poems*, Siegfried Sassoon ;

1920 : *Poems*,de W. Owen
1921 : *The Forsyte Saga*, J. Galsworthy
1922 : *Ulysses*, J. Joyce; *The Waste Land*, T.S. Eliot; *The Garden Party*, K. Mansfield
1923 : *Saint Joan*, G.B. Shaw
1924 : *A Passage to India*, E.M. Forster; *Juno And the Paycock*, S. O'Casey
1925 : *Mrs Dalloway*, V. Woolf
1927 : *To the Lighthouse*, V. Woolf *Lady Chatterley's Lover*, D.H. Lawrence

1930 : *Poems*, de W.H. Auden
1932 : *Brave New World*, H. Huxley
1933 : *Collected Poems*, Yeats; *Poems*, S. Spender
1935 : *Murder in the Cathedral*, T.S. Eliot
1936 : *Finnegans Wake*, J. Joyce;
1938 : *Murphy*, S. Beckett; *Brighton Rock*, G. Greene

1940 : *The Power and the Glory*, G. Greene; *A Portrait of the Artist as a Young Dog*, D. Thomas

Arts

Musique
1899 : *Enigma Variations*,
1901 : *Cockaigne Overture*,
1905 : *Pomp & Circumstance*,
1913 : *Falstaff*, Edward Elgar

1920 : *The Planets*, 1927: *Egdon Heath*, Gustav Holst

1922 : *Façade I*, 1929 : *Concerto pour alto*,
1937 (1953) : *Coronation Marches*, William Walton

1909 : *A Sea Symphony Five Tudor Portraits*
1910 : *Fantasia on a Theme by Thomas Tallis*, 1911 : *Five Mystical Songs*,
1928 : *Sir John in Love* (op.)
1929 : *The Poisoned Kiss*,
1932 : *Magnificat*, Ralph Vaughan Williams

Peinture
1916 : portrait de G.B. Shaw, A. John
1936 : double portrait de *Nu*, S. Spencer
1938 : *Paysage noctune*, P. Nash
1945 : *Stilllife*, B. Nicholson

Sculpture
1913 : *The Rock Drill*, J. Epstein
1924 : *Mother and Child*, Henry Moore
1938 : *Recumbent Figure*, H. Moore

Deuxième moitié du XXe siècle et début du XXIe siècle

Règnes	Vie politique	Littérature	Arts
C. Attlee (T)* 1945-1951 W. Churchill (C) 1951-1955 **Élisabeth II** **(1952-)** A. Eden (C) 1955-1957 H. Macmillan (C) 1957-1963 A. Douglas-Home (C) 1963-1964 H. Wilson (T) 1964-1970 E. Heath (C) 1970-1974 H. Wilson (T) 1974-1976 J. Callaghan (T) 1976-1979 M. Thatcher (C) 1979-1990 J. Major 1990-1997 T. Blair (T) 1997-2007 * (C) : conservateur. * (L) : travailliste.	1945 : gouvernement travailliste ; instauration de l'État-providence 1946 : évacuation de l'Inde 1947 : indépendance de l'Inde ; nationalisations ; loi sur le National Health Service (soins gratuits) 1949 : proclamation de la république d'Irlande 1951 : gouvernement conservateur 1956 : crise de Suez 1961 : l'Afrique du Sud quitte le Commonwealth 1964 : gouvernement travailliste 1965 : indépendance de la Rhodésie 1967 : légalisation de l'avortement 1968 : début des « troubles » en Ulster 1970 : les conservateurs au pouvoir 1972 : entrée de la G.-B. dans le Marché commun 1974 : gouvernement travailliste 1978 : l'hiver du mécontentement (*Winter of discontent*) 1979 : gouvernement conservateur 1982 : guerre des Malouines (*Falklands War*) 1984 : grande grève des mineur ; signature du Anglo-Irish Agreement 1990 : Margaret Thatcher démissionne (Poll Tax) ; John Major lui succède 1997 : gouvernement New Labour (Tony Blair) ; William Hague élu leader des conservateurs 2001 : Tony Blair réélu ; Iain Duncan Smith élu leader des conservateurs 2003 : Tony Blair réélu ; la G.-B. s'engage dans la guerre en Irak ; Michael Howard élu leader des conservateurs 2005 : David Cameron élu leader des conservateurs ; attentats terroristes dans les transports de Londres 2007 : démission de Tony Blair à la tête du parti travailliste ; Gordon Brown le remplace le 27 juin	1947 : *Under the Volcano*, M. Lowry 1949 : *Nineteen-Eighty-Four*, G. Orwell 1952 : *Collected Poems*, D. Thomas; *Malone Dies*, S. Beckett 1953 : *Lucky Jim*, K. Amis 1954 : *Lord of the Flies*, W. Golding; *Under Milk Wood*, D. Thomas; *Waiting for Godot*, S. Beckett 1956 : *Look Back in Anger*, J. Osborne; 1957 : *The Dumb Waiter*, H. Pinter; *Room at the Top*, J. Braine; *The Sandcastle*, I. Murdoch; *The Hawk in the Rain*, poèmes, T. Hughes 1958 : *Saturday Night and Sunday Morning*, A. Sillitoe; *Live like Pigs*, J. Arden; *Chicken Soup with Barley*, A. Wesker 1959 : *Roots*, A. Wesker 1960 : *Lupercal*, T. Hughes; *The Caretaker*, H. Pinter; *A Man for All Seasons*, R. Bolt 1962 : *A Clockwork Orange*, A Burgess; *The Golden Notebook*, D. Lessing 1963 : *The Unicorn*, I. Murdoch 1964 : *The Whitsun Weddings*, poèmes, P. Larkin; *The Spire*, W. Golding 1965 : *Saved*, E. Bond; 1969 : *The Children of Violence*, D. Lessing; *The French Lieutenant's Woman*, J. Fowles 1970 : *Crow*, poèmes, T. Hughes 1978 : *The Sea, the Sea*, I. Murdoch 1979 : *Amadeus*, P. Schaffer 1980 : *Earthly Powers*, A. Burgess 1981 : *Midnight's Children*, S. Rushdie 1982 : *The Real Thing*, T. Stoppard 1984 : *Station Island*, S. Heaney; *Waterland*, G. Swift 1988 : *The Satanic Verses*, S. Rushdie; *The Remains of the Day*, K. Ishiguro 1993 : *Arcadia*, T. Stoppard 1996 : *Last Orders*, G. Swift 1998 : *Birthday Letters*, T. Hughes 2006 : *District and Circle*, poèmes, S. Heaney	**Musique** 1941 : *A Child of Our Time*, 1955 : *The Midsummer Marriage*, 1970 : *The Knot Garden*, 1977 : *The Ice Breaks*, Michael Tippett 1949 : *Sinfonia Antarctica*, Ralph Vaughan Williams 1960 : *O Magnum Mysterium*, 1972 : *Hymn to St. Magnus*, Peter Maxwell Davies 1945 : *Peter Grimes*, 1946 : *A War Requiem*, 1947 : *Albert Herring*, 1954 : *The Turn of the Screw*, 1960 : *A Midsummer Night's Dream*, Benjamin Britten 1979 : *Façade 2*, William Walton **Sculpture** 1953 : *Templer of Malaya*, E. Paolozzi 1964 : *Two Figures*, Barbara Hepworth 1966 : *Hamlet in a Japanese Manner*, E. Paolozzi 1967 : *The Window*, A. Caro **Architecture** 1959-63 : université de Leicester, James Stirling 1990 : Lloyd's Building, R. Rogers 1988-93 : Waterloo Station Terminal, N. Grimshaw 2003 : Swiss Re Tower, Foster and Partners (N. Foster) **Peinture** 1952 : *Portrait de F. Bacon*, L. Freud 1953 & 1960 : *Pope Innocent X*, F. Bacon 1961 : *Self Portrait with Badges*, P. Blake 1964 : *Intérieur II*, R. Hamilton 1966 : *Piscines: Nick Wilder*, D. Hockney

Index

Crédits photographiques

Couverture : ht : BIS/Ph. Eileen Tweedy/Archives Nathan ; m-g : akg-images ; m-c : Christopher Loneragan/Fotolia ; m-d : Ingolf Pompe/Hemis ; b : John Frumm/Hemis.

p.7 : Alexander Zavadsky/Shutterstock ; **p. 9 :** R. Gino Santa Maria/Shutterstock ; **p. 17 :** Bob Fleumer/Zefa/Corbis ; **p. 27 :** Paul Hardy/Corbis ; **p. 29 :** BIS/Ph. Coll. Archives Larbor ; **p. 33-g :** BIS/Ph. G. Tomisch/Archives Larbor ; **p. 33-d :** BIS/Ph. Hubert Josse/Archives Larbor ; **p. 37 :** BIS/Ph. Eileen Tweedy/Archives Larbor ; **p. 39 :** Mary Evans Picture Library/Eyedea ; **p. 41 :** Mary Evans/Rue des Archives ; **p. 43 :** AGIP VB/Rue des Archives ; **p. 45 :** David Osborn/Reuters ; **p. 49 :** Juergen Sorges/AKG-images ; **p. 51 :** Christopher Loneragan/Fotolia ; **p. 53 :** John Frumm/Hemis ; **p. 55 :** Michael Stephens/AFP ; **p. 57 :** Russell Boyce/Reuters ; **p. 59 :** PA Photos/Abacapress ; **p. 63 :** Scott Barbour/Getty Images/AFP ; **p. 65 :** Christopher Furlong/Getty Image/AFP ; **p. 67 :** Charlie Bibby/Financial Times/REA ; **p. 71 :** Jess Hurd/Report Digital/REA ; **p. 75 :** Piers Cavendish/Impact/Cosmos ; **p. 77 :** Sandro Vannini/Corbis ; **p. 81 :** Martin Parr/Magnum ; **p. 85 :** Keystone ; **p. 93 :** Autissier/Fep/Panoramic ; **p. 97 :** The Granger Collection NYC/Rue des Archives ; **p. 99 :** Selva/Leemage ; **p. 101 :** Heritage Images/Leemage ; **p. 103 :** BIS/Ph. H. Josse/Archives Larbor ; **p. 105 :** BIS/Ph. Eileen Tweedy/Archives Larbor ; **p. 107 :** BIS/Ph. Luc Joubert/Archives Larbor/ADAGP Paris ; **p. 109 :** BIS/Ph./The Henry Moore Foundation, Hertfordshire ; **p. 111 :** Martin Parr/Magnum ; **p. 113 :** BIS/Ph. Christine Smith/Archives Larbor ; **p. 115 :** Ingolf Pompe/Hemis ; **p. 117 :** F. Achdou/Urba Images ; **p. 119 :** Barry Batchelor/PA Photos/Abacapress ; **p. 121 :** Kiwi/Deadline Photo Press ; **p. 123 :** Christophe L. ; **p. 125 :** S.P.L./Cosmos ; **p. 127 :** BIS/Ph. Coll. Archives Larbor ; **p. 131 :** AKG ; **p. 133 :** Nils Jorgensen/Rex/Sipa ; p.135 : BIS/Archives Nathan ; **p. 137 :** Christophe L. ; **p. 141 :** Lipnitzki/Roger-Viollet.

Édition : Laurence Accardo, Laure-Hélène Accaoui
Maquette intérieure : Favre-Lhaïk, Thierry Méléard
Maquette couverture : Favre-Lhaïk, Thierry Méléard
Iconographie : Estelle Dhenin
Photocomposition, photogravure : Compo 2000 (Saint-Lô)
Fabrication : Jean-Marc Le Bolloc'h

N° d'éditeur : 10139094 – Compo 2000 – août 2007
Imprimé en France par Clerc